petit souvenir à Mr. A.
de l'Abbadie
L. Bourgault-Ducoudray

HISTOIRE
DES CANTABRES.

Je déclare que je ferai valoir mes droits contre ceux qui publieroient un extrait quelconque de cet ouvrage, et que je poursuivrai les *contrefacteurs* et *débitants* de tout exemplaire qui ne seroit pas revêtu de ma signature.

Bidassouet

IMPRIMERIE DE JULES DIDOT AINE,
IMPRIMEUR DU ROI,
Rue du Pont-de-Lodi, n° 6.

HISTOIRE

DES

CANTABRES,

OU

DES PREMIERS COLONS

DE TOUTE L'EUROPE,

AVEC

CELLE DES BASQUES,

LEURS DESCENDANTS DIRECTS, QUI EXISTENT ENCORE,

ET LEUR LANGUE

ASIATIQUE-BASQUE,

TRADUITE, ET RÉDUITE AUX PRINCIPES DE LA LANGUE FRANÇAISE.

PAR L'ABBÉ D'IHARCE DE BIDASSOUET,

MAÎTRE DE PENSION.

TOME PREMIER.

PARIS,

CHEZ JULES DIDOT AINÉ,

Imprimeur-Libraire, rue du Pont-de-Lodi, n° 6.

1825.

ÉPITRE DÉDICATOIRE

AU ROI.

SIRE,

Tracer l'histoire du peuple basque, faire connoître le génie de sa langue, tel est le but que je me suis proposé en écrivant cet ouvrage, dont je supplie VOTRE MAJESTÉ de daigner agréer l'hommage respectueux. Il est, SIRE, le fruit de trente années de recherches faites en Espagne et en France.

Tous les historiens qui ont parlé des Cantabres, de cette nation remarquable sur-tout par son attachement à l'auguste dynastie des Bourbons, qui descend des *Eudes* d'Aquitaine et du grand *Henri* de Navarre, sont devenus obscurs par une affectation de profondeur infiniment nuisible à la vérité.

J'ai tâché de relever les erreurs dans lesquelles ils étoient tombés, en mettant le lecteur à même d'apprécier le peuple basque jusqu'ici peu connu, mais cependant bien digne de l'être, puisqu'auprès de ces puissances colossales qui ne sont plus, il a su se maintenir en corps de nation, et conserver son indépendance malgré la rapacité des Phéniciens, la ruse et les forces des Carthaginois, la valeur et les cruautés des Romains, et plus tard enfin, malgré les irruptions des Goths, des Visigoths, des Ostrogoths, des Francs mêmes conduits par leurs rois, et des Sarrasins, qu'il chassa de son territoire. Au milieu de tant de vicissitudes, le peuple basque étoit impassible comme un rocher qui, bravant la fureur de la tempête, résiste aux vagues mutinées qui le frappent, le couvrent de leur écume, et menaçant de l'engloutir, viennent se briser à ses pieds.

On compte encore aujourd'hui plus de *huit cent mille* Basques venus de l'Asie avec leur langage toujours vierge, et peut-être le seul primitif dans toute l'Europe. Ce peuple, français depuis Charles VII (qu'ils choisirent volontairement pour leur protecteur, comme ils avoient déja choisis leurs ducs), et plus français encore de cœur et de sentiments, ignore dans son idiome *basque-asiatique* tout ce que les Bourbons ont fait de tout temps pour le bonheur de la France ; ils l'apprendront, SIRE, à l'aide de cette Grammaire et du Dictionnaire bilingues que je publie : alors, éclairant leurs sentiments par des notions positives, les Basques seront pénétrés d'une nouvelle reconnoissance pour Votre Auguste MAJESTÉ.

Leur cœur est ardent, SIRE ; placés par la Providence sur l'extrême frontière de la

France, et sentinelle surveillante d'un des postes importants de votre royaume, ils n'ont jamais su transiger avec l'amour de la patrie, inséparable de celui de son ROI.

Que S. A. R. Monseigneur LE DAUPHIN en dépose; il a vu l'enthousiasme que sa présence a excité chez les Basques lorsque en 1816 il visita leur contrée; et, plus récemment, son auguste Epouse, Madame LA DAUPHINE a daigné accueillir l'expression de leur amour et de leur dévouement.

Ces fidèles sujets, SIRE, ont sollicité de mon affection cette Grammaire et ce Dictionnaire bilingues, afin d'apprendre le français; et c'est le motif qui m'a déterminé à me livrer à ce pénible travail, persuadé que j'aurois répondu à leurs vœux, malgré la juste défiance que j'ai de moi-même, si VOTRE MAJESTÉ ne jugeoit pas cet ouvrage tout-à-fait indigné de son approbation.

J'ai pensé que l'étude des langues ne servoit pas seulement à connoître les monuments de l'antiquité, mais encore à comparer les mœurs des temps reculés que l'histoire nous transmet avec celles du siècle où nous vivons, et qui ne peuvent manquer de s'améliorer sous le régne d'un Prince tel que vous, SIRE, à la pénétration de qui rien n'échappe, qui embrasse tout, et qui saura faire tant de grandes choses pour le bonheur de ses peuples, et même pour celui des nations voisines.

Personne au monde, mieux que VOTRE MAJESTÉ, ne sait que l'on doit apprendre par l'ensemble, par la liaison, et par l'étymologie des mots d'une langue ancienne le génie des habitants primitifs, l'époque plus ou moins célèbre de leur réunion, la nature de leur constitution, celle de leurs lois, enfin leurs usages, leurs coutumes, l'étendue de leurs connoissances plus ou moins profondes, l'état de leur civilisation; leur commerce, leurs mœurs, leurs passions dominantes, et enfin leur religion; aussi ai-je parcouru *quinze* siécles au-delà de tous les historiens profanes les plus anciens, guidé par l'étymologie des mots et par la topographie des lieux, comme VOTRE MAJESTÉ s'en apercevra dans mon Histoire, décrite à l'instar de l'*Histoire universelle* du célèbre Bossuet; elle comprend un espace de près de cinq mille ans. J'ai reconnu que plusieurs écrivains avoient eu parfaitement raison de dire qu'une langue, si elle est primitive, doit être la charte, le code d'un peuple quelconque, le tableau animé de l'état de ses sciences, des progrès de ses arts, en un mot son histoire existante par tradition.

En effet, SIRE, l'ouvrage sur l'idiome basque, que j'ai l'honneur de soumettre à l'approbation de VOTRE MAJESTÉ, démontre, je l'espère du moins, que cette langue, traduite et réduite aux principes de la langue française, possède aussi les mêmes prérogatives. Mais lors même que la langue basque ne seroit pas supérieure à toutes les langues anciennes et modernes par sa *primordialité*, son *naturalisme*, et son *universalité*, ne suffiroit-il pas, SIRE, qu'elle ait été celle de vos aïeux, je veux dire du célèbre *Eudes* et du bon *Henri*, pour que VOTRE MAJESTÉ daigne jeter un regard de bienveillance sur les livres que j'ai l'honneur de lui offrir? Les moindres découvertes, pour peu qu'elles puissent servir au bonheur de leurs sujets, ont toujours été favorablement accueillies par les Bourbons:

cette idée rassurante me fait espérer que VOTRE MAJESTÉ ne condamnera pas la liberté que je prends de demander son auguste protection pour un ouvrage qui me coûte vingt années de travaux assidus en France, et plus de dix années de recherches faites en Espagne, pendant ma première émigration depuis 1792; et si vous daigniez me l'accorder, SIRE, ce seroit la récompense la plus flatteuse à laquelle puisse aspirer celui qui se dit, avec un profond respect,

SIRE,

DE VOTRE MAJESTÉ,

Le très humble, très obéissant,
et très fidéle sujet,
L'abbé D'IHARCE DE BIDASSOUET.

AVERTISSEMENT.

Mon seul but étant d'examiner les parties élémentaires des langues anciennes et modernes, et de les mettre en parallèle les unes avec les autres, afin d'en reconnoître la meilleure, j'ai été conduit, par mes recherches, à découvrir ce que je pourrois appeler une mine riche et précieuse en fait de langues, et peut-être même en fait d'histoire. Je ne puis offrir aux littérateurs que des talcs bruts et informes. Un orfèvre plus habile que moi présenteroit mes fragments sous une forme plus élégante, avec l'éclat d'un poli étincelant, mais il n'en augmenteroit pas la valeur intrinsèque.

Qu'on ne s'attende donc pas à trouver dans cet ouvrage un style brillant, et paré avec art des fleurs de la rhétorique. Loin de me conformer aux locutions et au génie des langues modernes, j'ai suivi exactement la tournure et la structure des phrases de la langue que je fais connoître. Si plusieurs expressions paroissent ridicules aux panégyristes des langues modernes, ils seront d'autant plus injustes de me censurer, que j'aurai déja réclamé leur indulgence en les avertissant que je suis étranger, et en les priant, avant de me condamner, d'étudier le génie de cette langue que l'on n'a jamais su apprécier jusqu'à présent, et que l'on a toujours jugée sans la connoître. *Valete.*

PRÉFACE.

Pour apprécier un peuple, il ne suffit pas de savoir quelles guerres il a eues avec ses voisins, à combien s'élève sa population, et quelles sont les productions du sol qu'il habite, il faut encore connoître ses institutions, ses mœurs, et son langage. C'est par eux que l'on peut juger de son état de civilisation. Les Basques, peu connus jusqu'alors, sont dignes cependant de trouver place dans l'histoire des nations. Leur antiquité, leur bravoure, leur noble caractère, leur avoient fait prendre part aux destinées du monde; Carthage et Rome ellemême les comptoient au nombre de leurs citoyens et de leurs alliés.

Après les Chinois, les Basques sont peut-être les seuls qui soient restés stationnaires pour leur langage, dont l'origine est un problème que j'ai essayé de résoudre dans l'ouvrage que j'offre au public. Après une dissertation histori-critique qui présente les attributs constituant la *primordialité* d'une langue quelconque, et dans laquelle j'ai tâché de prouver l'antiquité de celle des Basques, j'ai dû rechercher son *universalité*, son *naturalisme*, c'est-à-dire sa conformité à l'instinct de chaque âge de la vie, dans l'expression des besoins, des sentiments, des idées; enfin l'avantage qu'elle présente sur toutes les autres langues, en étant plus facile à apprendre, à cause de sa sympathie avec la nature.

Avant moi, peut-être, on n'avoit point soumis une langue à une analyse mathématique. Cette méthode peut paroître singulière : je ne la prétends pas exempte de toute critique; mais si ce n'est pas la meilleure, c'est la seule du moins que je devois suivre pour arriver au but que je me proposois. J'ai donc réuni, sous le titre de problèmes ou théorèmes grammaticaux, une série de questions à la solution de la plupart desquelles j'arrive mathématiquement. Ce que confirme la grammaire raisonnée, dans laquelle j'expose les principes de la langue basque, soumis et comparés à ceux de la langue française.

Les relations rares ou peu étendues qu'ont les Basques avec les autres Européens, sont sans doute cause de l'ignorance où l'on est sur tout ce qui les concerne : leur langue est presque ignorée, leurs coutumes inconnues, et leur histoire vague et inexacte, ou, pour mieux dire, elle est à faire. Un abrégé est tout ce que les bornes de cet ouvrage me permettent d'en offrir. Je le divise en dix époques, et je présente successivement, depuis leur origine, le précis de leur établissement dans différentes parties de l'Europe; le tableau des divers gouvernements qu'ils établirent, les institutions qu'ils en reçurent ou qu'ils surent leur imposer; enfin leurs combats, leurs victoires, leur alliance avec ce peuple altier dont la gloire embrassoit l'univers ; en un mot, toutes les vicissitudes qui composent l'histoire des hommes. Au milieu des institutions d'un peuple, ce qui regarde son instruction est ce qu'il y a de plus important ; et il faut avouer que la méthode adoptée dans les pays basques est loin d'être arrivée au degré de perfection qu'elle doit atteindre. Dans l'intention d'être utile à mes compatriotes, j'ai tracé un mode d'enseignement nouveau. D'abord, suivant le précepte de Quintilien, je me suis occupé des instituteurs eux-mêmes, de la religion qu'ils doivent professer et enseigner, des principes élémentaires dont il faudroit qu'ils fissent usage, enfin de leurs devoirs en général ; ensuite de l'enseignement, dans lequel j'ai fait entrer un jeu syllabique commun à toutes les langues européennes, propre à apprendre à lire aux enfants en fort peu de temps, car c'est en les amusant qu'on instruit les hommes. Mais si l'on gagne leur esprit en parlant à leurs sens, on gagne leur cœur en parlant à leur imagination ; et les devoirs de l'homme envers Dieu, les devoirs de l'homme envers son semblable, sont les principes qu'on doit inculquer de bonne heure à ceux dont on doit faire de vertueux citoyens. Ces préceptes de morale, mis en vers basques et français, offriront le double avantage de cultiver la mémoire, et d'apprendre quelque chose d'utile.

A ces premiers éléments, succédera l'étude de la grammaire dont j'ai parlé, et qui, par sa seule publication, répondra suffisamment, je l'espère, à ce reproche que la langue des Basques n'est réductible à aucuns principes des langues modernes. Toutefois, et pour rendre plus complète la connoissance que je veux donner de cette langue, j'ai joint un traité de poésie basque soumis aux règles de la poésie française. Différents morceaux, tels qu'un poëme assez étendu sur les principaux articles de la religion des Basques français et espagnols, des chants guerriers et allégoriques, des arriettes, des chansons vulgaires qui datent, d'après M. le baron de Humboldt, du temps des Romains, pourront donner une idée de la littérature et du génie des descendants de ces Cantabres, dont les poëtes et les historiens de Rome même nous attestent les exploits.

Restés jusqu'à présent comme isolés des autres peuples auxquels ils confinent, et comme étrangers à tout ce qui se passoit hors de leur territoire, les Basques pourront désormais, par la grammaire et le dictionnaire que je publie (1), rentrer dans la grande famille des Français dont leur idiome seul sembloit les séparer. Des relations plus fréquentes et plus intimes s'établiront, et cette vaste contrée prendra un essor nouveau. Des ports s'ouvriront au commerce; des ponts, des routes seront construits; l'active industrie viendra répandre l'ai-

(1) Ce dictionnaire est bilingue, c'est-à-dire français-basque *et vice versâ*, et présente, outre les éléments ordinaires des dictionnaires académiques français, la valeur radicale de chaque mot, et les signes caractéristiques du langage diminutif.

sance dans nos villes; enfin l'agriculture, les arts fleuriront dans la patrie de Sertorius et d'Henri IV; et les cendres de ces Cantabres, si fiers d'avoir vaincu tour-à-tour les Phéniciens, les Carthaginois, les Romains, les Goths, les Visigoths, les Ostrogoths, les Francs mêmes, et enfin les Sarrasins, sembleront se ranimer pour venir mêler leur gloire antique à celle de la belle et florissante France, glorieuse et fière d'être gouvernée par Charles X, digne rejeton de Charles VII le *Victor*, sous la protection duquel se mirent spontanément les Cantabres.

Enfin, cet ouvrage étant *élémentaire*, *scientifique* et *historique*, et renfermant le sacré et le profane, il appartient indistinctement à tous les amateurs de la littérature.

Les étymologies profondes, et déduites de la contexture des mots d'une langue significative, comme langue primitive; d'un grand nombre de noms propres; la connoissance exacte de la position topographique de plusieurs villes situées dans la Terre-Sainte, faciliteront l'intelligence de l'Ancien-Testament au respectable clergé, et dévoileront aux amateurs de l'antiquité une infinité de faits historiques échappés aux plus anciens et aux mieux accrédités historiens, soit sacrés, soit profanes.

HISTOIRE

DES CANTABRES,

OU

DES PREMIERS COLONS

DE TOUTE L'EUROPE.

DE L'ÉTYMOLOGIE DU MOT *ESCUALDUNAC*.

Le peuple limitrophe de l'Espagne et de la France, que les Romains appelèrent Cantabres, et que nous nommons Basque, s'appeloit autrefois *Escualdunac*.

La langue basque, *Escuara*, tire son nom des *Escualdunac*, comme la langue françoise tire le sien des Francs.

Quant à l'origine des *Escualdunac*, on n'est pas d'accord. Les uns prétendent que les Cantabres ont été appelés *Escualdunac* du mot latin *æsculus*, sorte de chêne, dont on dit que le gland est bon à manger.

En effet, Strabon soutient que cette nation se

nourrissoit de glands. N'aurois-je pas droit de lui demander ici de quoi se nourrissoient *Remus* et *Romulus* dans les forêts du Latium, au milieu de ces brigands échappés à la poursuite de la justice? Mais je veux être plus discret et plus poli que lui, quoique issu d'un peuple barbare qui se *nourrissoit de glands*. D'autres écrivains, entraînés par cette manie de leur temps qui les portoit à rattacher à tout des traditions fabuleuses, trouvèrent tout naturel alors de dire que ces *Escualdunac*, ou Herculéens, tiroient leur nom de certain Hercule de Lybie, à raison du service qu'il leur avoit rendu en les délivrant de la tyrannie de Gérion, leur premier roi.

Quoi qu'il en soit de ces différentes opinions, bien ou mal fondées, on me permettra, j'espère, d'émettre ici la mienne, sans mépriser celle des autres. Mes recherches m'ont convaincu que le mot *escuara* existoit trois mille ans avant qu'on dût connoître l'existence même future du *Latium*, par conséquent du mot latin *æsculus*. Et je pense, sauf un meilleur avis, que les *Escualdunac* tirent leur nom primitif de ces mots, *escu-alde, escu-alde-dunac*, c'est-à-dire, par antonomase, nation qui a *l'ambidextérité*. Il m'est impossible de traduire littéralement en françois ces mots basques *escu-alde-dunac*, parceque cette langue, mère de plusieurs langues qui ne sont plus, n'a aucun rapport avec les autres idiômes; je tâcherai d'en rendre le sens autant que possible, à force de périphrases. *Escu*, main; *alde*, favorable; *dunac*, ceux qui ont; c'est-à-dire nation qui a l'ambidextérité par excellence, ou, d'après le dictionnaire de M. Boudot, peuple qui agit adroitement, habilement, finement, avec esprit, ingénieusement, et en homme adroit.

En effet, les *Escu-alde-dunac*, et par syncope, *Esoüaldunac* (en françois, Basques), ont parfaitement bien répondu à leur dénomination, comme je le prouverai dans le cours de cet ouvrage; l'on y verra :

1° Les Grecs, ce peuple vain et grand fabricateur de fables, qui vouloient faire un corps de nation avec les *Escualdunac*, vaincus et chassés par eux;

2° Les Phéniciens, cette nation avare, quoique réunis avec les Carthaginois, vaincus et chassés du territoire des *Escualdunac*;

3° Les Carthaginois entrer dans le territoire des *Escualdunac* par fraude, s'y établir, devenir leurs alliés, mais enfin être vaincus et chassés;

4° Les Romains, tantôt ennemis, tantôt alliés, tantôt vainqueurs, tantôt vaincus, aussi chassés par les *Escualdunac*;

5° Les Goths, pareillement vaincus et chassés;

6° Les hordes barbares africaines qui ont fait trembler toute l'Europe, vaincues et honteusement expulsées du territoire des *Escualdunac*;

7° Les Francs, tantôt alliés, tantôt ennemis, aujourd'hui vainqueurs, demain vaincus, enfin obligés à reconnoître l'indépendance des *Escualdunac*. A quoi faut-il attribuer tant de valeur, si ce n'est à la solidité, à la stabilité des institutions primordiales des *Escualdunac*, et à leur habileté? ce qui fait voir clairement que les *Basques* sont non seulement propres à tout, mais encore supérieurs à tous les autres peuples : et pour s'en convaincre, on trouve facilement des preuves. Prenons pour notre boussole l'histoire universelle; il ne sera point question ici d'opinions vagues, ni de jeux de mots; mais bien de *faits* qui sont sous nos yeux, avérés et constatés par l'unanimité de tous les historiens anciens et modernes.

1° Qu'est devenu cet empire colossal des Assyriens?

2° Qu'est devenue la superbe république de Lycurgue, et ces lois organiques dont la sagesse a été tant vantée par toute l'antiquité?

3° Que sont devenus ces quatre empires énormes et immenses retracés par le prophète Daniel (cap. 2), qui menaçoient tout l'univers, et dont le sceptre étoit d'*or*, d'*argent*, de *bronze*, et de *fer*?

4° Que sont devenues ces républiques célèbres de Carthage et de Rome?

5° Enfin, que sont devenues ces hordes cruelles et barbares vomies par le nord et par le midi : les *Suèves*, les *Wisigoths*, les *Ostrogoths* et les *Arabes*, tant de fois vainqueurs, et cependant vaincus et chassés par les *Escualdunac*? Il leur est arrivé ce que l'Écriture-Sainte dit : *Vidi impium super exaltatum; j'ai vu l'impie*, etc., etc. Oh! que de vicissitudes humaines, et quelles rapides rotations d'événements! Tous ces empires fameux sont disparus de la scène du monde. Ni l'*or*, ni l'*argent*, ni l'*airain*, ni le *fer*, n'ont pu arrêter leur déplorable chute. On sait seulement qu'ils ont existé, et on lit encore leurs noms dans les pages de l'histoire.

A quoi attribuerons-nous leur chute? Sera-ce au défaut de leurs lois organiques? A la lâcheté ou à la foiblesse des peuples qui les constituoient? Dans l'une et l'autre hypothèse, ne sera-t-on pas forcé de reconnoître l'excellence et la supériorité de nos lois élémentaires, existantes sans aucune altération depuis près de cinq mille ans? Et comment pourroit-on nier cette conséquence? Est-ce que notre seule existence non interrompue n'en est pas une preuve qui doit frapper tous les yeux? Peut-être dira-t-on que nous avons été réduits à un petit coin du globe ; à la bonne heure ; mais nous avons dû céder quelquefois à l'impétuosité de l'ouragan, comme le pilote sage qui, cédant à la fureur des flots courroucés, n'en soutient pas moins d'une main ferme son gouvernail. Le fait est, que nous composons encore une population d'à-peu-près huit cent mille ames. Et d'ailleurs, en quelque petit nombre qu'on nous suppose, nous ne sommes pas réduits à n'être plus connus que dans les bibliothèques, comme le sont nos superbes ennemis, à qui il ne reste pas même la plus petite place sur la surface de la terre qu'ils sembloient devoir dévorer.

L'antiquité jusqu'à présent impénétrable de notre origine, la *pureté* de notre langue naturelle et primitive, prouveront à l'univers entier :

1° Notre *supériorité*, malgré l'ignorance des anciens écrivains, et la jalousie acharnée des modernes, qui ont jugé et qui jugent encore aujourd'hui une langue qu'ils n'ont jamais connue ;

2° *L'ambidextérité*, c'est-à-dire la *droiture*, la *finesse*, le *génie profond* des *Escualdunac*, pour établir des lois élémentaires et fondamentales qu'ils surent soutenir avec fidélité, et défendre avec bravoure. Voilà, si je ne me trompe, le sens littéral et naturel du mot *escüalde-dunac*, et par syncope, *escualdunac*.

RÉSULTAT DES DERNIÈRES RECHERCHES SUR LES ESCUALDUNAC.

DE L'ORIGINE DES ESCUALDUNAC.

Les écrivains anciens et modernes ont épuisé leurs talents pour découvrir l'origine des *Escualdunac*. Mais au lieu de se livrer à des recherches profondes pour éclairer ce fait important de l'histoire, au lieu de pénétrer, le flambeau de la critique à la main, dans l'obscurité des temps, ils se sont contentés de se copier, ou ils ont mieux aimé se livrer à de vaines conjectures.

Les uns, comme M. Labastide, nous font descendre des Phéniciens; les autres, des Ibériens; ceux-ci des Hébreux; ceux-là des *Zeltes* ou *Celtes*, etc., etc. Telles sont les opinions, ou pour mieux dire, tels sont les rêves des anciens et des modernes sur l'origine des Basques. Si ces messieurs eussent su le basque, et connu la propriété inhérente aux termes de cette langue qui, comme idiôme primitif, puise constamment le nom de la chose dans l'*attribut* même de cette chose, ils ne seroient pas tombés dans de pareilles erreurs. D'ailleurs, depuis quand écrit-on pertinemment sur une chose que l'on ne connoît point? Mais quel que soit le motif qui a pu engager à écrire de cette manière l'histoire des Basques, quelque-

sécurité, qu'ait pu promettre, pour tout ce que l'on voudroit publier sur leur compte, le manque d'écrivains chez cette nation, il nous suffit, pour répondre à tant d'assertions erronées, de reprendre les choses d'un peu plus haut.

Nous avons vu que les enfants de Noé s'établirent après le déluge à l'orient des montagnes d'Arménie (1). Maintenant, sans nous arrêter à rechercher si Japhet, ce patriarche qui devoit peupler la belle et riche Europe, étoit Basque ou non, *quoique l'affirmative soit incomparablement plus probable*, suivons vers l'*ouest* la marche de ses descendants, sans nous écarter de notre boussole, qui est l'Écriture-Sainte.

Nous trouvons d'abord dans les divers voyages des patriarches, et dans la célèbre marche du peuple de Dieu sous la conduite de Moïse, par les noms des villes, des montagnes, et des provinces, *qui sont tous basques*, que cette langue existoit au moins avant leur émigration. Les descendants de *Japhet étant partis d'orient* (Genèse, chap. 11) *trouvèrent une plaine dans le pays de Sennaar* où ils se fixèrent. De là ils se répandirent à mesure que leur nombre *s'accrut*, les uns au *nord-ouest*, les autres à *l'ouest* des montagnes d'Arménie; c'est-à-dire les uns vers

(1) Mot basque qui signifie *à la portée de la main*.

la *Géorgie*, la *Turcomanie* et la *Syrie*, dans la Turquie asiatique; les autres vers les provinces *d'Albania*, *d'Achaïa*, *d'Arta*, dans l'empire de *Yana*, dans la Thessalie et la Turquie méridionale. Une autre colonie, tout-à-fait au *nord*, vers la *Romania*, la *Tartaria*, la *Moldavia*, la *Valachia*, et enfin la *Bosnia* (tous ces noms sont basques à la rigueur du terme) (1).

Qu'on me permette ici de demander pourquoi tous ces noms primitifs, et qui subsistent encore, étant basques, les habitans qui les ont donnés ne le seroient pas? J'espère qu'on ne trouvera pas mauvais que je sois pour *l'affirmative* jusqu'à ce qu'on me prouve le *contraire*.

Nous soutiendra-t-on que la montagne *Hélicon* (2) et les rivières suivantes : *l'Oby* (3), *le Volga* (4), qui est à *l'ouest* de *l'Oby*, et se jette dans la mer *Caspienne*; *Duine* (5), le fleuve *Tanaïs* (6), les étangs *Ladoga* et *Onega*, ne sont pas des noms *basques*, etc., etc.?

(1) Voyez la dissertation histori-critique.

(2) Mot basque qui signifie *une fois y arrivé, bon.*

(3) Mot basque qui signifie *meilleur.*

(4) Mot basque qui signifie *célèbre.*

(5) Mot basque qui signifie *celle qui a.*

(6) Mot basque qui signifie *suis-je?*

SUÈDE, EN BASQUE *SUEZIA*.

LES premiers colons de la Suède devoient être nécessairement Basques, puisque les noms de ce royaume et de ses provinces sont exactement basques, et tirés des attributs topographiques.

1° *Suecia* (la Suède) est un mot basque formé d'un substantif et d'un adjectif, *su*, feu, *écia*, vert, c'est-à-dire pays froid.

2° La première province se nomme *Sueonia*, c'est-à-dire *su*, feu, et *onia*, bonté ; lieu où le feu est bon par *excellence; car le feu est d'autant meilleur que le climat est plus froid.*

3° La seconde province s'appelle *Gothia*, qui signifie, en basque, *hauteur*, *élévation* ; et cette province est élevée par rapport au pôle et même par sa position topographique.

4° La troisième province s'appelle *Scania*, c'est-à-dire, en basque, *chose offerte, mais pas donnée.*

Enfin, *Got-Landa*, terre d'en haut; *Nord-Landa*, lande de qui; *Fin-Landa*, dernière lande, sont tous noms *basques* sans la moindre altération; ce qui me prouve que les premiers colons de la Suède devoient être Basques.

DENAMARCA, DANEMARCK.

1°. Danemarck est un mot altéré et corrompu.

Son nom primitif doit être *Denamarca*, dont l'étymologie basque est *Dena*, toute, *marca*, borne ou lisière; c'est-à-dire un royaume qui est lisière de tout côté. Et il l'est en effet.

2° La seconde province s'appelle *Jut-Landa*, qui signifie en basque *une étendue pointue*, c'est-à-dire étroite d'un côté.

3° Norvége est un mot altéré et corrompu. Son nom primitif est *Nor-Beregia*, en basque, *partagé par qui?* On l'appelle aujourd'hui par syncope, Norvége, au lieu de *Nor-Beregia*.

Il résulte de tout ce que nous venons de dire:

1° Que, d'après l'Écriture-Sainte, les descendants de Japhet prirent la route de *l'ouest*. Ce fait est tellement vraisemblable, que quand même les *Escualdunac*, ou Basques, premiers colons de toute l'Europe, n'auroient pas laissé des traces certaines de leur voyage de *l'est* à *l'ouest*, par leur nomenclature significative, qui nous sert de boussole, je n'hésiterois pas à dire que c'est la route qu'ils ont dû tenir, car c'est la direction que suivent naturellement tous les animaux. En effet, le passage des quadrupèdes, des volatiles, et des poissons de la mer même, s'effectue toujours de *l'est* à *l'ouest*. Il seroit possible que la rotation de *l'ouest* à *l'est* du globe terrestre fût la cause de cette direction; mais c'est à l'histoire naturelle à en rendre raison.

2° Qu'ils s'établirent au *nord*, au *centre*, et au *sud* de la Turquie asiatique ;

3° Que ces colonies doivent être les premières après le déluge, à moins *de nier l'universalité du déluge*;

4° Que les descendants de Japhet devoient être nécessairement Basques, *Escualdunac*, puisque, comme nous l'avons dit, les provinces, les montagnes, les rivières, les étangs des contrées où ces colonies ont passé et où elles ont séjourné, ont leurs noms significatifs et topographiques basques, *Escüarac*;

5° Enfin que la langue basque, comme langue des premiers colons, doit être la première de toute l'Europe.

DE L'ARRIVÉE DES CANTABRES, EN BASQUE *KHANTA BÉR*, CHANTRE, CHANTEUR SANS PAREIL (1), DANS LA PARTIE LA PLUS OCCIDENTALE.

UNE foule d'auteurs espagnols place Tubal à la tête d'une colonie basque établie près des colonnes d'Hercule, c'est-à-dire à la partie la plus occidentale de l'Espagne, cent trente-un ans après le déluge.

(1) Les Romains les appeloient *Cantabri*, à raison de l'excellence de leurs voix; aussi étoient-ils les ornements de leurs théâtres, comme le célèbre Garat, Basque, l'a été de ceux de Paris.

Je sais que les Cantabres sont lestes et agiles; mais je doute qu'ils le fussent assez pour avoir pu traverser une partie de l'Asie et toute l'Europe à cette époque. Il ne paroît pas d'ailleurs qu'ils aient fait ce trajet par mer. Mais comment peut-on *supposer* que cette colonie de Cantabres ait été d'un seul et premier élan, jusqu'à la dernière extrémité de toute l'Europe, sans s'arrêter nulle part, et en laissant derrière elle le sol fertile de cette belle Europe, devenue une vaste solitude par le déluge? On voit du premier coup d'œil que cette opinion n'est pas soutenable.

D'ailleurs l'Écriture-Sainte, qui est mon guide, dit formellement que les descendants de Noé établirent leurs premières demeures aux pieds des montagnes d'Arménie, et qu'ils se répandirent dans les pays voisins comme dans la *Syrie* et dans la *Mésopotamie;* mais elle ne dit pas qu'une partie s'en soit éloignée à cette époque. Bien plus, l'Écriture-Sainte parle d'une tour de *Babel* ou *Mothel,* c'est-à-dire d'une tour de *bégaiement*, en basque, où la seule langue alors existante fut partagée en soixante-douze branches dissemblables. L'Écriture-Sainte dit encore que la dispersion des descendants de Noé se fit après la confusion de la langue primitive; mais elle ne nous dit pas dans quelle année arriva cette confusion. Néanmoins il seroit possible que la colonie qui partit pour l'Europe fût sortie avant la confusion, et eût conservé sa langue primitive. D'autres auteurs plus modernes, niant l'arrivée de *Tubal* en Espagne, en l'an cent trente-un du déluge, prétendent que le premier fondateur de la colonie en Espagne, fut *Tarsis*, cousin-germain de *Tubal*, dont ils placent l'arrivée en l'an *cinq cent trente-cinq* après le déluge. Cette dernière opinion, sans censurer la première, me paroît plus probable : car on ne peut point supposer raisonnablement que les descendants de Japhet soient allés tout-à-fait à *l'ouest* de toute l'Europe, sans peupler son *est* et son *centre*; sur-tout n'ayant aucun rival à devancer, aucun ennemi à redouter dans leur route pacifique.

D'ailleurs, quelque féconds que fussent les descendants de Japhet, ne leur falloit-il pas un temps moral pour peupler au moins les plaines, c'est-à-dire les *Zélaiz; mot qui a embarrassé tous les écrivains anciens et modernes, parcequ'ils ne savoient pas la langue des premiers colons* basques. Quoi qu'il en soit de ces différentes opinions, il est vrai de dire, et tous en conviennent unanimement, que les premiers colons qui peuplèrent l'Espagne étoient Basques. C'est ce dont on ne pourroit douter, puisque tous les noms primitifs des *montagnes*, des *rivières*, des *provinces* et des *villes*, sont basques, comme on le verra dans la partie historique de cet ouvrage.

J'ai déja dit que les Cantabres, ou Basques, sortis de l'orient de l'Arménie, se répandirent dans la Turquie méridionale; tâchons maintenant de prouver ce fait intéressant échappé aux plus universels et aux plus exacts historiens de l'antiquité, en rappelant toutefois quelques réflexions préliminaires qui nous servent de base, et que je crois devoir répéter ici à cause de leur importance.

1° Que dans les langues primitives, toute nomenclature étant puisée de la *propriété* de la chose *à laquelle on vouloit imposer* un nom, tirée ou de l'un de ses *attributs* saillants, ou de sa *position* topographique (1), doit être nécessairement *significative*.

2° Que dans une langue quelconque, tous les noms qui n'y signifient rien lui sont étrangers.

3° Que dans une langue quelconque, tous les noms qui n'y signifient rien, appartiennent à la langue dans laquelle ils sont significatifs. Cela posé, j'aborde la question dans l'examen de laquelle l'étymologie des mots doit me guider, et je commence, avec M. Labastide, par ces premiers mots basques :

(1) Voyez le problème ou théorème y relatif.

1° *Zerratzea*, fermer, *Zerratu*, fermé, fermée; de là, par contraction, et avec une légère inversion, s'est formé le nom de l'île de Crète, réellement significatif, et qui indique sa position topographique, car elle ferme l'Archipel de la mer Égée;

2° *Handi*, le grand, la grande; de là le nom de Candie, aussi ancien que celui de Crète;

3° *Oyhu-Sugue*, le cri, ou plutôt les sifflements des serpents; de là le nom *d'Ophiusa*, île des Serpents : ainsi s'appeloit primitivement l'île de Rhodes;

4° *Aner, Anera, Andrea, Anderea*, madame; de là le nom de l'île d'Andros, c'est-à-dire des femmes *mâles* : allégorie qui signifie une île féconde et fertile. En effet, on dit qu'elle possède les plus belles campagnes du monde;

5° Le port *Sant-Ander-Andera*, en françois, Saint-Ander (que j'ai habité en 1794), sur la côte de la Cantabrie, a tiré son nom de la même source;

6° *Deus-Ez, Deus-Irla, Deus-Ezlurra*, île sortie du néant, île de rien, ou presque nulle; de là le nom de *Delos* (aujourd'hui Deli, Sdile). Aimeroit-on mieux l'appeler *Ortygia?* Ce nom ne seroit pas moins basque et significatif; *urtze*, fondre, *urthu*, fondu. Alors ce nom auroit rapport aux matières volcaniques dont la masse de cette île étoit formée, et qui la rendirent d'a bord-flottante.

7° *Nekhe*, travail; *nekhez*, avec peine; de là, le nom de l'île de *Naxos*, d'où les Phéniciens tiroient entre autres objets le marbre dont les carrières sont extrêmement difficiles à exploiter. Voudroit-on appeler cette île *Dionisia ?* ce dernier nom est tellement basque, que nous avons trois communes dans les pays basques qui portent le même nom : *Donestihiri*, en Navarre; *Donausti*, en Mixe; et *Donestia*, en Guiphuscua en Espagne. Leur signification est, *lieu des plaisirs*, c'est-à-dire *deus-onhadura*, rien d'ennuyant, autrement, lieu de bonne chère.

8° *Dithi*, la mamelle, la nourrice; de là le nom de l'île nommée tantôt *Dia*, tantôt *Dithïa*, aujourd'hui *Standie.*

9° *Sakhel-ciho*, la poche au suif, la poche à la gomme; de là le nom de l'île appelée par les Grecs *Khios*, aujourd'hui *Scio* ou *Chio*.

10° *Scap-ella* ou *ala*, île à éviter, que l'on doit fuir avec soin, crainte de se briser ou de se perdre; de là les noms de *Scapelos*, *Scopolo*, *Scopelo*, *Scogli*, qu'ont porté plusieurs îles de l'Archipel; de là sans doute aussi, le mot latin *scopulus*, écueil, et les mots grecs : Σκόπελον, Σκόπελος.

11° *Areaxu-suxu*, terre sablonneuse, sèche,

c'est-à-dire qui a besoin d'être arrosée pour produire; de là le nom de l'île de *Samos*. Aussi Juvénal dit-il (sat. 16) : *Et Samia genitrix quæ delectatur arenâ*. Ce mot est tellement basque, que nous avons dans la Cantabrie une commune qui porte le nom de *Same*, nom puisé de la propriété du terrain sablonneux.

12° *Hiretze*, ou *hiratze*, fougère, bruyère; de là le nom d'*Éricusa*, au voisinage de Corfou. On sait qu'elle a reçu son nom des bruyères dont elle étoit couverte.

13° *Cofoïn*, ruche; de là le nom de l'île de Corfou, soit qu'elle produisît beaucoup de miel, soit qu'elle fût une source intarissable de population.

14° *Éguerdi-Baye*, la baie du midi; de là le nom de l'île d'Eubée qu'on appelle aussi *Égroport*, syncope de *Éguerdi-port*, port du midi, et par corruption *Négrepont*.

15° *Iparr* ou *Hiparra*, avec l'aspiration, le vent du nord; de là dérive probablement le nom de l'île de *Chypre*; car par sa position topographique elle est très exposée à ce vent : de là aussi *Éneure*, nom des îles de *Lipari*, qui sont pareillement au nord de la Sicile.

16° *Am-on*, *Ama-ona*, et pour éviter l'hiatus, *Ama-t-on*, *Ama-t-ona*, signifient la tendre mère, la bonne mère; de là est venu naturellement le nom d'*Amathonte*, ville fameuse de l'île de Chypre.

17° *Apho*, *Haphoa*, crapaud; *Aphoaria*, crapaudière, marais; de là sembleroient tirer leurs noms, les villes de *Paphos*, tant de l'île de Chypre que des autres contrées........Non alto repetit, *Paphon æquore cinctam*, dit Ovide (Met., lib. X, v. 530). En effet où trouve-t-on plus de grenouilles et de crapauds que dans les marais ?

18° *Zerr ou Cerra*, scie; de là le nom de *Cerastis* qu'a porté l'île de Chypre dont nous venons de parler. Ce nom dérive, comme la plupart des noms basques, de la forme de l'île, ou de sa position topographique; en effet, qui ne sait qu'une multitude de *pointes* ou de caps donne à cette île la forme d'une scie ?

19° *Azpi ou Azpian*, sous, dessous, inférieur; de là la même île de Chypre a reçu le nom d'*Aspelia*, parcequ'elle est située au dessous des îles de la mer *Égée*, etc., etc.

20° *Atze-Utzi*, et par syncope ou par contraction *T-Utzi*, ceux qu'on a laissés en arrière.....
Aitorem Seme-Utzi, et par syncope ou contraction, *Aita-Utzi*, les gentilshommes, les chefs, les seigneurs laissés en arrière; de là le nom d'*Étrusques*, appelés, dans les auteurs latins, tantôt *Tusci*, tantôt *Etrusci*, et dont l'histoire nous est peu connue.

21° Le nom primitif de la contrée qu'on appelle aujourd'hui l'Égypte étoit *Aeïri* ou *Agueria*, c'est-à-dire pays visible, pays élevé. Seroit-il incroyable que le sol s'y fût enfoncé au temps du déluge d'*Ogygetz*? En effet le mot d'*Égypte* nous paroît signifier un pays qui s'est abaissé, affaissé; *Beheitua, Heheitua, Beheititua*. Depuis ce temps-là il n'existe plus de volcan dans cette contrée.

22° L'antique *Diadà*, c'est-à-dire *Hiria-da*, la cité nouvelle.

23° *Athe-on*, porte forte; de là *Athènes*, c'est-à-dire lieu situé à la porte, à l'entrée, dans une position qui défendoit le continent.

24° *Élus-berri* ou *Éliza-berri*, signifie en basque église nouvelle; on entend aujourd'hui par ce nom, la ville d'*Auch* : la métropole étoit anciennement *Élusa*, c'est-à-dire la ville d'Éause.

25° *Olite*, dans la haute Navarre cantabrique, en latin *Olitum*, puise son nom de *olo, oloa*, avoine; *Ologuiti*, c'est-à-dire lieu abondant en pain fait avec de l'avoine.

26° *Biscaya*, la Biscaye en français, tire son nom de *Bizcar, Bizcarra*, pays âpre et montueux.

27° La contrée du *Béarn* a reçu son nom du bétail qu'elle nourrit en quantité, et du vin qu'elle produit. En basque, *behia* exprime une vache; *arno, arno-a*, le vin; et par contraction

Be-arno, pays du bétail et du vin. Aussi l'emblème des armes du Béarn est-il une vache ?

28° Le pays d'*Oleron*, qui fait partie du Béarn, et le Gave d'Oleron, tirent leurs noms du mot basque *Olh-ura*, l'eau, la rivière des forges; *olha*, forge; *ura*, *eau*.

29° Saint-Jean-de-Luz, en latin *Luisium*, est situé sur la droite de la rivère *Uardari*. Les Basques le nomment *Loi-zun*, comme qui diroit, *locus ad positionem cœnosam*, lieu placé près d'eaux bourbeuses et croupissantes; car en basque *urdea* signifie cochon; *chirrip-chirrip-a*, ruisseau. Dans la composition, *Urdea-Chirrip*, est la rivière des cochons, suivant le génie de la langue basque, c'est-à-dire qu'elle étoit très propre par sa nature bourbeuse à faire les délices des cochons, dont le pays abonde; mais l'industrie des habitans a changé cet état des lieux.

30° *Basusarry* prend son nom de sa position topographique, c'est-à-dire d'un lieu où l'on voit et où l'on tue beaucoup de *ramiers* ou pigeons sauvages; car *usua* signifie en basque pigeon; et *bas-usua*, pigeons sauvages; en effet, il y a eu et il y a encore un grand passage de ramiers, à cause des grandes forêts d'Uztaritz et de Saint-Pée.

31° *Baigorri*, dans la basse Navarre, tire son nom du produit territorial. *Bihia*, bled, grain; *gogorra*, dur, pénible, difficile. En effet, c'est un pays stérile en grain et très difficile à la culture, à raison de sa qualité pierreuse et des pentes rapides des montagnes.

La conclusion que nous devons tirer de tout ce que nous venons de dire, c'est :

1° Que tous les noms primitifs des villes et des îles situées dans le midi de la Turquie, étant basques (Escuarac), les premiers colons devoient être nécessairement Basques;

2° Que l'identité de la contexture dans la nomenclature, et l'identité de signification, prouvant irrésistiblement l'identité et l'unité de la nation, pourquoi cette colonie de Cantabres, sortie de l'orient de l'Arménie, et répandue dans la partie méridionale de la Turquie, ne seroit-elle pas basque aussi bien que nous ?

3° Enfin, si nos aïeux qui n'ont rien laissé par écrit, ne nous eussent pas transmis par tradition les premiers noms qu'ils donnèrent aux contrées de l'orient, par quel miracle, ou par quel hasard trouverions-nous dans notre pays ces noms pris de la position topographique des lieux, ces noms des familles, des communes, et des montagnes, identiques avec les noms des provinces de l'Arménie, tels par exemple que *Armentis*, *Armendaritz*, *Armentegui*, *Phasca*, *Sochot*; les *Méharins*, *Bithirin*, *Belauscuin*, *Anduain*, *Ernani*, *Arrasbarne*, etc., etc. ?

REFUTATION DE L'ERREUR SUR LES PRÉTENDUES NATIONS *ZELTES* (1), *IBÉRIENNES ET ZELTIBÉRIENNES QUI N'ONT JAMAIS EXISTÉ.*

Si les écrivains anciens et modernes s'étoient appliqués à apprendre la langue des Basques avant d'entreprendre d'écrire leur histoire, ils ne seroient pas tombés certainement dans des erreurs aussi graves. Je ne puis concevoir comment ces hommes, d'ailleurs très respectables, sachant, d'après les principes généralement adoptés, que la langue d'une nation quelconque est la partie la plus essentielle de son histoire, ont osé présenter aux générations futures l'histoire des Cantabres sans connoître leur langue. Car, d'après MM. *Scaliger*, *Gebelin*, et *Depping*, dont j'ai déja cité l'autorité, l'analyse des langues ne sert pas seulement pour comprendre les monuments de l'antiquité, mais encore pour arriver aux temps inconnus de l'histoire du genre humain et même à l'âge proprement dit de nature. Mais si ces messieurs eussent su, et cela étoit nécessaire, que la langue basque prend, comme je l'ai déja dit, les noms des choses qu'elle veut désigner, de *l'attribut* même de ces choses, ou de leur *propriété*, ou de la *position topographique* des lieux; qu'ainsi,

(1) Le *z* se prononce en basque comme le *c* ou l'*s* sifflante.

le *seul nom de la chose* en représente naturellement la propriété intrinséque et extrinséque, et donne la connoissance sûre et infaillible de la topographie d'un lieu quelconque, ils n'auroient pas dit : 1° *Zeltes* au lieu de *Zelaïtes*, qui signifie peuples qui habitent des plaines. Le mot Zeltes, est un barbarisme qui ne signifie rien, et qui n'a servi qu'à brouiller et qu'à induire en erreur beaucoup d'écrivains recommandables, mais aussi, peu dignes de foi sur notre histoire. Ce mot *Zelaïe* est tellement basque, que le quartier qui m'a vu naître, et que j'habite encore, s'appelle le quartier de *Zélaï*. Son nom est tiré de sa position topographique; car c'est un canton plat et environné de plaines. Il y a aussi des familles et des maisons qui portent ce nom, parcequ'elles habitent ou sont situées dans des plaines. 2° Au lieu d'*Ibayeus*, peuple *riverain*, ou peuple qui habite près d'une rivière, ils n'auroient pas dit *Ibériens*, barbarisme qui désigne un peuple dont l'existence n'est que chimérique. 3° Au lieu des *Zaldibériens*, peuples qui habitent un pays abondant en beaux chevaux, ils n'auroient pas parlé des *Zeltibériens*, nation imaginaire dont on n'a jamais connu que le nom. Mais comme les historiens ont réuni ces différents prétendus peuples sous la seule dénomination de *Zeltibériens*, que je vais supprimer comme étant un barbarisme, et que je vais remplacer par celle de *Zaldibériens*, qui est le vrai nom basque tiré de la topographie locale, nous pourrons rechercher le séjour des *Zaldibériens.* Nous les avons déja vus au *nord* et à l'*ouest*, il nous reste à les découvrir et à les trouver au *centre* de toute l'Europe.

Il sera facile d'indiquer la contrée qu'ils habitoient, puisque les écrivains anciens et modernes nous les montrent dans les quatre parties de l'Europe, quoique sous des noms différents.

1° *Hérodote,* qui est l'Homère des historiens de son temps, les place à l'extrémité de l'Espagne, près les célèbres colonnes d'Hercule. 2° *Éphore,* disciple d'*Isocrate*, qui a partagé toute la terre en quatre parties, fait occuper tout l'*occident* de l'Europe par les *Zaldibériens*. 3° *Appien* Alexandrin dit que les *Zaldibériens*, dans la *guerre punique* en *Italie*, ont servi sous Annibal comme troupes auxiliaires. En effet, ils y étoient, comme on le verra plus bas, mais ils y étoient sous le nom de *Cantabres.* 4° Don *Casio,* dans son histoire romaine, et *Xiphilin*, patriarche de Constantinople, les placent entre la *Cantabrie* et les *Asturies.* 5° *Strabon,* près la rivière de *Bétiz*; *Pline,* dans la *Bétique* et dans la *Lusitanie*, aujourd'hui le Portugal.

6° *Ortélie*, appelé le Ptolomé de son temps, et La Martinière, placent les *Zaldibériens* ou *Can-*

tabres dans tous les pays de l'Europe. 7° Le P. Enrique, dans son histoire d'Espagne, fait arriver les Zaldibériens cantabres, depuis le *Danube* en Allemagne, jusqu'à la rivière *Dana*, qui est dans la basse Andalousie en Espagne. Enfin les écrivains français prétendent que les *Zaldibériens* ou *Cantabres* (ce qui est synonyme) passèrent en Espagne, du pays qui est situé entre le *Rhin*, les *Pyrénées*, et les *Alpes*. Cette dernière opinion est beaucoup plus probable que celle des Espagnols qui transplantent à une époque trop rapprochée du déluge, une colonie de *Cantabres* issue de Japhet, et qui abandonna les montagnes d'Arménie pour aller à l'extrémité de toute l'Europe, dont ils laissèrent sans la moindre vraisemblance, le *centre* entièrement désert.

D'ailleurs, avant d'entrer en Espagne, les *Zaldibériens* s'étoient approprié le nom de *Zelaïetcs*, c'est-à-dire, comme je l'ai déja observé, *habitants des plaines* : donc leur marche ordinaire devoit être de se répandre en peuplant les pays plats. Bien plus, supposera-t-on que ces premières colonies, sans rivaux à combattre, et sans ennemis à redouter, aient osé franchir les Pyrénées sans peupler nos vallées et nos plaines en France ?

De tout ce qui précède nous pouvons donc tirer la conséquence :

1° Que les *Cantabres*, venus du *nord* de l'Europe, durent peupler la *Gaule* avant que de se répandre en Espagne; 2° Que les Espagnols *Cantabres* descendent des *Cantabres* français, malgré le préjugé contraire; 3° Que les colons *gaulois* qui ont peuplé l'Espagne étant basques, la *Gaule* devoit être nécessairement basque; à moins de supposer une autre confusion des langues pendant la traversée des Pyrénées; 4° Que la Gaule étant basque, toute l'Europe devoit l'être; parce-qu'il n'y a qu'une seule nation et une seule langue qui aient existé à cette première époque; 5° Que l'erreur ou l'équivoque des noms réfutée, et la légitimité des noms topographiques rétablie, les écrivains anciens et modernes établissent l'universalité des *Zaldibériens* ou *Cantabres* dans les quatre parties de toute l'Europe. Donc l'idiôme basque est la première langue de toute l'Europe; donc les Basques sont les premiers colons de toute l'Europe.

SECONDE ÉPOQUE.

RECHERCHES SUR LA MONARCHIE CANTABRIQUE, PREMIÈRE DE TOUTE L'EUROPE, FONDÉE L'AN 535 APRÈS LE DÉLUGE.

Pour simplifier autant que possible, et régulariser l'histoire des *Cantabres* à laquelle les poëtes grecs, ces premiers historiens des nations, ont mêlé beaucoup de fables, je vais la diviser en différentes époques. La première époque renfermera tout le règne de la monarchie cantabrique, depuis *Tarsis* premier roi, jusqu'à *Habidès* dernier roi appelé, par excellence, le grand *Législateur*. Les écrivains modernes, plus amis de l'amour-propre que de la vérité, plus attachés à la partie fabuleuse qu'à la réalité, ont fait descendre des Cantabres tous les monarques de l'*ouest*, et ont placé chez les Basques l'origine de la mythologie des *Égyptiens*, des *Phéniciens*, des *Grecs* et des *Romains*, pour en faire naître leurs héros et leurs dieux mêmes. Il est vrai qu'ils ne pouvoient prendre facilement et légitimement ces portraits de la divinité, que d'un dépositaire puissant de l'autorité populaire, je veux dire de ces premiers rois de toute l'Europe.

DE L'ORIGINE DES BASQUES, ESPAGNOLS, ET FRANÇAIS.

Après le déluge, dès que le monde fut peuplé par les enfants de Noé, *Sem*, *Cham*, et *Japhet*, il dut être partagé en trois parties égales. En effet, les livres saints et tous les historiens, à l'exception de certains fabulistes incapables de soutenir leurs opinions éphémères, disent unanimement que les trois fils de *Noé* se partagèrent le monde connu; qu'à *Sem* revint toute l'Asie (1) avec l'Euphrate.

A *Cham*, la *Babylonie*, les *Arabies*, l'*Égypte* et l'*Afrique*. A *Japhet*, une partie de l'*Asie* septentrionale, depuis le mont *Taure* et *Amène*, avec toute l'Europe; aussi les descendants de *Japhet* prirent-ils de là leur premier essor, comme nous l'avons vu dans notre dissertation, pour peupler l'Europe.

D'après l'opinion la plus généralement répandue, les enfants de Japhet allèrent se fixer dans diverses contrées du monde; mais Tarsis, petit-fils de Tubal, vint en Espagne en l'an 535 du déluge, et se fixa, d'après saint *Isidore*, don *Rodrigue*, *Toustade*, *Joseph*, *Géronne*, *Larramendy*, etc., à l'extrémité de l'*occident*. Là le climat est tempéré; il est moins chaud que l'*Afrique*, moins froid et moins humide que la *France*. Le pays est abondant par lui-même, et florissant par rapport au commerce des Indes; et les Pyrénées, qui se terminent en deux promontoirs, l'un sur l'Océan, près de *Fuente-Rabie*, appelé *Olarso*, et l'autre au cap de Creux, le séparent de la France.

(1) Mot basque qui signifie *asia*, rassasié, c'est-à-dire, pays abondant.

Ce royaume peut avoir 270 lieues de longueur par ses côtes, et un peu moins par ailleurs.

Tout nous porte à croire que les premiers colons qui peuplèrent l'Espagne devoient être Basques. Peu m'importe que les étrangers, qui prenoient l'*omega* pour l'*alpha*, aient appelé les *Cantabres* tantôt *Bétiens*, tantôt *Lusitaniens*, tantôt *Bascons*, tantôt *Biscayens*, tantôt *Vascons*, et qu'ils aient fait autant de nations qu'il y avoit de provinces et de climats. Cette erreur, qui vient de l'ignorance des écrivains de ce siècle, ne mérite pas d'être réfutée ; car dans ce temps-là, ces différents noms, tirés de différentes provinces et des attributs topographiques, ne formoient qu'une seule et même nation, comme aujourd'hui les *Souletains*, les *Bas-Navarrais*, les *Hauts-Navarrais*, les *Biscayens*, les *Guipuzcoyens* et les *Laburtains*, composent la nation *basque*. J'ai dit que la première colonie qui peupla l'Espagne étoit basque, et je me fonde :

1° Sur ce que le nom d'Espagne est un mot basque ;

2° Sur ce que les rivières d'Espagne ont leurs noms primitifs basques, comme la *Suède*, le *Danemarck* et la *Norvège* ;

3° Sur ce que la plus grande partie de ses provinces est basque ;

4° Sur ce que les montagnes ont des noms basques ;

5° Enfin, sur ce que la langue basque est la mère de la langue espagnole.

En effet, 1° le mot *Espagne*, anciennement *Ezpaïna*, est un mot basque qui signifie *lévre*, c'est-à-dire que son étymologie est *populus unius labii*, peuple d'une seule et même langue.

2° Le mot *Guadalquivir* (rivière), n'est point basque, ce qui me prouve que les *Cantabres* ne lui avoient point donné ce nom : aussi son nom primitif n'est point *Guddalquivir*, mais *Bétiz*, qui veut dire, *en basque*, *basse* ; et cela est tellement vrai, que cette rivière traverse toute la basse *Andalousie*, et que c'est de là qu'est venu le nom de la Bétique des Romains. Le *Guadalquivir* ou *Bétiz*, se jette dans le golfe de *Gades* ou *Gadiz*, aujourd'hui Cadix.

L'*Èbre* ou *Ebro*, qui se rend dans la *Méditerranée*, au-dessous de *Tortose*, est pareillement un nom basque joint à son adjectif, et son nom primitif est *Er-berro*, eau chaude. Il tire ce nom de plusieurs sources d'*eaux chaudes* qui se jettent dans cette rivière en sortant des montagnes de *Santander*. J'ai visité ces lieux en 1794, lors de ma première émigration.

3° L'*Andalousie* est aussi un mot basque joint à son adjectif ; *Landa-Lucia* veut dire une lande longue, c'est-à-dire une longue étendue de terres *incultes*, comme cela devoit être avant que les Cantabres ne l'eussent cultivée. La *Mancha*, est encore un mot basque qui veut dire une *gousse de haricot : ilhar mancha ederra*, *belle gousse* de *haricot*. En effet, nulle part on ne voit de plus beaux haricots.

4° Le nom de la montagne de la *Sierra-Morèna*, quoique un peu dénaturé, est un mot basque qui veut dire un *morceau* des montagnes créoles ou un peu noir; car nous disons en basque : *ogui zerra bat*, un morceau de pain; *artho zerra bat*, un morceau de *meture* ou pain de maïs; *lur zerra bat*, un morceau de terre.

5° La langue basque, comme je l'ai déja dit, est la mère de la langue espagnole. Le révérend père *Narciso Riera*, jésuite, dit que les langues régnantes en Espagne sont les langues basque, espagnole et catalanne. Plusieurs auteurs soutiennent en outre, que la *première* a été universelle en Espagne; mais que les deux autres se formèrent du latin, lors de l'entrée des Romains dans ce royaume. Le révérend père *Larramendy*, également jésuite, prétend que la langue basque est la langue-mère de l'espagnole.

Le fait suivant va décider le point. Sans doute la supériorité des mots tirés d'une langue quelconque doit faire décider qu'elle est la langue mère ; ce principe incontestable étant posé, voyons de quel côté se trouve cette supériorité. La langue espagnole a tiré de la langue arabe, *cinq cent cinquante-cinq mots*; du grec, *neuf cent soixante-treize*; de l'hébreu, *quatre-vingt-dix*; et de la langue basque, plus de *deux mille*. Il est donc prouvé que la langue basque a produit la langue espagnole, malgré la qualité de *jargon* et de *baragouin* que certains Espagnols, critiques non moins indiscrets qu'orgueilleux, lui donnent gratuitement.

Oui, continue le P. *Larramendy*, la langue basque est sortie de la tour de *Babel* (s'il eût mieux connu cette langue, il en auroit parlé différemment), et fut portée en Espagne par Tarsis, petit-fils de *Japhet*, dont tous les Basques sont les descendants. Seule langue, dit-il, échappée au glaive romain; seule encore qui, sans éprouver la moindre altération, a survécu à tant de langues dénaturées par cette nation si empressée et si jalouse de répandre la sienne.

DU GOUVERNEMENT DES CANTABRES.

Le premier gouvernement des *Cantabres* étoit un gouvernement monarchique, formé sans doute sur l'exemple de l'autorité paternelle. Un père étoit le chef de sa famille et la gouvernoit à l'instar des anciens patriarches; et ce seul fait prouve que, de tous les gouvernemens, le plus naturel est le *monarchique*.

Les *Cantabres* de l'*ouest* se choisirent ensuite *un roi* pour être leur chef et pour les gouverner en bon père. Mais les mêmes lois devoient lui servir de régle à lui-même aussi bien qu'à ses administrés. Il ne paroît pas qu'à cette époque il y eût aucun roi en Europe.

Le premier roi que les Cantabres se choisirent, en laissant de côté tant de rois fabuleux que les historiens *grecs* forgèrent aux dépens de la vérité, fut *Gérion*, qui fit bâtir deux villes pour immortaliser son nom. La première, près de *Gadez*, aujourd'hui *Cadix*, appelée *Geronde*, et l'autre, près des Pyrénées, appelée *Gerona*, aujourd'hui *Gironne*.

Mais ce prince, oubliant qu'il n'étoit roi que pour être le père de ses sujets, abandonnant les traces de bonté et de clémence qu'avoit suivies son prédécesseur *Tarsis*, voulut traiter avec mépris et dureté les *Cantabres*. Ceux-ci, indignés d'une conduite si nouvelle pour eux, appelèrent pour s'en délivrer *Osyris*, que les Égyptiens prétendent être leur premier roi. Osyris lui ayant livré bataille au champ de *Tariffe*, près le détroit de *Gibraltar*, *Gérion* y fut défait et tué. Toutefois, aux sollicitations des *Cantabres* qui respectoient même les mânes d'un roi tyran; Osyris, aussi généreux qu'il étoit vaillant, laissa ce royaume aux trois fils de *Gérion*, encore en bas âge. Ces enfants, parvenus à leur majorité, firent assassiner *Osyris* par son frère *Typon*, pour venger la mort de leur père. *Oro*, fils d'Osyris, qui régnoit en Scythie, ayant découvert la perfidie des enfants de Gérion, arriva près de *Cadix* avec une armée. Les fils de Gérion marchèrent à sa rencontre; mais les deux armées étant en présence et sur le point de livrer bataille, *Oro* (mot basque qui signifie *tout*, c'est-à-dire tout-puissant. Ce nom convient parfaitement au célèbre Hercule de Lybie.) présenta un duel ou combat singulier aux trois *Gérions*, pour éviter une plus grande effusion de sang.

Les Gérions, semblables à leur père, et naturellement altiers, acceptent le *duel* et y périssent. Oro ou Hercule fit élever deux colonnes en mémoire de cette action héroïque; et c'est là l'origine des deux colonnes d'Hercule, près le détroit de *Gibraltar*, suivant l'opinion la mieux basée.

Hercule reconnoissant que les Cantabres méritoient d'être ménagés, se retira, dit-on, en Italie sans rien changer à leurs *usages* et *coutumes*, leur laissant pour chef, *inter pares*, Hispale, son compagnon d'armes.

Hispale étant mort, Hercule revint en Espagne

après avoir confié le royaume d'Italie à Athlante; mais Hispale et Hercule n'ayant point laissé de successeurs, les Cantabres se choisirent *Esper* pour leur chef. Ce dernier ne régna pas long-temps: Athlante, compagnon d'armes d'Hercule, séduisit ses soldats, le chassa de son royaume, et se rendit ainsi maître et roi électif de l'Espagne et de l'Italie.

Athlante mort, son fils *Sicule* lui succéda. Il alla en Italie pour entrer en possession du royaume de son père, et revint en Espagne après avoir donné som nom à la *Sicile* qu'il rangea sous son obéissance. *Sicule* mourut après avoir régné long-temps et paisiblement; il fut remplacé par *Gargoris* (mot basque qui signifie *gargarra*, flamme; *gora*, haute), dont le fils fut *Abidès*, le premier qui persuada aux Cantabres de s'ériger en gouvernement *démocratique*, ce qu'ils firent, comme nous le verrons dans la suite. Ici finit la monarchie espagnole-cantabrique ou basque, l'an 2990 du monde, et 1014 ans avant la fondation de Rome.

De ces faits il résulte :

1° Que les premiers colons qui peuplèrent l'Espagne étoient basques;

2° Que la monarchie espagnole-*cantabrique* est plus ancienne même que la monarchie égyptienne;

3° Que la monarchie espagnole-*cantabrique* est la première de l'Europe;

4° Enfin, que la monarchie espagnole-*cantabrique* a été une des plus puissantes pendant le régne d'Athlante, roi des *Cantabres*, en supposant même qu'alors il existât d'autres monarchies en Europe.

TROISIÈME ÉPOQUE.

DE LA REPUBLIQUE *CANTABRIQUE* OU BASQUE CONFÉDÉREE.

Les Cantabres toujours prévoyants, et pour qui le passé étoit un garant de l'avenir, quelque belles et quelque flatteuses que fussent ses apparences, conseillés d'ailleurs par leur dernier roi *Abidès* (mot basque qui signifie *savant, rusé, adroit*), formèrent enfin un gouvernement démocratique. Mais sachant qu'un grand *mécanisme* a besoin de petits ressorts pour avoir une action réglée et uniforme, cette grande nation se divisa en petits états démocratiques *confédérés* entre eux, sous un régime populaire tel qu'il a existé chez les Gaulois, à qui ce mode de gouvernement avoit été enseigné sans doute par les Basques leurs aïeux; lorsqu'une portion d'entre eux quitta les Gaules pour s'établir en Espagne. (Jules César dit qu'à son arrivée dans la Gaule il y trouva *trois cent-trente-deux* petits gouvernements démocratiques.) Les institutions ou réglements de ces peuplades étoient tellement homogénes, qu'aucune d'elles n'envioit la constitution de ses voisins, ni ne desiroit des changements dans la sienne.

L'intérêt que chaque état avoit de conserver sa loi fondamentale les réunissoit tous de telle manière, qu'ils étoient les garants de leurs différentes constitutions, et n'avoient pas besoin d'aller mendier des protecteurs pour défendre leurs héritages. D'ailleurs, que devoient-ils craindre, puisque l'ambition destructive des conquérants y étoit encore inconnue?

Tout le territoire *cantabrique*, qui étoit immense à cette époque, fut divisé en égales portions, d'après un cadastre scrupuleusement dressé. (Voilà donc ces républiques tant vantées par nos célébres Grecs, crées et formées par les *Cantabres*, plusieurs siécles avant la naissance de la Gréce.) Les portions de ce territoire ainsi divisé ne purent plus être subdivisées dans la suite entre tous les habitants, et il leur fut expressément défendu de jamais réunir deux héritages ensemble; chaque propriétaire devant se contenter de l'héritage primordial. Toute limite tracée étoit une barrière infranchissable.

Enfin ce gouvernement, quoique républicain, étoit cependant patriarcal, puisque les plus anciens de la famille concilioient à l'amiable toutes les contestations qui s'élevoient. Ils ne connoissoient d'autres cours de justice que leurs vieillards; et le respect sincère et profond qu'ils avoient pour eux, les faisoit sans cesse marcher dans le sentier de la vertu. (Fénelon, lib. 8, *de Bétiz.*)

L'Espagne-cantabrique partagée comme nous l'avons dit plus haut, les Cantabres jouissoient paisiblement chacun de leur héritage, quand arriva ce fléau aussi inoui que terrible, qui rendit stérile cette terre si fortunée, et qui dépeupla un des plus florissants et des plus anciens états démocratiques de toute l'Europe. Une sécheresse qui recommençoit chaque année, et se prolongea ainsi pendant ving-six ans, fendit la terre, fit tarir toutes les sources, toutes les rivières, à l'exception de l'*Èbre* et du *Bétiz* ou *Guadalquivir*. Ce fléau fatal, arrivé ou par hasard, ou par une punition divine, chassa les habitants de la meilleure et de la plus belle portion du territoire espagnol-*cantabrique*. Les *Cantabres*, effrayés de voir *l'horizon* enflammé sur leurs têtes, et cette terre *jadis* si féconde et si fertile devenue une tombe ouverte pour les engloutir, se retirèrent, les uns à l'est des Pyrénées, où ils se fixèrent et reçurent le nom de *Basac-hoc*, ou *Bascos*, c'est-à-dire *Basac-hoc*, ceux-ci sauvages, peuples sauvages, montagnards, et par syncope *Bascos*, les autres se fixèrent au *sud* et à l'*ouest* des mêmes Pyrénées; d'autres se placèrent au sud et au nord des montagnes de Biscaye (1), près du golfe cantabrique; d'autres enfin se retirèrent dans les montagnes des *Asturies*, de *Galice*, et de *Santander*. La dernière colonie peupla en partie le *Lapurdi*, nom qui dérive de *larré-iphurdi*, qui signifie lande de derrière, lande inhabitée. En effet, elle n'eut des habitants que la dernière. Ceux qui prétendent donc que *laphurdun* veut dire pays des voleurs, sont très mal fondés; et quand même cela seroit, ce qui est faux, ils n'auroient pas dû même le supposer, à moins qu'on ait confondu le *Lapurdun* français avec le *Lapurdan* ou *Lapurdun* espagnol, situé près de Gironne. Cette contrée a été de tout temps le refuge des contrebandiers qui, communément, avant de devenir voleurs et brigands, exercent ce métier. Toutefois il n'est pas certain que les *Cantabres-lusitaniens*, c'est-à-dire portugais, aient abandonné leur province. Enfin, les rayons brûlants du soleil ayant desséché la terre pendant vingt-six ans, et la culture étant devenue impraticable dans les Pyrénées, les habitants, pour fuir la mort, reculèrent encore au-delà de l'Èbre, dans la *Bétique* qui étoit tout-à-

(1) Mot basque qui signifie pays montagneux, *mendi bizcar*.

fait dépeuplée, et s'y fixèrent. (Telle est l'origine des *Zaldibériens*, peuple cantabre, comme les *Lapurtains*, et un des plus puissants de l'Espagne après les Romains.)

Le bruit de l'abandon de la part des habitants d'une partie des Pyrénées, en se répandant, éveilla la cupidité des *Phéniciens* qui, après avoir cédé la supériorité de la mer aux *Rhodiens*, vinrent en Espagne pour s'enrichir. Ce sont les premiers étrangers qui entrèrent dans le territoire basque-espagnol (1). Leurs recherches ne furent pas infructueuses ; ils trouvèrent en effet dans ces montagnes une si grande quantité d'*or* et d'*argent*, qu'au rapport d'Aristote, ils en firent des ancres pour leurs navires. Les Phéniciens, lors de cette expédition, avoient à leur tête *Siché*. L'événement incroyable, il est vrai, que nous venons de rapporter arriva vingt ans avant la fondation de Rome, selon *Mariana*, historien espagnol.

(1) Je serois tenté de croire que les Phéniciens seroient une colonie basque. L'identité de la langue, du génie, et des mœurs, me force à épouser cette opinion.

QUATRIÈME ÉPOQUE.

CETTE ÉPOQUE RENFERME TOUT CE QUI S'EST PASSÉ EN ESPAGNE DEPUIS L'ENTRÉE DES CARTHAGINOIS JUSQU'A LEUR EXPULSION.

Les *Phéniciens*, qui n'avoient pas perdu leur temps dans leur voyage en Espagne, puisque, d'après Aristote, n'ayant pu, ainsi que nous l'avons vu, emporter tout *l'or* et tout *l'argent* qu'ils y trouvèrent, ils employèrent ces métaux jusqu'à faire les ancres de leurs navires, connoissant d'ailleurs les mines riches et abondantes de ce royaume, y revinrent de nouveau; et voulurent se fixer dans la *Bétique*, qui est aujourd'hui la *basse Landa-Lucie*, et y formèrent des compagnies de commerce.

Les *Cantabres*, anciens propriétaires des terres qu'ils avoient été forcés d'abandonner momentanément par la grande sécheresse de vingt-six ans, ayant déja repris possession de l'héritage de leurs aïeux, battirent les Phéniciens, et les chassèrent de leurs foyers. Ceux-ci, humiliés par cette défaite, et regrettant un climat aussi heureux et aussi riche, appelèrent les Carthaginois à leur secours, l'an 200 de Rome. En effet. *Maharbal*, général carthaginois, y arriva avec une armée nombreuse, et fit croire aux *Canta*-

bres que son intention n'étoit point de gêner ni d'incommoder les Espagnols; mais qu'il y venoit seulement pour venger les injures faites au temple d'Hercule à *Cadix*; et sous ce prétexte aussi spécieux que perfide, les Carthaginois s'établirent sur les côtes de *Landa-Lucie*. Ce premier pas, qui étoit sans doute le plus difficile, heureusement fait, ce général rusé et de mauvaise foi, jure solennellement l'intégrité et l'inviolabilité des institutions organiques du gouvernement démocratique des *Cantabres*, leur promet secours et protection pour chasser de leur territoire les *Phéniciens* et les *Grecs* nouvellement arrivés. Les *Cantabres*, aussi braves dans la guerre que de bonne foi dans les traités, sentant qu'il étoit de leur honneur et même de leur intérêt d'adhérer à cette proposition, se laissèrent séduire par ces promesses flatteuses, mais perfides, et formèrent une armée confédérée qu'ils mirent à la dévotion, et sous le commandement de ce général, qui chassa bientôt les *Phéniciens* et les *Grecs* du royaume d'Espagne; et, par cette ruse, étendit sa conquête jusqu'au *centre* de la *Péninsule* cantabrique. Après cette expédition, les Cantabres se retirèrent, et Carthage envoya un gouverneur, dont le nom étoit *Boodès*, pour commander aux pays conquis. Le temps, qui fait tout connoître, dévoila l'ambition et la perfidie des *Carthaginois*. Les Cantabres du *sud*, déja accoutumés depuis long-temps à se gouverner eux-mêmes, et humiliés de se voir sous le joug odieux d'un gouverneur étranger établi par la perfidie la plus noire, s'arment et chassent *Boodès* de leur territoire. Amilcar, général carthaginois, battu par les Romains à *Palerme*, ayant appris l'expulsion du gouverneur, vint en Espagne avec le reste de son armée, accompagné de son fils Annibal, sans doute dans l'intention de se dédommager de la perte qu'il venoit d'essuyer en *Sicile* par sa défaite. Il voulut se rendre maître de toute la Bétique, l'an 516 de Rome; mais loin de réaliser son projet, les Cantabres le défirent et le tuèrent dans la première bataille. Les Carthaginois, redoutant la valeur des Espagnols-cantabres, y envoyèrent *Asdrubal*, beau-frère d'Annibal; mais il eut le même sort que son prédécesseur *Amilcar*. Enfin, après trois défaites complètes, les Carthaginois, reconnoissant qu'il étoit difficile de conquérir l'Espagne à moins d'y envoyer un général consommé dans l'art militaire, chargèrent de cette expédition le célèbre et rusé *Annibal*, alors âgé de vingt-six ans: *Annibal*, à qui son père *Amilcar* avoit fait jurer au pied des autels une haine implacable et éternelle pour les Romains; et qui n'avoit rien tant à cœur que de se venger d'eux, ménagea les Cantabres, et tâcha de s'atrirer leur confiance, en se déclarant le protecteur de leur confédération, et leur rendant tous les droits que ses prédécesseurs leur avoient enlevés. Dans cet état de choses, *Annibal*, qui vouloit allumer le feu de la guerre en Italie, proposa aux états confédérés de lui fournir un contingent pour une expédition secrète. Les Cantabres, affranchis du joug étranger, et éblouis de se voir rétablis dans leur premier état, croyant être d'ailleurs parvenus au comble du bonheur et de la gloire, lui fournirent des troupes nombreuses. Cet habile capitaine, à la tête d'une armée formidable, profitant de l'enthousiasme des Cantabres, ne tarda pas à porter le fléau de la guerre dans les deux plus grands empires de l'univers, qui furent au moment de s'écrouler; car si *Annibal* avoit su profiter des avantages de la victoire, comme il avoit su vaincre, la république romaine, sa seule rivale, étoit détruite dans son berceau même. Tel est le commencement de cette seconde guerre punique, qui fera éternellement honneur aux Cantabres, Gaulois et *Espagnols*. Mais Annibal, qui cherchoit un prétexte pour irriter les Romains et pour les provoquer à la guerre, attaqua, à la tête de cent cinquante mille hommes, la célèbre ville de *Sagonte* (1), ville *basque*, indépendante et alliée des Romains. Cette ville se défendit avec une opiniâtreté inouie jusqu'à cette époque; mais enfin réduite à la plus dure, à la plus cruelle extrémité, les habitants, dénués de tout, sans espoir d'échapper jamais à un ennemi rusé et puissant, allumèrent un grand feu au milieu de la place publique, et s'y précipitèrent pour s'y détruire. Tel étoit le caractère des Cantabres : ils aimoient mieux s'anéantir que de se soumettre à un joug étranger, comme nous le verrons plus amplement dans la suite. Cependant les Romains, indignés de la prise d'une ville indomptée jusqu'alors, et qui étoit leur alliée, envoyèrent en Espagne le consul *Gnius Scipion* contre *Annibal*. Annibal, toujours fidèle à son serment, et sachant très bien que pour vaincre les Romains il falloit les attaquer chez eux, forma le grand et hardi projet de passer en Italie en traversant les Alpes. Mais il comprenoit que, pour exécuter un projet aussi gigantesque, il lui falloit des bras endurcis, des hommes infatigables, en un mot, des soldats à toute épreuve et ne se rebutant de rien.

Ce général consommé dans l'art difficile de la guerre, sur qui va-t-il jetter son premier coup

(1) *Sagua. Saguteguia*, lieu de souris, en basque.

d'œil pour exécuter ce plan digne de lui seul? C'est sur les Cantabres. Et *Silius Italicus* dit, dans son troisième livre, qu'Annibal réunit des recrues *cantabres* de *l'est*, du *sud* et de *l'ouest* de l'Espagne. « *Nec non totus adest vesper populique reposti*, etc. » Plusieurs nations de l'Afrique, continue le même auteur, et les peuples les plus reculés de *l'est* et de *l'ouest* de l'Espagne *s'enrôlèrent* sous les drapeaux d'Annibal. Mais la plus vaillante de toutes ces différentes nations étoit la nation *cantabrique*; aimée des autres peuples, admirée de tout le monde; ne se dégoûtant d'aucun travail, ne se rebutant d'aucune fatigue, sobre, dormant peu et s'exerçant sans cesse. Elle disputoit le prix du *saut* aux plus alertes, celui de la *course* aux plus agiles, celui de la *lutte* aux plus vigoureux: *Cantaber ante omnes*... (1). Aussi *Annibal* ayant reconnu que cet esprit martial qui faisoit choisir aux *Cantabres*, les entreprises les plus hardies, les plus pénibles, et les plus dangereuses, devoit être inné en eux, sut bien le mettre à profit en formant l'avant-garde de toute son armée des seuls Cantabres. Les autres nations, qui étoient en plus grand nombre, ne conçurent pas la moindre jalousie de cette préférence. Dira-t-on que ce général n'avoit pas su

(1) Silius Italicus.

reconnoître la supériorité des mérites, en composant l'avant-garde de son armée de Cantabres seulement, sur-tout ayant le projet héroïque d'entrer en Italie en franchissant les montagnes sourcilleuses des Alpes? Prodige inoui, entreprise étonnante et jamais tentée jusqu'alors! s'écrie ici un auteur du temps. « *Simili portento visum est,* » etc.... Ce favori du dieu Mars connoissoit mieux que personne les grandes difficultés de son sublime plan de campagne; il savoit qu'il falloit pour arriver à son but des hommes endurcis, des hommes inaccessibles à l'intempérie des saisons et des climats rigoureux, des hommes accoutumés à franchir les sommets escarpés des montagnes presque toujours couvertes de neiges et de glaces; enfin, des hommes infatigables et aguerris dans les combats. Mais il ne put les trouver que chez les *Cantabres*, comme le dit fort bien Horace (1).

Silius Italicus dit que les Cantabres ne sont point étrangers aux antres et aux rochers des Al-

(1) . . . . *Et*
Cantabrum indoctum juga ferre nostra, etc.
Hor. *Od., Ad Sept.*

Quid bellicosus Cantaber, et Scythes, etc.
Hor. *Od., Ad Quint. Hirp.* v. 1.

Cantaber in bello
Nominetur leo. Larramendy.

pes, parcequ'ils sont déja accoutumés à l'âpreté des chemins, aux précipices des montagnes.

Enfin, ce passage du même auteur fera connoître le *génie*, la *force*, les *coutumes* et la *valeur* des Cantabres.

. . . .

Cantaber ante omnes hiemisque, æstusque, famisque,
Invictus, palmamque ex omni ferre labore.
Mirus amor populo, cum pigra incanuit æstas
Imbelles jamdudum annos prævertere saxo;
Nec vitam sine Marte pati : quippe omnis in armis
Lucis causa sita, et damnatum vivere paci.

Cette description, toute à l'honneur des Cantabres, n'ayant pas besoin d'être commentée, je vais me borner à sa seule traduction.

« Les Cantabres ne sont vaincus ni par l'hiver, « ni par l'été, ni par la faim.

« Ils sont supérieurs aux autres nations par « leur *légèreté* dans la course, par leur *vigueur* « dans la lutte, et par leur *habileté* à manier les « armes.

« Ils ont un tel amour pour la guerre, que « dès qu'ils se sentent incapables de porter les « armes à raison de la vieillesse, ou de quelque « infirmité, ils se détruisent en se jetant de quel- « ques rochers.

« Ils ne peuvent vivre sans guerre, toute leur « existence est dans la guerre : la vie même leur

« est un fardeau dès qu'ils ne peuvent plus por-
« ter les armes (1). »

Dès qu'Annibal eut reçu les divers contingents que les états cantabriques confédérés lui avoient promis, et qu'il en eût formé son avant-garde, il partit pour l'Italie, s'ouvrant au milieu des Pyrénées et des Alpes (2) une route pour tout autre impraticable. A son arrivée en Italie, il battit *Publius Scipion*, près du fleuve *Tésin*; *Sempronius*, près de la *Trébie*; et *Flaminius*, près du lac *Trasimène*.

Croira-t-on ici que les Cantabres ne s'acquittèrent pas de leurs devoirs dans ces différentes batailles? Qui pourroit douter qu'ils y combattissent les premiers? Mais écoutons ce que notre historien dit dans son cinquième livre :

Hinc robur mixtusque rebellibus
Africis.......... Cantaber.........

Ces victoires qu'Annibal remporta sur les Romains, à qui sont-elles dues, puisque la principale force d'Annibal consistoit dans les Cantabres?

Rome, tant de fois vaincue, n'approuvant point la sage lenteur de *Fabius*, dont la prudence passoit pour de la timidité, et la circonspection

(1) Sil. Ital. liv. III, v. 326—332.

(2) Voyez Cornelius Nepos *in vitâ Hannibalis*, nº 3.

pour de la foiblesse, partagea la dictature; mais cette division faillit être bien funeste aux Romains et à leur armée. *Paul Émile*, l'un des dictateurs, vouloit imiter la sage et prudente lenteur de son prédécesseur *Fabius*; mais *Terentius Varron*, homme bouillant et téméraire, se proposant de mener la guerre avec plus d'activité, ils campèrent tous les deux près d'un bourg appelé *Cannes*.

Annibal, qui épioit depuis long-temps cette occasion, flatte la témérité naturelle de *Varron* en lui cédant par ruse quelques succès d'escarmouches.

Varron, enhardi par cet appât dangereux, malgré l'avis contraire de son collègue bien plus sensé que lui, rangea l'armée en bataille, et donna le signal du combat. A peine cet ordre cruel est-il donné, qu'une nuée de dards lancés des deux côtés couvre l'horizon! Des sabres qui se croisent sans cesse font jaillir des étincelles au milieu des combattants; on se bat avec acharnement; la victoire est long-temps douteuse; mais enfin la force des bras, l'élasticité du corps, le courage et la valeur opiniâtres des Cantabres, principale force d'Annibal, la font décider; Rome succombe, et si Annibal suit le conseil de Maharbal, Rome n'est plus. Pour qu'on ne me traite pas d'exagérateur dans ces recherches historiques, consultons encore *Silius Italicus*, et voyons ce qu'il dit des Cantabres dans son neuvième livre, en parlant des divers peuples que les Pyrénées avoient envoyés à Annibal pour la célèbre bataille de *Cannes*. « C'étoit, dit-il, une armée très « brillante, composée d'une jeunesse d'*élite*.... »

............Effulget certata juventus.

Sil. Ital. liv. IX, v. 231.

Mais avant tous, et préférablement à tous, c'étoient les *Cantabres* qui se faisoient le plus remarquer et le plus admirer.

Cantaber ante alios nec tectus tempora vasco, etc.

Sil. Ital. liv. IX, v. 232.

Mais il est temps de revenir aux Cantabres d'Espagne. Laissons les Cantabres de l'Italie au faîte de la gloire militaire, jusqu'à ce qu'une ambassade, composée des Cantabres les plus distingués, aille les rappeler dans leurs foyers. J'ai déja dit que les Romains, irrités de la destruction de la ville de *Sagonte*, y avoient envoyé des légions sous le commandement du consul *Gnius Scipion* qui y fut défait, et ses légions entièrement détruites, ou par les Carthaginois, ou par les Cantabres. Les Romains y envoyèrent à sa place *Cornelius Scipion*, alors âgé de vingt-quatre ans, qui prit d'assaut Carthagène le même jour de son arrivée, vainquit ensuite Asdrubal, général des Carthaginois, et le chassa de la Péninsule pour toujours. Les Carthaginois furent expulsés d'Espagne en *cinq cent cinquante-trois* de Rome.

CINQUIÈME ÉPOQUE.

CETTE ÉPOQUE RENFERME LA CONQUÊTE DU SUD DE L'ESPAGNE PAR LES ROMAINS, ET LES FAITS HISTORIQUES DES CANTABRES DURANT LE RÈGNE DES ROMAINS, JUSQU'A L'ASSASSINAT DE JULES CÉSAR, EN 710.

Scipion, déja vainqueur des Carthaginois, ne voulant point flétrir ses lauriers naissants en les exposant à l'impétuosité et à la fougue des Cantabres, dont l'héroïsme lui étoit connu, voulut traiter avec eux. Pour mieux réussir dans son dessein, il vendit tous les prisonniers carthaginois, et renvoya chez eux, sans rançon, tous les prisonniers espagnols-cantabres. Ce général, dont l'ame, quoique guerrière, étoit basse, et qui tentoit de conquérir l'Espagne sous le prétexte de chasser les Carthaginois, se comporta avec tant de clémence envers les Cantabres, que ces peuples de bonne foi, et plus guerriers que diplomates, voulurent unanimement lui donner le nom de roi. Mais Scipion, aussi rusé que les Cantabres étoient sincères, répondit qu'il étoit content d'avoir un cœur digne d'un roi sans en avoir le nom, et les remercia. Rome, toujours de mauvaise foi, Rome, dont la parole n'offroit aucune garantie, qui se jouoit des traités les plus solennels, et qui ne mettoit en avant des propositions de paix que pour se ménager des moyens de recommencer la guerre avec plus de succès, Rome enfin, qui n'étoit pas encore satisfaite d'avoir abandonné les braves Sagontains, leurs alliés, à la fureur d'Annibal, sous les yeux de ses émissaires, attisa le feu de la guerre civile dans les petits états confédérés des Cantabres, pour les faire détruire les uns par les autres sous le perfide prétexte de les rendre plus heureux, et de mieux consolider leur indépendance. Scipion se déclare leur protecteur, jure l'inviolabilité de leurs lois, de leurs usages, de leurs coutumes, et cependant fait détruire l'armée du célèbre *Viriatus*, seul soutien des droits des Cantabres, par le moyen des officiers qu'il avoit séduits. Enfin, ne pouvant réduire ce brave et loyal capitaine par une guerre légitime, il le fait assassiner en lâche. Scipion protége les droits des Cantabres, et alors même il fait détruire *Numance*, au mépris du serment solennel d'amitié que *Mancinnus*, général des légions romaines, fait prisonnier par les Basques-*Numantins* avec toute son armée, puis mis en liberté sans rançon, avoit prêté au nom du sénat romain. Les Romains se déclarent amis des Cantabres; et *Pompée* et *Métellus* pressent tellement les malheureux habitants de la ville de *Calahorre*, que, privés de vivres, ils sont enfin réduits à manger leurs propres femmes et leurs enfants (1). Toutefois, cette république, composée d'hommes incapables d'avoir des sentiments d'honneur et d'équité, fait assassiner *Sertorius*, général des Cantabres, par le scélérat *Perpenna*, en 681 de Rome, ou 73 ans avant Jésus-Christ, et forme le projet ambitieux et gigantesque de dompter tous les Cantabres indépendants, et de les assujettir à la loi générale de Rome. Enfin, le général romain léve le masque, déclare une guerre cruelle à tous les petits états confédérés de la région septentrionale cantabrique, offrant une amitié sincère et étroite, et de grandes propriétés aux autres états voisins qui lui donneroient du secours dans cette entreprise qu'il disoit utile, avantageuse, honorable et nécessaire même pour toute la Cantabrie. Mais les Cantabres, qui auroient dû savoir depuis long-temps que tous les conquérants portent avec eux la boîte de *Pandore*, ouvrirent enfin les yeux, et ne virent dans les offres de Scipion qu'un intérêt sordide, et l'ambition commune à tous les dominateurs. A peine surent-ils que les Ro-

(1) Plin. *zurita*.

mains avoient déclaré la guerre à leurs compatriotes du nord, qu'ils abandonnèrent les drapeaux de Scipion, et revinrent dans leurs foyers pour être spectateurs passifs de la bravoure de leurs confédérés, bien décidés sans doute à leur donner du secours en cas de besoin pour secouer le joug pesant et odieux des Romains. En effet, ces usurpateurs trouvèrent une résistance tellement opiniâtre chez les Cantabres, que ceux-ci aimèrent mieux se détruire que de se soumettre. Au siége d'*Astapa*, les habitants se défendirent jusqu'à la dernière extrémité; mais voyant qu'ils alloient être forcés de se rendre, ils préparèrent un grand bûcher au milieu de la place publique, y mirent tous leurs effets, et firent asseoir dessus les femmes, les enfants, et les vieillards. Quand on y eut mis le feu, le reste des habitants ouvrit les portes, et fondit sur les Romains. Ils périrent tous en combattant, et la ville devint la proie des flammes (1). Les historiens ne parlent ici que des faits principaux, car on ne compte jamais la perte du vainqueur. A Calahorra ou *Loharra*, les habitants, après avoir épuisé toutes leurs ressources, plutôt que de trahir la foi donnée à *Sertorius*, que Scipion fit assassiner en lâche au mépris des lois de la guerre, eurent re-

(1) Appian Iber. c. 33; Tit. Liv. LIV, liv. 28, 22.

cours à des moyens tellement nobles et héroïques pour des assiégés, qu'ils égorgèrent leurs femmes et leurs enfants incapables de porter des armes ; pour se nourrir de leur chair, et afin que ces victimes innocentes, qui auroient été placées sur des croix par les barbares Romains, durassent plus long-temps, ils les salèrent. *Quoquè diutius armata juventus viscera visceribus suis aleret, infelices cadaverum reliquias salire non dubitavit.*

Rien ne prouve mieux l'héroïsme des Cantabres, ou leur fidélité inviolable envers leurs chefs, que cette épitaphe, copiée dans les annales de la Catalogne. La voici :

HIC MULTÆ QUÆ SE MANIBUS
Q. SERTORII TURMÆ, ET TERRÆ
MORTALIUM OMNIUM PARENTI
DEVOVERE, DUM EO SUBLATO
SUPERESSE TÆDERET, ET FORTITER
PUGNANDO INVICEM CECIDERE,
MORTE AD PRÆSENS OPTATA JACENT
VALETE POSTERI (2).

Traduction française :

« Ici de nombreux bataillons se sont dévoués
« aux mânes de Quintus Sertorius et à cette

(1) Val. Max. liv. VII, c. 6, *de Caliguritanis.*
(2) Plut. *in Sertorio.*

« terre, la mère commune de tous les mortels.
« Après la perte de leur chef, la vie leur sem-
« bloit un fardeau, et en combattant avec vail-
« lance tour-à-tour, ils trouvèrent la mort, triste
« objet de leurs vœux. *Adieu races futures. Agur
« Segui-gu.* »

Strabon dit que les prisonniers cantabres mis en croix entonnoient encore des chansons guerrières au milieu de ce supplice (1). Enfin, les Cantabres faits prisonniers que l'on conduisoit à Rome firent des troux dans les vaisseaux sur lesquels on les transportoit, et se noyèrent avec leurs gardiens (2).

DESCRIPTION GÉOGRAPHIQUE DU PAYS VRAIMENT CANTABRIQUE DE CE TEMPS-LÀ.

La contrée habitée par les Cantabres, s'étendoit du *sud* au *nord*, à partir du territoire dit *Sobrarbe*, en *Aragon*, jusqu'au golfe cantabrique, toutes les terres situées aux deux côtés des Pyrénées comprises; et de *l'est* à *l'ouest*, depuis *Toulouse*, capitale du Languedoc, en France, jusqu'à *Vigo*, en Galice. De manière que dans cette étendue de pays se trouvent aujourd'hui renfermées les provinces de *Jaca*, de *Toulouse*,

(1) Strab. III, 113.

(2) Appian; *de rebus Hispanis*, c. 32—77.

de *Béarn*, de *Soule*, de la *basse et de la haute Navarre*, et la *Rioxa*, dans la vieille Castille; la *Gascogne*, la *Guienne*, les *Landes*, le *Labour*, *Guipuzcua*, la *Biscaye*, *Alava*, les montagnes de *Santander*, les *Asturies*, la *Galice*, jusqu'à *Vigo*: c'est-à-dire toute la côte de l'Océan peuplée par les *Cantabres* lors de cette malheureuse sécheresse qui dura, dit-on, vingt-six ans.

La guerre commencée, et la perfidie ordinaire et si familière aux Romains mise à découvert, les Romains tantôt vainqueurs, tantôt vaincus, ne pouvoient se maintenir dans le pays qu'avec une extrême difficulté, et en payant bien cher leur occupation.

Enfin, effrayés de la valeur féroce (la leur auroit été héroïque) des Cantabres, ou plutôt émerveillés de la manière dont ils savoient renverser de leurs *têtes* ces casques de fer forgés pour les combats, ils renoncèrent à la prétention de soumettre les Cantabres septentrionaux, et partout ailleurs victorieux, ils furent obligés de faire une paix humiliante, dont la première base étoit l'indépendance des Cantabres, et l'inviolabilité de leurs lois organiques existantes depuis *Abidès*, leur dernier roi (1).

(1) Velleius, p. 11, c. 90; Livius, liv. 145; August. c. 20.

La paix conclue entre les Romains et les Cantabres, ceux-ci se mirent spontanément sous la protection des Romains, à titre d'alliés indépendants; et depuis cette époque, les Basques devinrent autant amis des Romains qu'ils leur avoient été jadis redoutables. Enfin, cette alliance les unit de telle manière, que les familles les plus distinguées et les plus puissantes de la ville de Rome ne dédaignèrent point d'unir leurs enfants aux Basques par le lien du mariage, et de leur confier l'administration de leurs biens, qui étoient immenses. Avant et après l'entrée des Romains, le gouvernement des Basques septentrionaux étoit divisé en petits états confédérés entre eux, comme celui des Basques du *sud*, qui fut subjugué quelquefois par les conquérants. C'est ainsi qu'étoit régie toute l'Espagne et toute la *Gaule* avant l'arrivée des Phéniciens et des *Carthaginois*, comme le dit *Jules César*.

César ayant fixé et tracé les limites de l'Aquitaine, d'accord avec les Cantabres-Gaulois (ce seul fait prouve que ceux qui prétendent que les Romains avoient subjugué les Aquitains sont mal fondés), il passa ensuite en Espagne, l'an 704 de Rome; et quoique le sénat romain se fût divisé en deux factions, les Cantabres-Gaulois et Espagnols soutinrent constamment le parti de

Pompeyus, pour ne point violer le serment qu'ils lui avoient prêté.

Petreyus Affranius et *Varron*, lieutenants de *Pompeyus*, menèrent en Thessalie les Cantabres Lusitaniens, Zaldiberiens, et Gaulois, qui firent des prodiges de valeur dans la bataille de *Pharsale*.

Les Cantabres, dit *Jules César* dans son troisième livre (Legio *Céliciencis*), faisoient toute la force, et étoient le principal nerf de l'armée de *Pompeyus;* ainsi, les Cantabres montrèrent autant de courage et de bravoure dans cette bataille célèbre, qu'ils en avoient montré dans celle de *Cannes*. Ici ce n'est point un poëte enthousiaste qui parle; ce ne sont point des hyperboles faites à plaisir; mais c'est le plus grand, le plus subtil, le plus rusé de tous les généraux de ce temps qui l'atteste; c'est un témoin oculaire; en un mot, c'est *Jules César*. Ce fait prouve combien étoit grande et élevée l'idée de la bravoure des Basques, dans un siècle où l'héroïsme étoit si commun.

Un des centurions de César se comporta si vaillamment dans la défense d'un fort, que bien que son bouclier fût percé de plus de deux cent trente dards, et que lui-même fût couvert de blessures, il n'abandonna pas son poste, et se jeta sur l'ennemi pour en disputer l'entrée. Voici ce que *Lucanus* dit sur ce fait assuré par César : *Felix hoc nomine famæ si tibi durus Iber, si tibi terga dedisset Cantaber exiguis aut longis zelotipus armis.* « Oh ! heureux et célèbre *Scève!* « tu serois arrivé au comble de la gloire militaire « si, dans quelque lutte réelle ou feinte, particu-« lière ou générale, tu eusses fait fuir un seul « Basque, tu lui eusses fait tourner le dos. »

Si terga tibi dedisset...... Cantaber.

Il est donc clair et hors de doute que parmi les Romains, l'action la plus héroïque, et qui seule formât l'héroïsme par excellence (d'après *Lucanus* et *Jules César*), c'étoit de mettre en fuite un seul Cantabre.

Si tibi terga dedisset...... Cantaber.

Les Romains, quoique puissants et grands guerriers, puisqu'ils se rendirent maîtres de l'univers (à l'exception de la Cantabrie), ne demandoient pas tant aux Cantabres, il suffisoit à leur gloire qu'ils eussent fui devant eux. Mais ils ne leur donnèrent jamais cet avantage dans une lutte qui dura près de deux cents ans. Les historiens romains, si exacts et si minutieux même à rapporter jusqu'aux faits les moins importants qui les concernent, eussent mis cette seule action au plus haut rang de l'héroïsme, et n'eussent pas manqué d'en faire un étalage pompeux; mais ils n'en disent rien; preuve convaincante qu'ils n'ont pu jamais l'obtenir. Cependant le parti de Pompeyus ayant succombé, les Cantabres se réconcilièrent avec César. Ce chef habile ne se plaignit jamais des Cantabres, et le silence profond qu'il a gardé sur eux dans ses Commentaires et dans ses histoires, est la preuve qu'il n'a jamais voulu ranger les Cantabres sous le joug des Romains. Au contraire même, quand les guerres civiles furent terminées, la république romaine alors expiroit sous l'anarchie, et César reconnut l'indépendance des petits états confédérés cantabriques, qu'il laissa vivre tranquillement selon leurs *lois*, leurs *usages*, et leurs *coutumes*. Mais émerveillé de la bravoure que les Cantabres avoient montrée en se battant contre ses propres soldats, il leur promit sa protection. Plus tard, leur ayant demandé des troupes auxiliaires comme alliées, il les incorpora aux légions romaines pour les envoyer en Égypte contre *Ptolomé*, meurtrier de Pompée; et dans le royaume de Pont, contre Mithridate, Scipion et Juba, roi de Numidie (Echard, Hist. rom., liv. 3). Enfin, étant entré en triomphe à Rome pour la cinquième fois, il y fut nommé dictateur à vie. Bientôt Antoine, qui l'avoit accompagné dans toutes ses expéditions, et qui étoit alors son collégue dans le consulat, lui mit sur la tête un diadême, insigne de la royauté. Mais son pouvoir fut de peu de durée : il mourut assassiné dans le sénat même, en l'an 710 de Rome.

SIXIÈME ÉPOQUE.

CETTE ÉPOQUE CONTIENT LES FAITS HISTORIQUES DES CANTABRES JUSQU'A L'EXPULSION DES ROMAINS DE L'ESPAGNE CANTABRIQUE.

Octave, neveu de Jules *César*, succéda à son oncle. Il vint en Espagne pour y commander l'armée romaine, avec l'intention formelle et bien prononcée d'assujettir les Cantabres à la loi générale de Rome (Echard, Hist. rom., liv. 3). Mais les Cantabres, indignés de la légèreté avec laquelle ces guerriers, par-tout ailleurs vainqueurs, violoient tous les traités d'alliance les plus sacrés, et irrités par les cruautés que l'orgueil romain exerçoit sur eux (Dion., liv. 14), repoussèrent leurs efforts impuissants avec tant d'énergie et avec tant de bravoure, qu'*Octave*, renonçant à sa prétendue conquête, fit construire des forts sur les frontières de la Cantabrie, pour éviter et entraver les incursions journalières que faisoient les Cantabres dans les pays soumis aux Romains. Enfin, *Octave* invita les Cantabres à faire la paix. Elle fut conclue ; mais il exigea des ôtages pour en garantir la durée: ensuite il retourna à Rome, où ayant détruit le célèbre Triumvirat, il se fit proclamer empereur sous le nom de César Auguste. Parvenu à l'empire, et se jugeant au faîte du bonheur et de la gloire, il commençoit à peine à respirer un air plus tranquille, et à goûter les douceurs du repos après tant de fatigues guerrières, qu'il fut obligé de repartir pour l'Espagne, afin d'aller y apaiser une guerre allumée par le soulèvement des Cantabres septentrionaux et des Basques Asturiens confédérés (in Sib. Olim, pag. 190). Les vexations et les cruautés de *Silanus* et de *Caton*, tous deux gouverneurs romains, avoient tellement aigri les Cantabres (Tite-Live, Dec. 3, liv. 4), qu'ils avoient pris d'assaut toutes les places fortifiées, et avoient passé au fil de l'épée tous les Romains qui s'y étoient trouvés renfermés. Cette invasion, aussi terrible qu'inattendue, causa un tel effroi à toute l'armée d'Agrippa (Dion. Cass., tom. 53), que le général ordonna à chaque soldat de faire son testament avant que d'en venir aux mains avec les Basques (Velleius Patercul., Hist. rom., tom. dernier). Le bruit de ces succès rapides des Cantabres étoit parvenu à la capitale du monde connu. Auguste, qui avoit laissé oublier le traité solennel par lequel il reconnoissoit l'indépendance des Cantabres, voulut se charger personnellement de cette guerre, regardant comme peu de choses ce que les Romains avoient fait en Espagne pendant près de *deux cents ans*, si les Cantabres y restoient indépendants.

Cœsar parùm in Hispaniâ per ducentos annos actum intelligens si cantabros atque asturos gentes hispanis suis uti sineret legibus, etc., etc., etc. (Don Alonso).

Le fait est qu'il fit ouvrir solennellement les portes du temple de *Janus* que lui-même avoit fait fermer un peu auparavant; et qu'il partit de Rome à la tête de sa cavalerie; il arriva à Tarragonne, ville capitale de toute l'Espagne de ce temps-là, et qui a un port de mer. De là il se dirigea sur *Segisma*, d'où il se rendit en Galice. Alors les hostilités commencèrent près la rivière *Migno* (1). Les Basques de la Cantabrie et des Asturies, loin de se laisser intimider par la présence d'un ennemi déja victorieux et maître de l'univers (à l'exception de la Cantabrie), ne voulant pas d'ailleurs se borner à défendre et à garder leurs foyers, et déja impatients de se mesurer avec les Romains, osèrent les provoquer. La première bataille se livra au bord de la rivière *Mingo*; la seconde à *Velica*; la troisième à *Aradillas*, et la quatrième à *Herneo*. La dernière ba-

(1) Qui sépare le Portugal actuel de l'Espagne.

taille fut tellement sanglante et si fatale aux Romains, que les habitants d'aujourd'hui, instruits par une tradition constante, y voient encore des ossements de ces guerriers, et appellent cet endroit le *Tombeau des Romains.*

Cette guerre fut longue, on se battit toujours des deux côtés avec acharnement. Les Romains par dépit, par orgueil et dans l'espérance de faire un butin considérable; les Cantabres par un amour vraiment patriotique, pour défendre leur patrie, leurs lois et leurs institutions bien plus anciennes et bien mieux consolidées que celles de leurs ennemis. Laquelle des deux causes étoit la plus juste? sur-tout si l'on se rappelle ce traité d'alliance signé tout récemment par *Auguste* lui-même? Auguste sentant après la défaite complète de son armée à *Herneo*, l'inutilité de ses forces navales, change de tactique et n'épargne rien pour parvenir à son but. Tous les moyens lui paroissent bons pourvu qu'il arrive à sa fin: les stratagèmes, les ruses de guerre, les perfidies les plus noires sont employées; mais tout ce que le dépit, la fureur et la rage lui font imaginer, devient inutile, parcequ'il a affaire à un ennemi qui n'a jamais su survivre à aucune défaite, à un ennemi qu'il auroit pu détruire, mais jamais vaincre.

Enfin, Auguste, ce héros du grand siécle, cette divinité terrestre, fatigué de faire la guerre contre ces fiers montagnards qui, à peine vus, disparoissoient soudain en laissant toujours des traces de leur vaillance, leur proposa de nouveau la paix qui fut conclue, et qui dura autant que l'empire romain. Il me semble qu'un lecteur sensé, étonné de la disproportion énorme des forces, me réplique que ce que j'avance n'a pas même la moindre apparence de vérité; et que je suis un exagérateur outré dans toute la rigueur du terme; qu'il n'est point possible qu'une poignée d'hommes, fussent-ils des *Hercules* et des *Sansons*, ait pu résister à toutes les phalanges romaines commandées et dirigées par le plus grand capitaine du monde connu. Je ne prétends point commander de croire; mais que l'on ne me juge qu'après m'avoir entendu. 1º L'incrédulité du lecteur viendroit-elle de ce qu'il n'étoit point possible aux étrangers de franchir ces montagnes sourcilleuses qui semblent menacer le ciel; d'arriver jusque sur ces sommets escarpés et presque toujours couverts de neiges et de glaces, que l'aigle lui-même auroit peine à atteindre? Supposera-t-on raisonnablement que les Romains voulussent s'exposer à rouler cent fois dans ces profonds précipices où se retiroient les Cantabres pour attendre avec sécurité leur proie?

2º Seroit-ce parceque les Romains avoient affaire à une nation qui avoit déja chassé de son sein les *Phéniciens*, les *Grecs*, les *Carthaginois*?

à une nation déja accoutumée à vaincre les Romains à *Cannes* et à *Pharsale* ? à une nation qui aimoit mieux mourir les armes à la main que de jamais tourner le dos pour fuir, et qui n'a jamais survécu à la moindre défaite ? à une nation indignée de la lâche transgression de tant de traités de paix et d'alliance de la part de celui-là même qui étoit son agresseur ? Enfin les Romains avoient affaire à une nation que le *froid*, la *chaleur*, la *faim* même ne pouvoient dompter comme le dit *Silius Italicus* : « *hiemisque æstusque famisque invictus.* » Les cruautés, les horreurs des siéges de *Numance* et de *Callahorre* avoient appris aux Cantabres le sort funeste qui les attendoit s'ils avoient le malheur de tomber entre les mains de l'ennemi qui les attaquoit ; c'est précisément par cette raison que les Cantabres déja aguerris au milieu des légions romaines et carthaginoises, et illustrés par les lauriers que leur bravoure leur avoit fait cueillir dans les combats, défendirent leur *patrie*, leurs *lois*, leurs *coutumes* et leurs *biens* contre la cupidité sordide et insatiable des Romains.

Qu'un Strabon vénal encense ses *Mécènes*, ses *Auguste* et ses *Tibère*. Malgré le silence affecté des écrivains romains, aussi exacts à exagérer leurs faits historiques qu'à diminuer ceux des étrangers (parceque les triomphes de ceux-ci auroient sans doute affoibli les leurs), nous avons assez d'autorités dignes de foi pour prouver qu'Auguste n'avoit pas pu subjuguer les Cantabres dans la guerre proprement dite cantabrique, et qui est la dernière.

1° Tite-Live (liv. 3, chap. 1) dit que les premiers soldats étrangers que Rome eut à sa solde, étoient Cantabres;

2° Lucius Annius Florus (liv. 4), dit que toute l'Espagne du sud fut assujettie à Rome, à l'exception des Cantabres septentrionaux et des Pyrénées;

3° Paul Orosius, prêtre de la ville de Tarragonne, disciple de saint Augustin (liv. 1, d. 1), dit et assure que les Cantabres n'avoient jamais vécu sous des lois étrangères. Ceci est exagéré en partie;

4° Ambrosius de Moralès, qui a écrit en 1570, dit que les provinces basques assujetties aux Romains, ne l'étoient que comme alliées et confédérées. *Ce fait est exact.*

Enfin citons l'autorité du grand panégyriste romain, de *Strabon;* elle ne sera jamais suspecte (Strab., liv. 3). Auguste, dit-il, réduisit l'extérieur et la plaine de la Cantabrie, et dut établir une alliance et une confédération avec l'intérieur de cette province; mais quant aux autres régions éloignées et séparées en petites provinces, je ne puis en parler, car elles me sont inconnues. Il résulte de cet aveu qu'Auguste n'avoit pu assujettir qu'un seul tiers de la Cantabrie.

5° Enfin ce qui me fait croire qu'Auguste n'avoit pas pu vaincre les Cantabres, c'est qu'on ne vit point à Rome, à la suite des batailles qu'on leur livra, ce pompeux spectacle d'un char de triomphe traînant un superbe vainqueur accueilli par les acclamations confuses d'un peuple qui célèbre ses glorieux exploits, suivi d'une troupe de captifs déplorant leur triste sort; c'est qu'on ne vit point de fêtes délicieuses où toute une ville se livre au plaisir, attester la défaite des Cantabres.

Or, nous fera-t-on croire que les écrivains romains si scrupuleux à dépeindre des actions bien moins importantes, auroient manqué de mettre dans leurs annales la défaite complète d'une nation qui avoit résisté glorieusement aux armes romaines pendant deux cents ans?

Enfin quand la paix fut conclue entre les Cantabres du *nord*, ceux de l'est des Pyrénées et les Romains, elle dura autant que l'empire des *Césars*. Et ceux qui prétendent, comme M. Thore, que les Romains subjuguèrent les Basques, sont très mal fondés à soutenir cette opinion.

« Les empereurs romains, successeurs d'Auguste, instruits sans doute par la leçon dure que les Cantabres avoient donnée à ce prince, voulurent ménager les Basques. C'est pourquoi l'empereur Vespasien qui régnoit en l'an 69 de J. C., confirma aux Cantabres le privilége de *latium* que Jules-César leur avoit accordé.

Caracalla, empereur qui régnoit en 212 de J.-C., donna aux Cantabres le droit de *civis romanus*, citoyen romain, prérogative la plus élevée et la plus distinguée parmi les Romains, et qui ne s'accordoit qu'aux mérites les plus saillants; c'est-à-dire que *Caracalla* rendit les Basques capables d'occuper toutes les places, toutes les charges, tous les emplois, et cela en considération de la loyauté, de la générosité, de la bravoure avec lesquelles ils avoient servi les Romains, notamment sous l'empereur Galba où ils marchèrent contre les Germains et les Bataves qui furent défaits. (Caïus Suétone, dans la vie de Galba.)

Mais la malheureuse époque de 395 de J.-C. arriva : l'empire romain qui d'un petit état étoit parvenu au comble de la grandeur, divisé en deux empires, en celui d'*orient* et d'*occident*, commença à se paralyser, et ne pouvant résister avec toute sa gloire à l'impulsion des hordes vomies par le *nord*, s'écroula pour ne plus se relever. Laissons dans le néant cet empire dont la base paroissoit inébranlable, et disons un mot de la religion des Cantabres.

DE LA RELIGION DES CANTABRES.

La trente et unième année du règne d'*Auguste* et d'*Hérode Escalinote*, roi de Judée, naquit le Sauveur du monde, d'une Vierge qui resta néanmoins pure et immaculée.

Les Cantabres, pour tout autre chose inflexibles et indomptables, convaincus que la morale de son évangile pourroit compléter leur bonheur, furent les premiers à embrasser la loi de la grâce. Ils n'ont jamais été idolâtres et conservèrent de tout temps, et de père en fils, la vraie croyance d'un être suprême qu'ils adoroient sous le nom de *Yaun-Goïcoa*, et par syncope *Yaincoa*, seigneur des *hauteurs*, seul auteur de cette machine incompréhensible qu'on appelle le monde. L'idolâtrie qui attaque la divinité dans son essence même, ce crime avilissant pour l'homme raisonnable, qui abrutit les images vivantes et raisonnantes d'un être au-dessus de tout; enfin ce crime honteux, commis néanmoins par les nations les plus éclairées de l'univers, a été inconnu aux *Escualdunac*, aux Cantabres. Une colonne de feu infiniment plus ancienne que celle du peuple d'Israël, les a préservés de cette contagion universelle : une langue formée par la nature raisonnante et intelligente, une langue naturelle et primitive, leur présentoit constamment la connoissance d'un être suprême *agissant :* et pour s'en convaincre, on peut recourir à la dissertation, où l'on trouvera expliqué le mystère sublime que représentent naturellement les cinq voyelles basques *a, e, i, o, u.* De sorte que nous pouvons dire que leur langue qui sans cesse annonçoit l'évangile, les avoit en quelque sorte christianisés avant même que le Sauveur du monde n'arrivât; car ils ne commençoient leurs actions, ne finissoient leurs tâches journalières que par l'invocation de cet être suprême. *Yaincoac digula egun on*, que le bon Dieu nous donne une bonne journée; *Yaincoac digula gau on*; que le bon Dieu nous donne une bonne nuit. Ainsi nous pouvons dire que les maximes évangéliques étoient mises en pratique par nos ancêtres *Escualdunac*, avant même que les rayons brillants du soleil de justice ne les éclairassent: *Ut cuncta nostra oratio et operatio à te semper incipiat et per te cœpta fintatur, Domine.* Il en résulte que ceux qui prétendent que les Cantabres se réunissoient pour fêter les phases de la lune ou le dieu Mars, connoissent bien peu et le génie des *Escualdunac*, et l'excellence de leur langue qui leur sert de code et les dirige même dans leurs exercices religieux. Ils ont adoré de tout temps et sans faste un seul Dieu tout puissant, éternel et indéfinissable. Aussi les *Escualdunac*, dignes héritiers de la fermeté de leurs aïeux Cantabres, observateurs et défenseurs non moins zélés des vertus de leurs pères, qu'ennemis des nouveautés en fait de religion, se prononcèrent ouvertement contre certains usages que de jeunes *néophites* vouloient tout récemment introduire, peut-être par un excès de zéle, mais alors toujours déplacé, dans les anciennes manières d'administrer les sacrements. Toutefois ayant le bonheur d'être régis par un prélat qui est au-dessus de la sphère ordinaire et par sa piété éminente, et par l'étendue de ses lumières, nous n'avons rien à craindre; car comme il est le seul juge compétent, il rendra justice à qui de droit.

Les Cantabres croyoient à l'immortalité de l'ame, et à un prix quelconque destiné à récompenser les vrais mérites dans l'autre vie. Ils offroient des sacrifices à l'éternel par le ministère des plus anciens de la famille, comme cela se pratiquoit avant l'établissement du sacerdoce (Rollin, ant. rom., liv. 3, cap. 33, Levites, cap. 1, 2).

Ils s'aimoient tous indistinctement et avec loyauté; ils étoient compatissants, vivoient frugalement et sobrement. L'équité présidoit à toutes leurs actions. Quelque éloignés que fussent certains états confédérés, il y avoit une homogénéité, une sympathie telle, qu'on eût dit que tous les Cantabres ne formoient qu'une seule famille. Ils ne faisoient jamais à leurs compatriotes ce qu'ils n'auroient pas voulu qu'on leur fît à eux-mêmes. Loin de se venger en lâche des injures reçues, celui qui savoit les oublier et dompter sa colère étoit couronné et porté en triomphe.

Enfin les Cantabres *Lusitaniens, Gallegues, Asturiens, Montagnais, Alavais, Biscayens, Guipascoins, Lapurtains, Guiennais, Gascons, Béarnais, Souletains, Bas-Navarrais, Haut-Navarrais, Rioxains, Zaldibériens* et *Béotiens* étoient tellement unis par la double confédération *religieuse* et *politique*, aussi ancienne que le déluge, qu'attaquer une seule portion de ces petits états confédérés, c'étoit ébranler la nation tout entière.

Nous ne savons pas précisément à quelle époque les *Escualdunac* reçurent *la loi de grace* ou l'évangile de J.-C.; mais le fait est, 1° qu'une église existoit en Aquitaine dans le second siècle de l'ère chrétienne, comme cela est attesté par des écrivains aquitains;

2° Que la cathédrale d'Agen étoit église métropolitaine de toute la Novempopulanie;

3° Que les évêques novempopulaniens ou aquitains proprement dits, réunis en grand concile à *Arles*, en 314, y condamnèrent l'hérésie des

Donatistes; d'où il résulte, que si l'Église aquitaine étoit déja organisée, la conversion des Aquitains devoit être nécessairement de beaucoup antérieure. Et ceux qui prétendent que les empereurs romains firent convertir les Aquitains, sont dans l'erreur. D'ailleurs l'antiquité des familles, *Eliz-Alde*, à côté de l'église; *Eliza-Belar*, vis-à-vis l'église; *Eliza-Behère*, au bas de l'église; *Eliz-Garai*, proche l'église; *Eliz-et-Che*, maison de l'église, etc., démontre bien clairement qu'il y avoit une église: s'il y avoit une église il y avoit donc des catholiques (1). Ainsi il est évident que le catholicisme étoit professé par les Cantabres six cents ans avant l'arrivée de saint Léon, évêque de Baya-ona (2), aujourd'hui, par syncope, Bayonne, dans la Cantabrie. D'ailleurs les Cantabres n'ont jamais été idolâtres; ils avoient déja reçu la loi de la grace; cette prétendue conversion seroit donc un *accessoire* sans *principal*? Le fait est, qu'un saint Léon, envoyé par le pape vers la fin du neuvième siécle, a prêché le saint évangile aux habitants de la ville de Bayonne; qu'à cette époque, la ville de Bayonne étoit un repaire des *écumeurs*, des *pirates* et des *brigands* de mer qui

(1) Les Cantabres ont toujours entendu et entendent encore aujourd'hui par le mot *Eliza*, l'Église catholique, apostolique et romaine.

(2) Qui signifie en français une bonne baie.

s'y étoient établis à raison du commerce. Mais ce saint prélat ne connoissant point l'idiôme cantabrique ou basque, comment pouvoit-il convertir les Cantabres? et les Cantabres, comment pouvoient-ils recevoir la foi d'un prédicateur qu'ils ne comprenoient pas? à moins qu'il n'y eût une seconde *descente* du Saint-Esprit et sur le *prédicateur* et sur les *auditeurs.*

Dona Juana de Albret, reine de Navarre et mère de Henri IV, voulut séduire nos braves Navarrais, en 1569, en protégeant le protestantisme; mais les Bas-Navarrais dignes héritiers des anciens Cantabres, restèrent inébranlables dans la pureté de leur foi qu'ils défendirent avec autant de bravoure que leurs *usages* et leurs *coutumes.*

Ainsi, il est hors de doute que les *Escualdunac* ont gardé et gardent encore dans toute son intégrité, dans toute sa pureté et depuis plus de seize cents ans, la foi orthodoxe de leurs ancêtres; malgré tant de guerres de religion, qui ont dépeuplé tant de pays florissants et tant de provinces heureuses, au sein même de notre chère patrie, la belle France. Pour connoître la délicatesse des *Escualdunac* d'aujourd'hui même en fait de religion, il n'y a qu'à voir la conduite qu'ils ont tenue envers les individus qui avoient prêté le serment de fidélité exigé par l'assemblée constituante en 1792. Elle prouve que, quoique les Basques aient des foiblesses attachées à la nature humaine, comme tous les autres hommes, ils ne souffrent pas néanmoins que leurs *lois organiques* formées par leurs aïeux, soient touchées.

SEPTIÈME ÉPOQUE.

CETTE ÉPOQUE CONTIENT TOUS LES FAITS HISTORIQUES DES CANTABRES PENDANT LE RÈGNE DES *ROIS GOTHS EN ESPAGNE* ET EN FRANCE.

Les Cantabres, spectateurs passifs des Romains et des Wisigoths qui se disputoient la proie avec acharnement, et tranquilles possesseurs de la Cantabrie dont je viens de tracer la description géographique, restèrent dans cet état jusqu'en 564 qu'ils se mirent en défense, se méfiant des intentions du général goth Léovigilde, qui passoit par leur territoire pour aller détruire la monarchie des Suèves qui existoit en Galice depuis 174, et dont le dernier roi étoit *Andeca*, *basque* d'origine.

Ce général goth enhardi, encouragé et enorgueilli par les victoires qu'il avoit remportées en Galice sur les *Suèves*, et en France sur les Francs, se jette sur les Cantabres, et arrive jusqu'à Vittoria, capitale de la province d'Alava, sous prétexte d'obliger les Cantabres à se détacher de l'empire romain leur protecteur, et à reconnoître l'empire des Goths, afin de se mettre sous sa protection. Mais les Cantabres, fidèles à leurs engagements, et révérant jusqu'aux mânes de l'empire romain, loin d'adhérer à cette proposition offensante, arrêtent par la force des armes ce torrent auquel on n'avoit encore pu résister, le repoussent avec vigueur, et enfin l'obligent à transiger avec eux (Vaillet en 586).

Recarède succéda à son père Léovigilde. Fondé sans doute sur de prétendus droits de ce dernier, il voulut subjuguer les Cantabres en 587; mais n'ayant pu réussir par la persuasion ni par la force, il se retira avec son armée réduite à un petit nombre. Les Cantabres s'étoient rendus célèbres avant cette époque par beaucoup de traits héroïques, faits à la vue des deux plus grands et plus puissants empires du monde connu, Carthage et Rome. Aucune nation n'a en effet contribué plus efficacement que la nation cantabrique à l'agrandissement de ces deux empires qui ne sont plus. Ces deux puissants protecteurs des petits états cantabriques confédérés se sont écroulés, et les petits états confédérés ont existé jusqu'à 1791, époque funeste de la naissance de l'hydre carnivore de la révolution qui a dévoré même les monstres qui lui avoient donné le jour. Notre constitution *démocratique-fédérative* a existé près de quatre mille ans, et elle existe encore en ce moment en partie chez les Cantabres septentrionaux et méridionaux. D'où vient, me répliquera-t-on, cette différence? De ce que, répondrai-je, les Cantabres, quoique guerriers sans égaux, étoient trop délicats pour usurper l'héritage d'autrui, et qu'ils étoient satisfaits de ceux que leurs ancêtres leur avoient laissés; au lieu que ces empires fameux, formés par la rapine, maintenus par la fourberie, et légitimés par la raison du plus fort, devoient être détruits par la voie ordinaire, qui est celle des armes.

Vils usurpateurs! conquérants anthropophages! monstres sanguinaires! voilà le *hic jacet* de vos empires éphémères. Les Cantabres, privés par sa chute du secours de Rome, menacés par les Goths du côté de l'Espagne, par les Francs, dont la cupidité étoit déja connue; du côté de la France, voyant leur liberté et leur indépendance en danger, résolurent de réunir toute la confédération contre les Francs, qui avoient déja envahi la seconde et la troisième Aquitaine, dont l'étendue arrivoit jusqu'à la Loire. Les Basques ayant appris que les rois Thierri et Théodebert avoient l'intention de faire une incursion dans les pays cantabres, descendirent dans les plaines de la première Aquitaine, et s'étendirent jusqu'à la Garonne, ou plutôt *Gau-one*, bien décidés à se mesurer avec ces destructeurs de leurs lois et de leurs anciennes coutumes. Ici quelques historiens (Duchesne et Vaillet) prétendent que les Basques de la frontière d'Espagne s'étant rendus maîtres, dans cette occasion, de la Gascogne, en chassèrent les habitants en 592, et s'y établirent. Mais ces écrivains se sont mépris; ils n'ont pas considéré avec attention quelles étoient les coutumes, la langue des Guyennois ou des Aquitains avant l'arrivée des Francs dans la Gaule. Le pays que nous appelons aujourd'hui la Gascogne ou *Gascuna* (1), s'appeloit, avant l'arrivée des Goths et des Francs, *Aquitaine*, pays peuplé par une colonie cantabrique qui s'y réfugia lors de l'étonnante sécheresse des Pyrénées, c'est-à-dire 1500 ans avant l'arrivée des Goths et des Francs dans cette contrée.

Cette colonie devoit être certainement basque, puisqu'elle faisoit partie de la confédération cantabrique; et ce que j'ai l'honneur d'avancer est tellement vrai, qu'on ne trouvera pas dans cette région une seule montagne, une seule rivière, un seul bourg, une seule peuplade dont le nom primitif ne soit basque. En 602, les rois Thierri et Théodebert convinrent ensemble de prendre

(1) Mot basque qui signifie propre, adroit pour la nuit, ou pays obscur.

des moyens pour empêcher que les Basques-Cantabres n'entrassent dans leurs domaines; et pour cela ils envoyèrent une armée nombreuse sur les frontières de la seconde Aquitaine. Mais les Cantabres avoient une telle influence sur les Aquitains-Cantabres leurs amis, et une si célèbre renommée comme guerriers, que les habitants venoient à l'envi se ranger sous leurs drapeaux. Les deux armées présentes, et sur le point de fondre l'une sur l'autre, les Francs craignirent sans doute le résultat de la journée, et proposèrent aux Cantabres confédérés la paix (Frédig., ch. 21), dont la *première condition* fut: 1° Que les Francs rendroient aux Basques-Biscayens tout le territoire nouvellement envahi;

2° Que les Basques s'établiroient un duché dans la Gascogne. Cette paix fut tellement solide et durable, que les Aquitains et les Francs n'eurent aucune guerre entre eux pendant un siècle entier. Mais il n'en fut pas de même des Cantabres septentrionaux et des Pyrénées. Les rois Thierri et Théodebert assujettirent une partie de la Cantabrie, dans une incursion qu'ils y firent, donnèrent le nom de *Franci-on* à la partie conquise, et y établirent un duc tributaire. Mais les Cantabres confédérés s'étant réunis, les conquérants furent battus et chassés, et les choses rétablies comme elles étoient avant, de manière que le règne des deux rois n'y dura que le seul temps de l'incursion.

En l'an 618, Sisebut, vingtième roi des Goths, ayant expulsé du territoire espagnol tous les impériaux, persuada aux Cantabres septentrionaux de se mettre sous sa protection. Les Cantabres y consentirent sous les mêmes conditions qu'avec les Carthaginois et les Romains ; c'est-à-dire qu'on n'altéreroit en aucune manière leurs *usages* et leurs *coutumes*, et qu'ils demeureroient toujours réunis à la grande confédération cantabrique.

En l'an 666, Recevinth, vingt-huitième roi goth, fit la guerre contre les Cantabres de l'*est*. Ces braves Cantabres ne voulant point se mettre encore sous la protection de ce roi, et soutenant le parti des Romains, firent quelques incursions par dépit dans la partie qui appartenoit aux Goths. *Recevinth* irrité de l'audace d'un ennemi sans chef, et qu'il croyoit sans doute disperser par la seule apparence d'une bataille, la lui présenta ; mais les Cantabres l'acceptèrent et s'y comportèrent si vaillamment, qu'ils lui détruisirent la plus grande partie de son armée. Le roi goth fut forcé de se retirer avec les débris de ses troupes complétement battues.

L'an 673, Wamba, vingt-neuvième roi goth, entra dans la Cantabrie de l'*est*, c'est-à-dire dans la Navarre, pour y chasser aux volatiles et aux quadrupèdes qui s'y trouvoient en grand nombre; mais il détruisit les productions territoriales. Une guerre éclata, et il fut détrôné en 687. Enfin don Rodrigue, trente-troisième et dernier roi de la race des Goths, ayant été battu par les Sarrasins, près de Xerès, le 11 novembre 714, la monarchie ou l'empire goth tomba pour ne plus se relever.

De tout ce que nous venons de voir il résulte :

1° Que tous les Cantabres septentrionaux et de l'*est* n'ont jamais été vaincus, car ils n'ont été subjugués ni par les *Égyptiens*, ni par les *Phéniciens*, ni par les *Grecs*, ni par les *Rhodiens*, ni enfin par les *Goths*. Conséquemment ils sont tous nobles par *nature*;

2° Que les Basques sont encore tous nobles, parceque le diplome de noblesse que Jules-César leur a accordé, et le privilége distingué de *Civis Romanus*, que l'empereur Caracalla leur avoit donné, ne leur ont jamais été ravis ni légalement, ni par la force des armes.

Sans doute il ne manquera pas de personnes qui seront portées à regarder comme une plaisanterie, et presque comme un ridicule, cette prétention des Basques d'être aussi nobles que le plus célèbre paladin, en soutenant qu'ils ont toujours été nobles, c'est-à-dire libres et égaux en droits, susceptibles sans exception de toute espéce d'élévation et de commandement parmi eux; et que sur-tout ils n'ont jamais été hommes de glébe ou subjugués.

Ces dernières et seules preuves ne sont-elles pas chez beaucoup de soi-disant nobles ou anoblis les témoignages les plus réels et authentiques de leurs prétentions ou de leurs droits à la noblesse?

N'avons-nous pas même vu autrefois qu'on se contentoit, pour des admissions à certains priviléges réservés à la noblesse, de ce qu'on appeloit des preuves négatives dans une suite de démonstrations ou de témoignages qui établissoient que les aïeux du réclamant n'avoient jamais été serfs ou de condition analogue, ou qu'ils n'avoient jamais occupé des fonctions dégradantes?

Les Basques n'ont-ils pas été toujours, plus que d'autres, en possession de montrer de semblables preuves, et au-delà? Leurs titres de distinction, et de noblesse, comme on les a appelés depuis, sont sans cesse restés si fermement incontestés dans les pays avec lesquels ils avoient conservé le plus d'affinités, qu'en Espagne, où l'on avoit consacré plus qu'ailleurs une grande considération et un respect profond pour la noblesse de naissance; où celle-ci a joui constamment des priviléges les plus exclusifs dans une infinité de cas non pratiqués, même chez les autres nations de l'Europe, toutes les familles d'origine cantabrique, Asturiens, Biscayens, Navarrois, et sans en excepter tous les Basques français, n'ont jamais cessé d'être admis, en tout et pour tout, à la jouissance de tous les priviléges de la noblesse espagnole.

Quelques contradicteurs, peu enclins à sonder dans les profondeurs des antiquités de ce peuple unique dans son genre, ont cru pouvoir détruire facilement ces prétentions de préexistence à toutes distinctions sociales, et, par conséquent, avoir le droit de se les approprier, comme toute autre dénomination de fraîche date, en alléguant que, chez les Basques même, il y avoit des familles qui tenoient à se distinguer plus spécialement par le titre de nobles ou gentilshommes.

Le plus léger examen de l'état social des Basques, et des lois ou constitutions qui les ont régis jusqu'au moment de la révolution, démontre évidemment d'où a pu provenir chez eux cette qualification moderne que quelques familles se sont attribuée dans les derniers temps, par imitation de ce qui avoit lieu dans d'autres pays.

Les Basques ont souvent aimé les incursions et les guerres. Quand ils étoient plus nombreux, ils louoient volontiers leurs services à des conquérants. C'étoient eux qui composoient la plus grande force de l'armée d'Annibal; et ils se sont depuis distingués, en plusieurs occasions, dans les armées romaines, comme j'en ai fourni des preuves dans plusieurs chapitres de mon ouvrage, en rappelant les auteurs romains et les passages de César, où ils sont cités plusieurs fois avec des éloges particuliers. Depuis, ils ont toujours fondé la principale force des armées des ducs d'Aquitaine, et sur-tout de celles de ce prince de Galles, appelé *prince Noir*, si fameux par les batailles qu'il gagna sur les Français. Bien plus (car pourquoi le cacher quand j'écris en historien, quoique ce souvenir soit aujourd'hui bien contraire aux sentiments qui animent les Basques pour les rois de France), c'étoient aussi les Basques qui formoient en Italie la principale force des armées espagnoles; et c'est un corps de cette nation, commandé par le connétable de Bourbon, qui fit prisonnier François Ier à la bataille de Pavie. Et quoiqu'on ait cité Lautrec comme appelé pour recevoir le dépôt de l'épée du monarque, l'on voyoit, du moins il y a quelques années, sur le chemin de Renteria au Passage, au-dessus de la porte d'une maison, qui d'ailleurs n'avoit rien de distingué, une pierre sculptée, sur laquelle étoit représenté assez grossièrement ce roi de France rendant son épée à un guerrier basque,

que la tradition du pays rapporte avoir été le maître de cette maison.

Depuis, dans les guerres d'Henri IV, beaucoup de Basques furent les fidèles compagnons de ses exploits militaires. Il aimoit même à s'en entourer jusque dans sa domesticité. Un de ses serviteurs, qui resta constamment attaché au service particulier de sa personne, en reçut et accepta des lettres de noblesse, dont se sont appuyés depuis ses descendants pour faire admettre leurs enfants dans l'ordre de Malte.

C'est ainsi que des Basques s'étant trouvés attachés au service des rois d'Espagne ou de France, et y ayant accepté des charges, des titres, ou des distinctions qui les avoient classés dans les rangs honorifiques et distinctifs de ces pays, les rapportèrent dans le leur; et eux ou leurs descendants continuèrent à s'en entourer, sous l'appui des lois et attributions auxquelles les Basques ne pouvoient rien opposer, depuis qu'ils étoient devenus en quelque sorte dépendants des souverains qui avoient conféré ces distinctions. Il est même possible qu'il ait pu s'ensuivre, de la part de ces hommes favorisés et soutenus au-dehors, quelques petites usurpations analogues auprès de voisins foibles, ou qui n'auroient eu, pour s'y opposer, qu'une force impuissante contre les appuis que ces novateurs trouvoient dans les agents du gouvernement. Mais il est constant que jamais aucun Basque n'a souscrit de son consentement à ces distinctions venues du dehors; qu'elles n'ont jamais eu aucune action immédiate, ni aucun pouvoir inhérent dans le pays, ni apporté aucun changement fondamental dans les usages et les constitutions locales.

Seulement, par suite de ce même esprit d'imitation, ou par analogie, il est arrivé aussi dans le pays basque que les propriétaires de maisons, qui avoient entrée aux états de ce pays, trouvèrent tout simple de prendre à leur tour le titre de *gentilshommes*; mais ce titre, tout-à-fait nouveau, et d'origine étrangère, ne changea rien à l'état habituel des choses chez les Basques, ni à leur sentiment général de dignité personnelle et d'égalité. Ce titre étoit d'ailleurs pour les Basques à-peu-près dérisoire dans ses effets, parceque, dans chaque assemblée des états des trois pays basques, le rang et l'appel de l'ayant-droit n'étoient jamais déterminés par les qualités personnelles, par le titre ou par le nom de l'assistant, mais bien par la propriété de la maison qui avoit été classée à l'origine (1), comme jouissant du droit de représenter le pays dans ces états. Le

(1) Voyez la solution du problème y relatif, insérée dans la dissertation.

rang de chacune de ces maisons y est toujours resté le même, quel qu'ait été le degré d'importance du territoire de cette maison, agrandi ou diminué dans le cours des siècles par des partages, des successions, ou des malheurs.

Ainsi, dans chacun de ces états, on appeloit à son tour le maître de *telle* maison, et non pas *tel* ou *tel* individu. Le possesseur de cette maison prenoit toujours place dans le même rang assigné dès l'origine à la propriété dont il possédoit les titres. Et l'on a vu, dans les derniers temps, plusieurs de ces titres, dépouillés de leur territoire, et ne reposant plus que sur de tristes masures, être vendus pour des sommes très modiques, et néanmoins donner toujours au dernier et nouveau possesseur la même entrée et le même rang dans les états qu'au premier propriétaire, qui l'avoit obtenu sans doute, dans l'origine, par l'importance de ses biens, et l'influence qu'ils lui attribuoient aux yeux des premiers instituteurs de ces états. Le membre des états étoit toujours aux yeux des Basques, et n'étoit autre chose que le maître de cette maison, qui étoit primitivement une des principales du pays. Aucun autre que les maîtres de ces maisons ne pouvoit entrer aux états, et y devenir le représentant de la nation basque, quand bien même sa famille eût été classée depuis long-temps, par la munificence d'un souverain, dans les rangs les plus élevés et les plus illustres. Toutes ces dignités étoient des faits et des choses du dehors, et en dehors pour les Basques, et n'avoient aucun rapport ni aucune influence légale sur les droits, sur les usages des habitants du pays, et sur leurs sentiments personnels.

Ainsi, quand les propriétaires des maisons ayant entrée aux états, poussés sans doute par le desir d'imiter ce qui se passoit dans leur voisinage, et de faire ressortir chez eux la distinction plus ou moins analogue qu'ils possédoient sous d'autres titres, ont trouvé tout simple, tout naturel, de s'appeler *nobles* ou *gentilshommes*, par ce motif seul qu'ils étoient membres des états de leur pays. Cette dénomination, étrangère aux Basques, n'y a pas établi pour cela une *noblesse* distincte; mais elle a seulement transplanté parmi eux une habitude de langage ou de dénomination que les Basques ont tolérée, en ce qu'elle étoit à leurs yeux sans conséquence, et que, n'apportant à leur égard aucun droit particulier ni prééminence nouvelle, qui pouvoient être inhérents à ce mot, ils ne virent, dans sa propagation, qu'une manière de s'exprimer à la mode dans d'autres pays; et la simple traduction d'une qualification à laquelle ils avoient soin de conserver son attribution exclusive et les bornes de ses effets.

Tout cela a subsisté dans son intégrité jusqu'à l'époque de la révolution. Chaque nouvel acheteur d'une entrée aux états étoit convoqué et appelé comme maître de la maison qu'il avoit achetée ; mais, par suite des habitudes reçues plus modernement, il avoit soin, dès son admission aux états, de prendre dans les actes le titre de *noble*. L'on a même vu des étrangers venus d'autres pays, et d'origine appelée chez eux très roturière, acheteurs d'une maison qui rendoit le propriétaire membre de ces états, prendre immédiatement, et à ce titre, la qualification de *noble* dans leurs actes, et le *de* dans leurs noms, particule, au reste, qui est consacrée généralement et sans exception chez les Basques, qui ajoutent toujours le *de* à chaque nom propre, d'autant que presque tous les noms propres basques emportent le génitif dans leur traduction française.

Tout cela constate de plus en plus ce que nous avons dit dans plusieurs chapitres de cet ouvrage, que les Basques se sont toujours gouvernés par eux-mêmes ; que le type de leur gouvernement a été constamment patriarcal et représentatif ; que le droit de présence et d'action dans les assemblées ne fut jamais confié qu'aux principaux propriétaires du *sol* ; et à l'esprit d'ordre et de conservation dérivant de cette qualité de principal propriétaire ; que leur respect pour leurs anciennes institutions s'est maintenu sans aucun affoiblissement chez les Basques jusqu'à la révolution, puisque, jusqu'à cette éclatante rupture générale, toutes leurs affaires locales y ont été régies par leurs états, où n'assistoient, sauf les commissaires du roi, que tous les propriétaires de ces anciennes maisons, auxquels avoit été primitivement attribué ce droit de représentation; que dans ces états l'on régloit, par abonnement et dons gratuits, les contributions du pays et les tributs à payer à l'état; que leur perception n'étoit confiée qu'aux hommes désignés par ces états, et que c'étoit aussi dans ces assemblées seules, et par elles, que se déterminoient tous les travaux publics et tous les réglements des localités.

Il suit également de ce que nous avons dit plus haut, que jamais il n'y eut de distinction ou droit honorifique parmi les Basques que celui d'entrée aux états; et que toute distinction personnelle de *noble*, de *gentilhomme*, tout titre et dignité particulière, sont venus du dehors à des époques modernes, et n'ont jamais fondé aucun droit dans l'action des affaires du pays, et au milieu des Basques à l'égard les uns des autres.

La seule distinction qui ait toujours paru dans une sorte de vénération parmi les Basques, est celle des maisons *Infanzones*. Elles y sont en petit nombre. Leur origine se perd dans la nuit des temps, et n'a jamais pu être bien déterminée. Les uns ont cru qu'on avoit attribué cette dénomination honorifique aux maisons d'où étoient sortis les anciens chefs militaires les plus remarquables. D'autres ont prétendu que c'étoient des propriétés qui avoient été données en dons ou en apanage aux enfants des principaux chefs de la nation. Ce qu'il y a de plus remarquable, c'est que la plupart de ces maisons, quoique ayant joui de certaines distinctions de places dans quelques églises (1), et conservées avec beaucoup de soin et d'orgueil dans les mêmes familles, qui ne se décidoient jamais à les aliéner que dans les extrémités les plus urgentes, étoient presque toutes restées dans les mains de simples cultivateurs plus ou moins aisés. En général, il s'étoit établi dans la jurisprudence du pays qu'elles étoient héritées de droit par les mâles, même en dérogation des droits d'une héritière première-née. Cependant une des plus anciennes de ces maisons *Infanzones*, la maison Lopez, située en Navarre, dans la commune de Saint-Just, avoit conservé, par exception particulière, que l'on doit considérer comme de plus grande distinc-

(1) Il y avoit aussi le droit de carillonnement au décès.

tion, le droit d'héritage pour le premier-né, mâle ou femelle.

Un grand nombre d'auteurs a vainement cherché à assigner la véritable origine de ces maisons *Infanzones*. Il en existe également quelques unes en Espagne, dans le pays cantabrique, où elles sont aussi en grande vénération; et les familles les plus distinguées, même des grands d'Espagne, ont soin de faire figurer cette descendance dans leurs généalogies comme un de leurs titres les plus honorifiques. On en peut conclure que s'il eût jamais existé de noblesse parmi les Basques, parmi ces rejetons du plus ancien des peuples, qui a toujours été si jaloux de ses titres d'égalité et de dignité personnelle, cette noblesse n'eût pu être attribuée qu'à ces maisons *Infanzones*. Pourtant jamais aucun de leurs possesseurs ne s'est arrogé notoirement cette prétention; ce qui est une nouvelle preuve que ces distinctions et ce mot de noblesse n'ont jamais été usités chez les Basques, ou associés à leurs idées et à leur existence politique et nationale.

HUITIÈME ÉPOQUE.

CETTE ÉPOQUE CONTIENT TOUS LES FAITS HISTORIQUES DES CANTABRES PENDANT LE RÈGNE DES MAURES OU SARRASINS EN ESPAGNE ET EN FRANCE.

Si les Cantabres français et espagnols eussent été aussi exacts et aussi bons historiens qu'ils étoient vaillants et braves guerriers, ou si j'eusse voulu puiser ces éléments historiques dans les rapports vagues des soldats fuyards, ou dénaturer les faits ainsi que l'orthographe basque *inintelligible,* indicible et indéchiffrable pour les étrangers, comme un Strabon qui peut faire autorité sur d'autres points que sur ceux qui concernent les Cantabres, mon entreprise n'eût pas été difficile. Mais malheureusement je me vois très souvent forcé dans mon travail d'aller rechercher ces éléments d'histoire dans les ruines de ces monuments antiques tombés sous la faux du temps, et qui pis est, de les arracher quelquefois à ces historiens qui sont les loups ravisseurs de la gloire des Cantabres. Cette pénurie, vraiment affligeante pour moi de documents sur l'origine et les progrès des habitants français et espagnols de la primitive Aquitaine, me force à puiser à toutes les sources ce qui doit me servir à tracer l'histoire intéressante du pays primitif de l'Aquitaine, afin que mes lecteurs qui sauront me pardonner les erreurs dans lesquelles je puis tomber de bonne foi, aient une connoissance solide et entière des rapports intimes qui existoient entre les premiers Basques et les Aquitains confédérés, aussi bien que de la nécessité urgente dans laquelle se trouva le *duc Eudon* de s'opposer aux forces mahométanes qui, ayant forcé au commencement du huitième siècle, les barrières des Pyrénées, marchoient fièrement vers les Gaules avec l'intention de conquérir toute l'Europe.

DE L'AQUITAINE.

L'Aquitaine étoit une ancienne province peuplée par les Cantabres, lors de cette sécheresse terrible qui se fit sentir sur les Pyrénées pendant vingt-six ans. Cet événement arriva vingt-sept ans avant la fondation de Rome, suivant le rapport de *Mariana,* historien espagnol.

Cette province, située entre la rivière *Gau-One* ou Garonne et les Pyrénées, étoit indépendante de la Gaule et de l'Espagne, d'après Jules César, Strabon et Pomponius Mela. Elle étoit divisée en petits états confédérés et unie au grand corps démocratico-cantabrique. *Aquitania* est un mot basque joint à un adjectif, qui signifie en basque *Aquit Aquitzia*, c'est-à-dire pays de carrières, pays difficile à la culture.

L'Aquitaine primitive, qui est notre pays proprement dit, réunie à la Gascogne, et qui sera appelée bientôt la Novempopulanie, étoit séparée du reste des Gaules (comme cela résulte clairement d'une inscription fort ancienne qui se trouve dans l'église Saint-Jean de Hasparren); et bornée à l'*est* par la rivière *Gau-One*; au *nord*, par l'Océan atlantique; à l'*ouest*, par le promontoire *Oaso*, près de San Sébastien, en Espagne, et au *sud* par les Pyrénées. De manière que le *point* septentrional de l'Espagne et le point méridional de l'Aquitaine se rencontroient dans ces mêmes Pyrénées.

En 717 de Rome, Auguste recula ces limites jusqu'à la Loire, voulant donner à l'ancienne Aquitaine une extension égale à celle de la Belgique, de la Gaule et du territoire de Narbonne; c'est-à-dire qu'il joignit à la première Aquitaine indépendante, deux autres Aquitaines que l'on appela *seconde et troisième Aquitaines*.

Les Cantabres Aquitains, quoique rassurés sur l'inviolabilité de leurs *lois*, de leurs *usages*, et de leurs *coutumes*, étoient toujours en défiance sur l'arrière-pensée d'Auguste; ils restèrent à la vérité tranquilles, mais ils regardoient constamment de mauvais œil l'agrégation des Cantabres aux Gaulois déja abatardis par la sujétion.

En 117 de Jésus-Christ, l'empereur Adrien fit diviser cette Aquitaine, agrandie et nouvellement formée par Auguste, en trois parties, dont les deux dernières furent appelées, comme nous l'avons dit, deuxième et troisième Aquitaines, et donna le nom de Novempopulanie à la prémière qui étoit l'ancienne et primitive Aquitaine cantabrique constamment indépendante. Il y avoit à Rome à cette époque, un certain *Verus*, natif de Hasparren (ou plutôt de *Arras-Barné*, nom primitif et étymologique de Hasparren), qui fut envoyé comme gouverneur de la Novempopulanie. Choisi et élu par le peuple, et nommé par l'empereur, comme cela résulte fort clairement de l'inscription qui se trouve dans l'église de Saint-Jean de *Arras Barné*, que j'aurai occasion de citer bientôt; de plus, ami de l'empereur, il possédoit à lui seul plusieurs dignités qui ne se donnoient qu'à différentes personnes, et qui ne pouvoient être réunies que dans quelques parents ou favoris du prince. A son arrivée à Arras Barné où Hasparren, qui devoit être chef-lieu de l'arrondissement de ce temps-là, les Aquitains, Cantabres, Guiénais, Gascons, Laphurtains, Bearnais, Souletains, Bas-Navarrais, Haut-Navarrais, enivrés de plaisirs et de joie, vinrent à l'envie présenter leurs humbles et sincères hommages à leur compatriote Basque, qui étoit, d'après la célèbre inscription, *grand-prêtre, questeur, duumvir,* et *gouverneur* du pays, ainsi que nous le verrons bientôt, et le supplièrent humblement de vouloir bien adhérer au vœu général de ses compatriotes, et leur servir d'intermédiaire auprès de l'empereur, leur protecteur et leur allié, pour obtenir que la Novempopulanie fût séparée du reste des Gaules.

En effet, Verus partit pour Rome, et obtint de l'empereur tout ce que ses compatriotes Basques souhaitoient. A son retour, il dressa un autel en action de graces, et le dédia au vœu général du pays.

Voici l'inscription en trois langues (1) :

EN LATIN.

Flamen item quæstor duumvir pagique magister,
Verus, ad Augustum legato munere functus,
Pro novem obtinuit populis sejungere Gallos.
Urbe redux, genio pagi hanc dedicavit aram.

EN BASQUE.

Apherhaundi, cherkhari, biguz, herri-nagusi,

(1) Cette inscription est de l'an 117 de J. C.

Verus; Augustoren ganat, mezuz egorriac.
Berecharazi ditu bederatzi, herriac.
Ezquerrez, aldare hau eguin-duque herrien gurari.

EN FRANÇAIS.

« Verus, grand-prêtre, questeur, duumvir, et « gouverneur du pays, envoyé en ambassade à « l'empereur, en obtint la séparation de la Novem- « populanie du reste des Gaules. A son retour de « Rome, il dressa cet autel au vœu du pays. »

D'où il résulte :

1° Que la commune de *Arrasberné*, en français Hasparren, doit être bien ancienne, puisqu'elle n'existoit pas seulement en 117 de Jésus-Christ; mais qu'elle étoit capitale de la Novempopulanie, et le séjour du gouverneur de tout le pays Cantabrique.

2° Elle devoit être bien puissante et bien opulente, puisqu'elle étoit, comme partie intégrante de la confédération cantabrique, le centre de l'union et de la réunion de la *Guienne*, de la *Gascogne*, de la *Soule*, de la basse et haute *Navarre*, enfin d'une grande partie de *l'Aragon*, de la *Guipuzcoa*, de la *Biscaye*, *d'Alava*, de *Santander*, etc., etc.

Plus tard, l'empereur Honorius, émerveillé de l'esprit pacifique et de l'industrie active des Novempopulaniens indépendants, leur rendit, en 388 de Jésus-Christ, les douze villes ou forteresses qui appartenoient anciennement aux Aquitains, savoir : *Eauze*, *Auch*, *Dax*, *Lectoure*, *Cominge*, *Coserans*, *Bayonne*, *Béarn*, *Aire*, *Bazas*, *Tarbes*, et *Oléron*.

Les Novempopulaniens vécurent en paix dans cet état de choses selon leurs *fors*, *lois*, *usages* et *coutumes*, faisant toujours un corps fédéré avec les Cantabres des Pyrénées et ceux du nord jusqu'en 536 de Jésus-Christ, que les rois de France Childebert et Clotaire firent, malheureusement pour eux, une incursion chez les Basques des Pyrénées, en passant pour se rendre en Espagne avec leurs armées respectives.

Ils prirent la ville de Pampelune et quelques peuplades dans la *Rioxa* et la province d'*Alava*. Mais ces armées enhardies par des succès passagers, avancèrent jusqu'à bord de la rivière *Migno* en Galice, où elles furent défaites par *Teude*, roi des Goths ; ensuite les Basques des Pyrénées et les Navarrais qui les attendoient à leur retour dans les défilées de ces mêmes Pyrénées y détruisirent totalement les malheureux débris qui avoient échappé. Childebert aigri par le malheur, et peut-être desirant s'en venger, ne tarda pas à faire une autre expédition : en 543 il partit lui-même à la tête de son armée et arriva assez heureusement jusqu'à Saragoze capitale d'Aragon; mais là il fut battu et forcé de se retirer en désordre.

Bientôt après il envoya en Cantabrie une armée nombreuse sous le commandement du duc *Bladaste*, pour obliger les Basques à le reconnoître pour chef protecteur de leurs petits états confédérés; attendu, disoit-il, que la protection de l'empire romain et celle de l'empire de Constantinople étoient détruites. Les Cantabres loin de se laisser séduire par des promesses flatteuses, ni effrayer par des menaces réitérées, battirent le duc de *Bladaste* de telle manière qu'il perdit la plus grande partie de son armée dans les montagnes. Ne sembleroit-il pas que tant de défaites multipliées et si proches les unes des autres auroient dû réduire le roi de France à la raison, et même l'obliger à se désister de son projet de subjuguer les Cantabres? mais non, le premier trait séducteur et fatal de l'avidité est celui d'assoupir son esclave.

Childebert projetta une autre expédition contre les braves Cantabres en 585. Toutefois, les Basques enhardis par la légitimité de leur cause, et instruits des préparatifs qu'*Ostrobalde*, duc de Toulouse faisoit en réunissant toute sa milice pour les attaquer, fondirent promptement sur les habitants des plaines de la Novempopulanie, se jetant ainsi inopinément sur eux, ils les dispersèrent à l'instant et les poursuivirent jusqu'aux portes de Toulouse même. Ils leur firent un grand nombre de prisonniers, après quoi ils se retirèrent triomphants, chargés d'un butin immense, *irhintzinetan*.

DE L'ÉTABLISSEMENT DES DUCS NOVEMPOPULANIENS, ORIGINAIREMENT AQUITAINS.

En 602, les rois de France Thierry et Théodebert firent une irruption dans la Cantabrie, et y nommèrent sous-duc tributaire un certain *Francion*, comme je l'ai déjà dit ailleurs. Mais les Cantabres, réunis fédérativement, ne tardèrent pas à leur faire lâcher la proie : ils se jetèrent sur eux avec tant d'impétuosité et tant de force, qu'ils les repoussèrent d'un premier élan jusqu'aux plaines de la seconde Aquitaine. Là, les deux armées en présence, rangées en ordre de bataille, et sur le point d'en venir aux mains, les Français redoutant sans doute les bras pesants et victorieux de ces Romains et de ces Carthaginois nouveaux, et incertains de la victoire, leur proposèrent la paix.

Voici le traité de paix :

Art. 1er. Tous les habitants des terres occupées

par les Basques seront libres et indépendants, conformément à l'ancienne constitution et suivant les *fors*, *usages* et *coutumes* de la primitive Aquitaine, aujourd'hui Novempopulanie.

Accordé.

Art. 2. Toutes les possessions ravies aux Basques-Biscayens, par l'incursion que les Français y firent, leur seront rendues.

Accordé.

Art. 3. Tous les Basques auxiliaires reviendront dans leurs possessions des Pyrénées et de la Cantabrie septentrionale, où leurs *usages* et *coutumes* seront respectées.

Accordé.

Art. 4. Un nouveau duché appelé de *protection*, sera établi entre les Basques des Pyrénées, les Novempopulaniens et les Français.

Accordé.

Art. 5. Ce duché sera indépendant de toute autre suzeraineté, et le duc sera le médiateur entre la liberté des Novempopulaniens et le pouvoir des rois de France.

Accordé.

Art. 6. Le duché sera électif et le duc sera toujours élu par les naturels du pays, afin que ce nouvel état puisse toujours subsister avec son indépendance absolue sous la protection et sous les auspices des rois de France.

Accordé.

En conséquence et en vertu de ce traité fait et conclu sur le champ de bataille, les Aquitains *Novempopulanisés* par l'empereur Adrien, en 117 de J. C., se choisirent pour leur premier duc *Genialis*, homme d'une grande renommée, qui vécut en paix et en amitié avec la France et avec les rois goths d'Espagne, et mourut en 615.

Aginande, homme prudent et pacifique, succéda à Genialis, et mourut en 626. *Amando* élu duc à la place d'Aginande, dans le duché de Novempopulanie, s'étant mis à la tête des *siens* et des Basques des Pyrénées et du nord; en 635, battit complétement dans la bataille de la Vallée de Soule, l'armée du roi Dagobert, commandée par le général français, duc d'Aranberg, et se rendit maître de tout ce territoire.

Dagobert, roi de France, dont les sentiments n'étoient point ceux d'un prince loyal, s'étant emparé par fraude et par perfidie de la personne d'*Amando, duc* des Novempopulaniens, réunit à la couronne de France le duché cantabrique. Mais Lope, oncle d'Amando, et duc absolu de la Cantabrie septentrionale, indigné de l'affront fait à son neveu, et irrité de l'usurpation des états de ses confédérés, vint donner du secours aux Novempopulaniens, les ranima, et s'y fit nommer et reconnoître duc à la place de son neveu, par douze comtes et plusieurs vicomtes qui se déclarèrent de nouveau indépendants.

Pendant le régne de ce Lope, en 675, les Basques des Pyrénées et du *nord* se méfiant avec raison des intentions des rois de France, et ne connoissant déja que trop bien leur passion de dominer, résolurent de les chasser des trois Aquitaines. En effet, ils profitèrent de l'occasion favorable que leur présentoit l'entreprise d'Ébroin, maire du palais, pour descendre tous à-la-fois dans les plaines de l'Aquitaine où ils surprirent l'armée française, la battirent, la dispersèrent, et recouvrèrent ainsi les terres que les Français avoient ravies tout récemment aux Biscayens.

Eudon ou *Eudes* remplaça Lope, mort en 780. Le duché de la Novempopulanie lui appartenoit de droit quoiqu'il fût électif. Ce prince prit immédiatément le titre de duc d'Aquitaine, recruta une armée dans tous les pays basques, s'empara du *Poitou*, de la *Saintonge*, du *Limousin*, de l'*Albigeois* et de l'*Auvergne*, pays qui appartenoit à l'Aquitaine, avant la division d'Adrien, empereur des Romains.

Il ne dépendoit que de ce grand conquérant

de se déclarer souverain des pays qu'il venoit de conquérir. Chilpéric, et Rainfroi maire du palais, le desiroient; mais vainqueur de la passion cruelle de dominer, passion trop commune à tous les conquérants, et noble esclave de la loyauté, observateur religieux du serment de fidélité qu'il avoit prêté à l'empire, il aima mieux, malgré la perfidie notoire des rois de France, sacrifier sa vie et ses intérêts, que de devenir parjure.

Tels ont été les sentiments des Cantabres : ils furent toujours inaccessibles à la basse cupidité, et invincibles dans la défense de leurs *droits*, de leurs *usages*, et de leurs *coutumes*.

En 714, Andeça, aïeul d'Eudes, duc protecteur de la Biscaye, fut tué dans une bataille livrée aux Maures. Les Espagnols septentrionaux se l'étoient choisi pour leur duc protecteur.

Eudes, ce digne rejeton des anciens Cantabres nos aïeux, persuada aux ducs de la Cantabrie, *Pierre* et *Pelage*, de déclarer la guerre aux Maures, et leur envoya des troupes auxiliaires en 718, pour rétablir la monarchie démocratique de leurs ancêtres, existant depuis 3062 ans, malgré la cupidité des Phéniciens, la perfidie des Carthaginois, et les cruautés des barbares Romains.

Eudes fournit encore des troupes auxiliaires

aux premiers Cantabres des Pyrénées et de la Navarre, et se chargea lui-même d'opposer aux Maures une vigoureuse résistance dans les défilés des Pyrénées, avec les braves Cantabres novempopulaniens déja conquérants du *Poitou*, de la *Saintonge*, du *Limousin*, de l'*Albigeois* et de l'*Auvergne*, par conséquent restaurateurs de l'ancienne Aquitaine formée par César Auguste, dans le cas où les Sarrasins tenteroient de faire une descente sur l'Aquitaine.

Il ne se trompa point, les Maures redoutant sans doute les barrières des Pyrénées défendues par le seul héros du temps, le célèbre Eudon, entrèrent en France par la Catalogne. Dès que Eudon sait que ces hordes africaines ont souillé le territoire français, il se met à la tête de ses Novempopulaniens, vole à leur rencontre, et les joint près de la ville de *Toulouse*. *A peine les a-t-il vus, que déja ils sont détruits.* Leur général Zama y perd la vie avec le dernier de ses soldats. Ce combat eut lieu en 721.

NEUVIÈME ÉPOQUE.

En 732 Abderramen général maure entre en France avec une armée considérable, ravage tout le pays par où il passe, et plonge les habitants dans la plus affreuse consternation. Charles Martel, maire du palais, va, avec l'armée qu'il commandoit, à sa rencontre; et le trouve près de Tours. Le célèbre *Eudon*, sans le secours duquel la France eût été réduite au plus cruel esclavage, doué d'un ame mâle, au-dessus de tout et vraiment digne d'un héros cantabre, oubliant les puissants motifs de ressentiment qu'il avoit contre Charles Martel; et sacrifiant ses propres intérêts au bien commun, se joignit à un ennemi plus dangereux pour lui que les Maures, comme nous le verrons dans la suite. Ces deux rivaux se jetèrent sur l'ennemi commun avec une telle impétuosité, qu'ils détruisirent toute l'armée mahométane avec son général Abderramen. Les chroniques du temps assurent que 300,000 Maures restèrent sur le champ de bataille.

Ne sembleroit-il pas que ces succès aussi avantageux que brillants auroient dû rétablir une union inaltérable entre *Eudon* et *Charles Martel*? Mais c'est le contraire qui arriva; Charles Martel, souverain aux yeux des Français, et dans le fait esclave de la jalousie et de l'ambition la plus outrée, vouloit se défaire de ce héros cantabre, parcequ'il ne voyoit en lui qu'un chef capable de s'opposer à ses entreprises par la fidélité sincère qu'il vouloit garder à l'empire, et par ses rares talents militaires.

Ainsi, l'époque qui auroit dû les unir, fut celle

de leur désunion, et ce n'est que la mort du célèbre Eudon, arrivée en 735, qui mit un terme à leur guerre.

Dès que Charles Martel apprit le trépas de son rival *Eudon* (1), *eun on* (bon jour en basque), il réunit son conseil dont l'avis fut de déclarer la guerre immédiatement à Hunalde, successeur d'Eudon, ce qu'il fit sous le prétexte que le duché d'Aquitaine devoit être réuni à la couronne de France. Il entra donc dans l'Aquitaine à la tête d'une armée, sans doute avec la conviction qu'il suffisoit pour tout soumettre d'une seule promenade militaire. Mais bientôt il eut lieu de se repentir de sa témérité; car les Novempopulaniens le forcèrent à accepter une paix honteuse et déshonorante, après quoi il se retira pour ne plus reparoître.

En 750, Vaifrède succéda à son père Hunalde, mais Charles qui succéda aussi à son père Pepin, ne tarda pas à déclarer la guerre à Vaifrede. Après six années de désastres et de cruautés, Charles évacua l'Aquitaine sans en avoir plus fait que son père, qui s'étoit occupé à chasser aux oiseaux et aux quadrupèdes, pendant tout le temps qu'avoit duré son expédition.

En 785, Alaric succéda à son père Lope, duc

(1) Mot basque qui signifie *journée heureuse.*

d'Aquitaine, et par conséquent aux droits du duché des Cantabres novempopulaniens.

Comme les Cantabres septentrionaux et des Pyrénées se joignoient à lui en foule par le respect et l'attachement qu'ils avoient eus pour son père, et principalement pour son bisaïeul le célèbre *Eudon* ou *Eudes*, Alaric, tout jeune encore, et à peine en état de porter les armes, fit quelques incursions sur le domaine appartenant au roi de France.

Louis, roi de France, y envoya Chorson, comte de Toulouse, pour réprimer ces rebelles; mais comme les Basques des Pyrénées (les Navarrois, les septentrionaux et les Biscayens), réunis aux Novempopulaniens, l'attendirent de pied ferme, *Chorson* y fut vivement repoussé; il fut battu, fait prisonnier sur le champ de bataille, et toute son armée culbutée et détruite.

Le comte *Chorson* ne fut mis en liberté qu'à condition qu'il ne prendroit jamais les armes contre eux, quand même le roi l'exigeroit.

Louis, humilié et indigné d'un traité de paix conclu à son insu, appelle *Alaric* et *Chorson* à la diéte générale qui se tenoit à *Vorms*, et là, condamne *Alaric* à un exil perpétuel, et destitue *Chorson* de son duché.

A peine les Novempopulaniens entendirent-ils

la proscription lâche et illégale de leur duc, qu'ils reprirent tous les armes.

Louis envoya, en 790, Guillaume, fils du comte Théodore, baron très recommandable par sa piété, et nouvellement nommé duc de Toulouse, pour apaiser les Cantabres indignés.

Ce chef se comporta avec tant de prudence, qu'il fit bientôt la paix, en laissant aux Cantabres toutes les possessions comprises dans les limites de la Novempopulanie, tracées par l'empereur Adrien en 117 de J. C., et obtint, dit-on, du roi, à la sollicitation des Cantabres, le rétablissement d'Alaric dans son duché.

En 814, *Ximène* succéda à son père Alaric; mais Charlemagne étant mort cette année même, Louis envoya son fils aîné Pepin dans l'Aquitaine avec le titre de roi, en manifestant, d'une manière très prononcée, l'injuste desir de captiver les Cantabres, et de les réduire à l'obéissance de Pepin, leur nouveau roi.

Mais dès que les Cantabres apprirent en 816 que l'empereur Louis, et Pepin, son fils, dirigeoient leurs forces réunies contre eux, pour leur ravir leur indépendance, et renverser leur constitution, leurs lois, en un mot, leurs institutions existantes depuis 3362 ans, tous s'armèrent confédérativement, et marchèrent sous le commandement de leur duc *Ximène*, digne héritier des sentiments élevés et de la bravoure du héros des Cantabres, du grand Eudon.

On se battit avec acharnement des deux côtés. Tour-à-tour vainqueurs et vaincus, les deux partis, sans jamais désespérer de la victoire, prolongèrent cette lutte opiniâtre jusqu'en 819, que les Cantabres perdirent leur duc tué dans une bataille.

Mais cette perte, loin de les décourager, ne fit que ranimer leur ardeur : ils continuèrent la guerre sous le commandement de *Garcia-Ramire*, fils aîné de Ximène, qui subit le même sort que son père, car il fut tué dans une autre bataille en 822, et laissa deux enfants, *Ramire* et *Garcia-Ximenez.*

Lope Centule, frère cadet de Ximène, défendit pendant long-temps les droits du duché d'Aquitaine contre l'avidité insatiable des rois de France. Mais enfin, ayant perdu dans une guerre qui dura huit ans la meilleure partie de son armée, fait prisonnier dans la dernière bataille avec son frère, ses deux neveux, Ramire et Garcia-Ximenez, furent dépouillés de leur duché d'Aquitaine. (Il n'est question ici que de la seconde Aquitaine seulement.)

En 824, *Ramire* et *Garcia-Ximenez*, injustement dépouillés de l'héritage de leurs aïeux, se réfugièrent en Espagne leur patrie, après avoir cédé à Donate et à Centule Lopez, leurs neveux directs, une petite partie du duché héréditaire de la Gascogne, qui leur restoit encore dans la seconde Aquitaine. De manière qu'il revint à Donate le *Béarn*, c'est-à-dire le département actuel des Basses-Pyrénées (à l'exception du Labourt, qui ne devoit être peuplé qu'en partie), et à Centule Lopez le *Bigorre*, c'est-à-dire le département actuel des Hautes-Pyrénées.

Telle est l'origine des duchés de *Béarn* et de *Bigorre*; et c'est précisément à cette époque que les Béarnais laissèrent le nom des *Gascons* pour prendre celui des *Béarnais*; comme ceux de Bigorre prirent le nom de *Bigorriens* ou *Bigourdains*.

Les historiens français et espagnols assurent unanimement que les descendants des ducs d'Aquitaine, détrônés en France, furent couronnés rois en Espagne. Suivons-les dans leur marche héroïque, qui avoit pour but le rétablissement de la monarchie espagnole cantabrique, dont l'origine remonte à plus de 3,000 ans. Ramire s'en alla à la cour de don Alonse II, son oncle maternel, qui régnoit dans les Asturies et dans le royaume de Léon; et là, le sénat d'Oviède lui donna le diadème à la mort de don Alonse II.

Garcia-Ximenez fut fait duc protecteur des Cantabres des Pyrénées, en 824. Mais voici de quelle manière on raconte cet événement : Plusieurs peuplades des Pyrénées, et une grande partie des Novempopulaniens, se réunirent sur la montagne d'*Orruel*, à l'occasion des honneurs funèbres que l'on devoit rendre à un ermite qui venoit d'y mourir en odeur de sainteté; quelqu'un du convoi profita du moment où beaucoup de peuple se trouvoit rassemblé, pour demander s'il ne conviendroit pas de prendre des moyens pour secouer le joug ignominieux des infidèles. Tous adhérèrent à la proposition, et se choisirent pour duc protecteur un rejeton du grand-duc d'Aquitaine *Eudes*, dont le nom étoit *Garcia-Ximenez*. Le grand et redoutable duché d'Aquitaine étoit réuni à la couronne de France; il sembloit que les Cantabres novempopulaniens n'avoient plus rien à craindre de la cupidité insatiable et démesurée des rois de France; mais, en devenant puissant, il n'est que trop ordinaire de devenir avide; et Louis, roi de France, qui, sous le faux prétexte d'une rébellion, excitée peut-être par ses intrigues, s'étoit déjà emparé de l'Aquitaine de Gascogne, tenta de subjuguer les Cantabres novempopulaniens et des Pyrénées, en faisant marcher une armée nombreuse en Navarre, qui feignit de reprendre la ville de Pampelune, alors entre les mains des naturels du pays.

En effet, l'armée française, commandée par les comtes *Aznar* et *Eblo*, qui possédoient encore, par l'autorisation de l'empereur, deux comtés dans la Gascogne, malgré l'autorité de Pepin, roi d'Aquitaine, passa les Pyrénées sans coup férir.

Mais ces mêmes Cantabres, qui s'étoient signalés dans la dernière guerre, indignés de voir leur duc expulsé de l'héritage de ses aïeux, et irrités par l'avidité audacieuse des Français, se jetèrent sur eux avec tant d'impétuosité près la ville de Pampelune, qu'ils en massacrèrent la plus grande partie, et firent le reste prisonnier avec les deux généraux *Aznar* et *Eblo*.

Les Cantabres, généreux même envers leurs ennemis, ayant su qu'*Aznar*, qu'ils avoient déjà vaincu comme ennemi, étoit le frère de leur chef, le retirèrent chez eux.

Aznar vécut quelques années avec le titre de protecteur de la Biscaye cantabrique, et mourut sans postérité. Son père Sancho Garcès s'empara de l'état que le frère d'*Aznar* gouvernoit en France, malgré la volonté de Pepin, roi d'Aquitaine, et l'incorpora à celui qu'il possédoit dans les Pyrénées; c'est alors qu'il prit le titre de *roi de Navarre* ou *Nafarrua* (1).

(1) Nom tiré du *produit territorial*, comme le sont

Ramire, fils aîné de Garcimire (1), duc dans la Cantabrie française, et élu chef du royaume des Asturies par le sénat d'Oviéde en 823, détruisit une horde de brigands qui infestait tout le golfe cantabrique, et qui venoit d'opérer une descente sur le port de Gijon. Il fit brûler tous leurs navires; et après avoir taillé en pièces deux armées arabes, il mourut le 1er février 856, la septième année de son régne.

Ordoño Ier succéda à son père Ramire. Ce prince, sévère et toujours pensif, défit *Muza Génirac*, mahométan, sur le mont Laturée, près d'Ailbaïde, dont la garnison fût passée au fil de l'épée, et se rendit maître des villes de *Couriense* et de *Salamanque*, qui virent leurs garnisons subir le même sort que celle d'Ailbaïde, et vendre leurs habitants, avec les femmes et les enfants, au profit de la couronne. Il mourut en 862.

Alonse III, son fils, surnommé *le Grand*, lui succéda. Au commencement de son régne, Fruila-Bermudez l'empêcha de prendre possession de son royaume; mais ce dernier usurpateur ayant été détruit bientôt par le sénat [illegible]

[illegible]

tous les noms basques : *Nafarrua*, pays des vins exquis.

(1) Ce Garcimire eut deux fils, dont l'aîné, surnommé *Ramire*, régna en Asturies, et le puiné, nommé *Garcie-Ximenez*, dans la Navarre, en 825.

d'Oviède, il fut rappelé dans ses états et reçu avec acclamations.

Il régna tranquillement et d'accord avec les Navarrois et les Basques français. Ayant réuni une armée nombreuse, avec adresse il détacha du parti des Maures plusieurs peuplades, et entre autres celles de *Lenza* et d'*Altenza*. Il fit construire ensuite les forteresses de *Gordon* et d'*Alba;* réédifia le fort de *Luna;* se rendit maître des villes d'*Astorga* et de *Ventosa;* mit sous son empire les villes lusitaniennes de *Coimbra*, *Praga*, *Viscensio*, *Flavia*, et *Arcense*.

Enfin, enhardi par tant de succès brillants, il voulut rendre les Cantabres tributaires, en se servant d'eux-mêmes pour les asservir; mais son armée fut battue et culbutée dans la fameuse bataille de *Harrigoriaga*. Il mourut à *Zamora* en 910, après avoir flétri ses lauriers par son entreprise téméraire contre les Basques.

Enfin, les musulmans, divisés entre eux, et constamment harcelés et battus par les Cantabres, tantôt à *Olast*, tantôt à *Calatrava*, au pied du célèbre mont *Muradal*, ou près d'*Alcala* de los Gazules, etc., se trouvèrent réduits, après une lutte de 779 ans, à livrer la célèbre bataille de Salado, près de Tariffa, le 3 octobre 1340, bataille aussi funeste pour eux que glorieuse pour les Cantabres, et où, selon *Mariana* et *Garibay*, périrent 200,000 Maures.

Toutefois elle fut décisive, car, après cette journée, tous les mahométans d'Espagne rendirent hommage aux rois de Castille, issus de nos Ramiros, nés eux-mêmes dans la Cantabrie française, et se rendirent leurs tributaires jusqu'à ce qu'enfin le 22 janvier 1493, le roi de Grenade, appelé *Bohardilez*, remit cette ville par capitulation aux rois catholiques, à don Fernand V et à doña Isabella de Castille. Ici s'arrête la domination des Arabes en Espagne, établie depuis 711, et commence la monarchie espagnole cantabrique.

Mais, pour prouver que la restauration de la monarchie espagnole actuelle est due aux Cantabres, il ne sera pas inutile de faire ici, en peu de mots, la généalogie des ducs cantabres.

Les ducs cantabres (ou plutôt les chefs des peuplades confédérées, car l'autorité souveraine a toujours été populaire) existoient avant l'arrivée des Carthaginois et des Romains en Espagne, d'après les chroniques de *Julian*, d'*Auberne*, et d'autres historiens, qui indiquent une succession chronologique non interrompue depuis Lope Ier, qui vivoit dans le même temps que l'empereur César Auguste.

Les écrivains anciens désignent jusqu'à sept

ducs avant la fameuse guerre proprement dite cantabrique, commandée personnellement par Octave, et qui sont: *Salacio*, *Oca*, *Cantabro*, *Astur I*^er^, *Herido*, *Astur II*, et *Deorcitano*. *Silius Italicus*, consul romain, dit qu'*Astur I*^er^, roi des Cantabres, c'est-à-dire *commandant* général, étoit avec Annibal lors du siége de Sagonte, et qu'il périt en combattant.

Lucanus dit, dans son poëme de la guerre de Pharsale, qu'*Astur II* et *Deorcitano*, chefs des Cantabres, firent des prodiges de valeur à la tête de l'armée cantabrique contre Jules César.

Pellicier aîné assure, dans son Apparat de la monarchie espagnole, que *Cantabro*, chef des Cantabres, brilloit 400 ans avant la naissance de J. C.

L'autorité que les rois ou chefs ou ducs patriciens exerçoient sur les Cantabres, étoit très bornée. Leur principale tâche étoit de maintenir la tranquillité publique; d'avoir soin de conserver exactement les anciennes *lois*, les *usages*, et les *coutumes* du pays; de protéger les magistrats ou les fonctionnaires publics pour que la justice fût également rendue entre tous les habitants; de conduire, comme chef du pays, la milice qui devoit voler à la défense de la patrie. Tout le reste étoit à la charge des assemblées communales ou générales; tel que de proposer de faire des lois, des ordonnances; d'imposer des contributions; de déclarer la guerre; de faire la paix; de nommer des chefs ou rois militaires; de pourvoir aux emplois du gouvernement; de convoquer des assemblées, etc.

Il résulte de ce que je viens de dire, que l'existence de ducs parmi les Cantabres remonte à une époque bien reculée. Mais mon seul but étant de démontrer que les descendants de ces mêmes ducs, existants lors de l'irruption des Maures en Espagne, commandoient encore lors de l'expulsion de ces barbares du territoire espagnol; je vais m'arrêter sur ce seul point.

Il faudra nécessairement attribuer la restauration de la monarchie espagnole à ceux qui auront battu et chassé les derniers usurpateurs de son territoire, et qui auront rétabli l'autorité royale. Or, si les descendants légitimes des ducs cantabres ont expulsé les Maures, et créé *des rois*, pourquoi ne leur devrions-nous pas la restauration de la monarchie espagnole?

Depuis la fatale défaite de Guadalète, arrivée le 16 octobre l'an 714, où périt, avec l'armée des Goths, la fleur de la jeunesse cantabrique espagnole, le général arabe nommé Tarif, ayant poursuivi, l'épée dans les reins, les malheureux débris de l'armée espagnole, se rendit maître de beaucoup de villes et de peuplades.

Les Cantabres septentrionaux, privés de leur duc protecteur *Andeca*, tué dans cette bataille, prirent le seul parti qui leur restoit: pour ne point devenir esclaves des musulmans, ils se mirent sous la protection puissante d'Eudon ou *Eudes*, duc d'Aquitaine, oncle de leur infortuné duc *Andeca*.

Eudes, ce héros qui, à la tête de ses braves Cantabres, avoit fait trembler plus d'une fois toutes les forces africaines, les reçut sous sa protection.

Les chrétiens espagnols, qui se retirèrent dans l'Aragonais basque, voyant avec plaisir que les Arabes avoient commencé à se déchirer entre eux par un esprit d'avidité, se choisirent un chef à l'instar des Basques de la Biscaye.

Les Cantabres montagnais, c'est-à-dire de Burgos et des Asturies, se choisirent, pour chef ou duc, Pélage, fils du duc *Favila*.

Ceux qui étoient au sud d'*Alava* prirent, pour duc ou chef, *Pedro* de Cantabria (d'où dérive le mot Cantabre), et les Basques des Pyrénées, *Enecosemeona* (1).

Le héros cantabre français, le grand duc d'Aquitaine, protecteur de la Biscaye, les aidoit tous, leur servoit d'appui avec ses troupes, et

(1) Mot basque qui signifie *mon bien-aimé fils.*

préparoit dans le même temps un asile sûr aux chrétiens, en cas de retraite forcée.

Mais reprenons la généalogie des ducs basques, à partir de *Lope VII*, descendant de Lope Ier, et duc des Cantabres, qui vivoit encore à la fin du huitième siècle. C'est lui qui doit nous servir de base. Il eut trois fils, qui sont : *Andeça*, *Bermudo*, et *Pedro*.

Au décès de Lope, ses trois fils se partagèrent le duché, et en formèrent trois avec le consentement des habitants. *Andeca*, qui étoit le protecteur inné de la Cantabrie proprement dite, par son droit de premier-né, eut la Cantabrie proprement dite; *Bermudo*, la partie des Asturies, et *Pedro*, la partie appelée *Montagnaise*.

Andeca n'eut qu'une seule et unique fille nommée *Belinda*, qui se maria à Beltzan Valchigis, duc d'une partie de la Gascogne. De ce mariage naquit encore une seule fille appelée *Baltiruda*, qui épousa le célèbre *Eudón*, fils légitime de *Bogiso*, duc d'une autre partie de la Gascogne basque, et neveu de Caribert, roi de *Toulouse*.

Bermudo, fils puîné de Lope VII, eut *Favila* pour femme, et de son mariage naquit Pélage, noble guerrier et digne neveu du grand *Eudon*. C'est ce brave Cantabre qui commença à rétablir la monarchie espagnole, en l'an 716.

Pedro, troisième fils de Lope VII, eut deux fils nommés *Alonse* et *Früela*. Ces deux derniers vont régner en Asturie. Pelage, irrité par l'amour que sa sœur *Ormesinda* avoit pour *Munuza*, musulman, et gouverneur de Gijon; humilié de voir toute l'Espagne (à l'exception des Basques) sous le joug ignominieux des Arabes; excité enfin par les sages conseils du grand *Eudon* son oncle, et encouragé par les secours que *Pedro*, duc de *Biscaye*, lui promettoit sous le commandement de son fils *Alonse*, forme le hardi projet de faire une guerre terrible aux Maures. Chose étonnante! Les Arabes entrèrent en Espagne, appelés, dit-on, par le comte don Julian, afin de venger l'affront que don Rodrigue avoit fait à sa fille Florinda; et ces mêmes Arabes vont devoir leur expulsion d'Espagne, après plusieurs siècles de domination, aux amours d'Ormesinda et du musulman Munuza, gouverneur de Gijon.

En effet, *Pelage* se rend sur les montagnes des Asturies, réunit une armée chrétienne, lui parle avec énergie de la nécessité de secouer le joug ignominieux des Arabes, et s'adressant aux troupes auxiliaires que *Pedro* de Cantabrie et le grand duc d'Aquitaine ses oncles lui envoyoient:

« N'êtes-vous pas, leur dit-il, ces braves guer-« riers que les Romains conquérants de l'*Allema-« gne*, de la *Bretagne*, de la *France*, de la *Grèce*,

« de l'*Italie*, de l'*Afrique*, et de l'*Espagne*, n'ont « jamais pu vaincre? Qu'avons-nous donc à crain-« dre en ce jour? (1) »

Les Arabes, instruits de la réunion des Cantabres dans les montagnes des Asturies, et inquiets sur le résultat de cette réunion, s'y portèrent aussitôt. *Alcama*, général arabe, voulut transiger avec les Cantabres; mais ceux-ci, impatients de combattre, ne voulurent rien entendre; une bataille générale se livra sur la partie des montagnes appelées *Cobadunga* (2); elle fut cruelle et meurtrière : l'armée arabe y fut massacrée avec son général.

Le bruit de cette victoire qui se répandit, tira les Espagnols de leur léthargie; le nom de *Pélage*, devenu célèbre, étoit sans cesse répété, et les Cantabres s'enrôloient à l'envie sous les drapeaux sacrés du héros libérateur.

Pelage mourut en 737, après avoir fait la guerre aux Arabes pendant dix-neuf ans.

Son fils *Favila* lui succéda avec le consentement du sénat d'Oviède. Celui-ci mort, *Alonse*, surnommé le Catholique, fils légitime de *Pedro*, duc de la Cantabrie, marié dès 728 à *Orme-*

(1) Marmol. historien africain, liv. II, chap. 10.
(2) Mot basque qui signifie *antre dangereux*.

sinda, fille de Pelage, fut élu chef des Asturies à la place de *Favila*, son beau-frère, décédé.

Alonse Ier, dit le Catholique, ayant en vue de réunir tout l'empire espagnol sous un seul chef, et desirant que son frère *Früéla* lui succédât après sa mort, l'associa à la couronne. Ces deux frères, ainsi réunis, soutinrent plusieurs guerres contre les Arabes, prirent plusieurs villes qui gémissoient sous le joug cruel des barbares, et chassèrent les Arabes de leurs forteresses.

Alonse Ier mourut en 757, laissant trois enfants légitimes, qui sont *Früéla*, *Vimarano* et *Adosinda*.

Früéla, son fils aîné, lui succéda. Après un règne paisible de quelques années, Früéla Ier mourut en 768, ayant eu de son épouse une fille nommée *Munia*, nièce du grand duc d'Aquitaine Eudon, et deux fils qui sont, *Alonso* et *Ximena*.

Aurelio, prétendu fils de Früéla, lui succéda, et mourut en 774 sans avoir rien fait de remarquable.

Silo ou *Silon*, qui avoit épousé *Adosinda*, fille légitime d'*Alonse Ier*, succéda à Aurelio au duché des Asturies. Silon maintint la paix en Espagne, et transféra sa cour à *Pravia*, où il mourut en 778. C'est pendant le règne de Silon que les Cantabres des Pyrénées battirent complétement l'armée de Charlemagne, roi de France, dans la mémorable bataille de *Ronces-Vallez*, Roncevaux.

Silon étant mort sans postérité, en 783, Alonse II, fils de Früela, lui succéda et fit la guerre aux Arabes pendant quarante-huit ans; défit une de leurs armées en Asturies, et deux autres en Galice; rendit tributaires quelques comtes en Castille, puis s'intitula premier *roi* des Asturies et empereur des Espagnols; il transféra sa cour à Oviédo, et y mourut en 843, célibataire. C'est précisément pour cela qu'on lui donna le surnom de *Chaste* : car vivre dans le célibat est une action méritoire aux yeux de la religion.

Ramire, fils aîné et duc, succéda à Alonse, roi des Asturies, comme fils légitime de *Munia*, femme de Früela; Ramire étant mort le premier février de 850.

Ordòño Ier, comme fils du premier lit, lui succéda. Ayant vaincu plusieurs villes pendant son règne, qui dura douze ans, il mourut enfin en 862, et laissa cinq fils, savoir : *Alonse*, *Froïlan*, *Nuno*, *Bermudo*, et *Odourio*.

Alonse III, appelé le *Grand*, succéda à son père *Ordoño*. Il eut des troubles à apaiser au commencement de son règne; mais l'ordre rétabli dans ses états, il se maria à *Ximena*, fille du roi de Navarre, et en eut quatre garçons, qui sont, *Garcia*, *Ordoño*, *Froïlan*, et *Gundisalvo*.

On lui donna le nom de *Grand*, parcequ'il battit les *Arabes* plusieurs fois, et leur prit plusieurs villes. Il mourut à *Zumora*, en 910.

Enfin, pour mettre en abrégé toutes les actions héroïques des ducs Cantabres : qui détruisit près d'Olast l'armée d'Abderamen, général arabe, ce fléau destructeur dont la marche n'étoit signalée que par des désastres? C'est le duc *Fortunio*, à la tête de ses braves, déja vainqueurs des Carthaginois et des Romains.

Qui vainquit Aldalla, fils de Mahomet, regardé comme invincible à cause de sa bravoure et de ses profondes connoissances militaires? C'est don Alonse, digne fils de *Pedro*, duc de la Cantabrie, et digne neveu du célébre Pelage des Asturies.

Qui gagna, en 1184, la fameuse victoire de Santarem, où Joseph Abu, général arabe, fut blessé à mort? C'est Alonse VIII de Castille, digne rejeton de Pedro et d'Eudon. C'est enfin cette même race des descendants de Lope Ier, qui cueillit tant de lauriers.

Qui défit *Miramamoulin*, cet Africain altier, qui à la tête de six cent mille combattants, et sûr d'enchaîner la victoire, livra, le 16 juillet, l'an 1212, près de Las Nabas de Tolosa, au pied du mont Muradal, cette bataille terrible et sanglante, si fatale aux Arabes? C'est don Sancho, roi des Cantabres des Pyrénées; c'est lui qui, à la tête de sa brave milice, se jeta sur le camp des Maures avec tant d'impétuosité, qu'il y mit dans un moment le désordre et la confusion, culbuta l'ennemi, et en fit un si grand carnage, qu'Alonse VIII dit, dans la lettre qu'il écrivit au pape Innocent III, que la moitié de l'armée ennemie étoit restée sur le champ de bataille.

Il seroit difficile maintenant de nier que les Cantabres aient rétabli la monarchie espagnole cantabrique; et la défaite des Maures près d'Alcala de Los Gazules, en 1339, où *Abumelik*, général arabe, fut tué, est encore due à un descendant des ducs Cantabres, à don Alonse II, roi de Castille.

Mais *Alboacen*, empereur d'Afrique, humilié par la déroute de son armée près d'Alcala de Los Gazules, en 1339, et brûlant du desir de venger la mort de son fils aîné Abumelik, tué sur le champ de bataille, envoya deux cent soixante-dix navires pour s'emparer du détroit de Gibraltar, afin de faire passer en Espagne, dans l'espace de quatre mois, soixante-dix mille chevaux et quatre cent mille fantassins. Il y vint lui-même après en personne.

Mais le roi de *Gastelua* ou de Castille, ne doutant point que l'Afrique, tant de fois vaincue, ne fît un dernier effort pour recouvrer son honneur et réparer ses pertes, avoit eu la prévoyance de réunir les Cantabres-Lusitaniens, septentrionaux, et des Pyrénées, sous le duc don Juan Nunez de *Lasa*. Dès que ces troupes, exercées dans l'art de la guerre, furent rassemblées, on livra cette bataille célèbre de Tarifa contre les forces combinées de l'*Afrique*, de *Tunez*, et de la nouvelle *Numidie*, le 30 octobre 1340.

On appelle cette bataille la bataille de *Salado*, parcequ'elle avoit eu lieu au bord de la rivière de ce nom. Elle fut tellement meurtrière, que d'après *Mariana* et *Garibay*, deux cent mille Maures y perdirent la vie; et elle eut pour résultat, comme nous l'avons déja vu, l'expulsion des Maures du territoire espagnol-cantabrique.

Il résulte de tous ces faits:

1°. Que les Cantabres septentrionaux, des Pyrénées et de la Novempopulanie n'ont jamais été subjugués par les Arabes;

2°. Que la primitive monarchie espagnole-cantabrique, souvent concentrée dans un petit coin de l'Espagne et de la France, mais jamais éteinte, a été enfin rétablie par la même race de Tarsis, conservée intacte et sans mélange d'aucune autre dynastie pendant plus de quatre mille ans.

Mais revenons à l'histoire des Cantabres de l'Aquitaine française. Après la mort tragique d'*Aznar*, arrivée en l'an 836 de l'ère chrétienne, Sancho, son frère, se rendit maître du comté qu'*Aznar* conservoit encore malgré la volonté de Pepin, déja roi de la seconde et de la troisième Aquitaine; et c'est alors, disent certains auteurs, qu'il prit le nom de roi de Navarre (1).

En 834, Louis Ier, empereur, fit une nouvelle division de la seconde et de la troisième Aquitaine, dont l'étendue alloit jusqu'à la rive droite de la Garonne ou *Gau-On*; de manière qu'à cette époque il restoit encore aux descendants du grand et célèbre Eudon, Lope, et Centule, derniers ducs de l'Aquitaine primitive, tout *l'ouest* et tout le *sud*, depuis la rive gauche de la Garonne; c'est-à-dire le département des Hautes-Pyrénées et celui des Basses-Pyrénées. Ce dernier département s'étendoit à cette époque jusqu'à *Saint-Sébastien*.

Mais les ducs cantabres, ne se croyant plus en sûreté en France, se réfugièrent en *Ecosse* dans leurs familles qui y étoient établies depuis long-temps. C'est de là que vient l'identité que l'on remarque dans les mœurs, le caractère, et les amusements même des Écossais et des Cantabres. En 838, Pepin Ier étant mort, Pepin II, son fils, lui

(1) Voyez son étymologie dans la description de la Haute-Navarre.

succéda. Mais l'empereur Louis Ier ne put régner long-temps, car il fut défait dans un combat, et détrôné par son oncle Charles, dit le Chauve, en 848.

En 843, en conséquence d'un traité de paix conclu entre l'oncle et le neveu, *Pepin*, détrôné, consentit à ce que *Charles* plaçât sur le trône d'Aquitaine son fils puîné, nommé aussi *Charles*. Ce dernier y régna jusqu'en 866, époque à laquelle sa mort donna à Charles-le-Chauve l'occasion de supprimer le royaume d'Aquitaine, pour le remplacer par des duchés ou gouvernements généraux. La partie de Toulouse fut donnée à Guillaume, fils de Bernard, duc de la Septimanie, qui étoit extrêmement attaché à Charles-le-Chauve, et qui étoit un descendant du célèbre Eudes.

Vers l'an 990, Hugues-Capet, premier roi de la troisième race, desirant élever ce duché au plus haut degré de dignité et de grandeur, le mit au rang des premiers états de son royaume, à cause de la stabilité et de la sagesse des lois, des usages, et des coutumes qui le régissoient. Ce seul fait prouve que les Cantabres, quoique soumis aux rois de France, vivoient néanmoins selon leurs institutions.

En 1137, le duc d'Aquitaine étoit Guillaume *premier*, comte de Poitiers, qui mourut pendant son pélerinage à Saint-Jacques en Galice. Il n'avoit qu'une fille unique, dont le nom étoit *Eléonore*, et qui fut mariée en premières noces à Louis-*le-jeune*, roi de France. Mais le concile de *Boisgence*, réuni en 1151, ayant annulé ce mariage sous prétexte de parenté entre les époux au degré prohibé, celle-ci se remaria à Henri, second roi d'Angleterre, dans la même année, et ce mariage donna à la couronne d'Angleterre l'Aquitaine et les états de Guienne et de Poitou.

Je dois faire observer ici, malgré le préjugé contraire, que le pays de Labourt, appelé à cette époque *Lapurdum ou Laphur duy*, ne fut point compris dans les possessions du roi d'Angleterre; car on voit par un contrat écrit en latin, à la date du 3 avril 1106, qu'un certain Guitard, vicomte de Labourt et de Marennes, du consentement de Guillaume, duc de Guienne et père d'Éléonore, vendit aux Basques le pays de Labourt qui n'étoit qu'une vaste solitude en friche, avec droit d'y bâtir, d'y pêcher, d'y chasser, etc., etc. Cette vente fut faite moyennant 3306 florins d'or, et sans aucune réserve de fiefs.

D'où il résulte que les Labourtains actuels ne sont pas seulement les descendans des premiers colons, mais encore des acquéreurs légitimes du pays de Labourt.

Enfin, il est hors de doute que l'histoire de la

nation basque est un monument précieux de l'antiquité, puisque leur monarchie, si elle n'est pas la seule, est au moins une des plus anciennes de toute l'Europe, d'après des autorités graves et dignes de foi, qui la font commencer dès l'année 531 après le déluge.

Les Basques ne passèrent sous la domination des rois de France que sous le régne de Charles VII, en 1451. Ce prince les confirma dans la jouissance de tous les anciens priviléges constamment respectés par les Anglais, qui ne furent jamais que les protecteurs des Labourtains, comme l'avoient été les Romains et les Goths. Tous les rois successeurs de Charles VII, jusqu'à Louis XV, confirmèrent toujours ces priviléges; ce qui forma en faveur des Labourtains une succession non interrompue de titres aussi précieux que respectables. Cette contrée, malgré la stérilité de son sol, pouvoit être un objet d'envie pour toutes les provinces françaises; et l'activité infatigable de ses habitants, tous intrépides marins, procuroit une aisance générale qui ne leur laissoit rien envier aux provinces les plus étendues et les plus riches. Seuls exercés à la pêche de la baleine qu'ils faisoient avec le plus grand succès, uniques possesseurs de la pêche de la morue, par la découverte qu'ils avoient faite de l'île de *Terre-Neuve* et des côtes du *Canada*, long-temps avant que Christophe Colomb eût reconnu les îles et le continent de l'Amérique, les Basques trouvoient dans le produit de ces deux pêches tout ce qui pouvoit satisfaire leurs besoins et leurs désirs. Protégés par le gouvernement français, ils lui rendirent souvent les services les plus éclatants sur mer, notamment sous les règnes de Charles VIII et de Louis XIII. La population du Labourt étoit alors en proportion des avantages que produisoit le commerce. La marine royale et marchande y levoit chaque année un nombre prodigieux de navigateurs, aussi braves qu'intelligents, et accoutumés dès l'enfance à tous les dangers de la mer.

Malgré la concurrence des Anglais et des Hollandais, cet état florissant des Basques s'est soutenu jusqu'à l'année 1730.

L'activité naturelle de ce peuple, son industrie, la culture et le débit libre du tabac, suppléoient aux autres ressources qui lui manquoient, et dont le privoit l'indifférence du gouvernement, qui paroissoit prendre peu d'intérêt au succès de ses armements. Jusqu'alors, le Labourt avoit été préservé des invasions du fisc; mais cette même année 1730, il fut assailli par une foule de détachements de cette milice rapace qu'on appelle brigade d'employés. Tous les postes furent occupés, toutes les communications interceptées; les malheureux habitants se virent inquiétés et recherchés pour une infinité de droits dont les objets et les noms leur étoient également inconnus; et, dans peu d'années, les uniques moyens de subsistance qui leur restoient leur furent impitoyablement enlevés. De là le découragement général de tous les habitants, et l'émigration d'un grand nombre de familles qui, en passant chez l'étranger, ont réduit la population du Labourt aux trois cinquièmes de ce qu'elle étoit en 1730. Depuis cette année désastreuse, chaque jour a ajouté aux maux de cette province infortunée, et ils ont été portés à leur comble par le funeste édit de franchise qui a déclaré une partie des habitants de la province étrangère à l'autre, et leur a fait inhibition expresse de traiter ensemble, par cette unique raison que les uns sont fixés sur la rive gauche de la Nive, et les autres sur la droite de cette même rivière.

Tant d'atteintes portées au Labourt paroissoient irremédiables; ses habitants, courbés sous le poids de l'infortune, n'attendoient plus que l'arrêt de leur anéantissement total, lorsqu'un prince, ami de l'humanité et père de ses peuples, conçut le noble et généreux projet de prendre conseil de la nation même, et de s'instruire avec elle de ses malheurs et des moyens d'y remédier. Mais son digne successeur invitera, avec la bonté qui le caractérise, chaque province de ses vastes états à lui faire connoître ses besoins ; et son cœur paternel, uniquement occupé du bien de son royaume, ne voudra fonder son empire que sur le bonheur particulier des différentes provinces qui composent la France. Les fidèles sujets de Labourt commencent donc à respirer, dans le doux espoir que le soulagement de leurs maux suivra de près l'exposé franc et sincère qu'ils en font.

FRANCHISES ET EXEMPTIONS

DE TOUS DROITS ET SUBSIDES MIS ET A METTRE, ACCORDÉES AUX LABOURTAINS PAR TOUS LES ROIS DE FRANCE.

Le 12 juillet 1473, le roi Louis XI, par des lettres-patentes confirmatives de celles de Charles VII, du 1er mai 1463, douze ans après la réduction de la ville de Bayonne, prise sur les Anglais, pour favoriser le commerce qui faisoit subsister comme aujourd'hui le pays de Labourt, ordonna que les habitans de Saint-Jean-de-Lüz, demeureroient exempts du droit d'assises; que leurs denrées et marchandises seroient franches, et qu'ils ne paieroient aucun droit d'issue ni d'entrée pour celles qu'ils enverroient ou feroient venir de quelque lieu que ce fût.

Au mois de juin 1511, le pays de Labourt et les bourgs de Saint-Jean-de-Luz et de Ciboure furent entièrement brûlés et ruinés par l'incursion qu'y firent de nombreuses troupes anglaises, aragonaises et espagnoles; la plupart des habitants, les femmes, les enfants, furent obligés de s'enfuir et de se réfugier avec une faible partie de leur mobilier à Bayonne, en Béarn, aux Landes de Bordeaux et ailleurs. On trouve les détails de ces désastres dans l'attestation qu'en fit, le 15 février 1512, le sieur de Ségure, lieutenant-général de la sénéchaussée de Bayonne, dont le pays de Labourt ressortissoit.

Depuis l'année 1512 que les troupes ennemies furent chassées par celles de France, les habitants du pays firent rétablir leurs maisons brûlées, et furent plus de vingt ans à réparer leurs pertes.

Le 19 novembre 1542, le roi François Ier, par ses lettres-patentes confirmatives de celles de Louis XII, en date du 9 juin 1533, attendu les pertes supportées par les habitants du Labourt en défendant la frontière d'Espagne, la *Navarre*, contre les ennemis de l'état; attendu la garde qu'ils sont obligés de faire sur les bords de l'Océan, et l'obligation qui leur est imposée de fournir et soudoyer 1000 hommes d'infanterie, déclara que ledit pays de Labourt seroit affranchi, quitte et exempt de tailles et autres subsides.

Le 7 mai 1554, le roi Henri II, informé que de nouveaux ravages avoient été faits dans le pays de Labourt, pour donner aux habitants le moyen de réparer les pertes qu'ils souffroient journellement par l'incursion des ennemis, par ses lettres-patentes affranchit et exempta ledit pays de toutes contributions, tailles, aides, corvées et autres impositions quelconques, tant ordinaires qu'extraordinaires, mises et à mettre.

Le 4 mars 1556, le même roi par d'autres lettres-patentes qui confirmoient celles du 12 juillet 1548, accordées aux négociants de Saint-Jean-de-Luz, les maintint dans leurs priviléges, franchises et immunités, attendu :

1° Que Saint-Jean-de-Luz est situé sur un sol stéril; qu'il est frontière et par-là sujet aux incursions des Espagnols qui ont brûlé et ruiné plusieurs fois ledit bourg;

2° Que les habitants sont obligés pour la sûreté du pays de se tenir journellement sur leurs gardes, et, pour cet effet, d'entretenir des navires et équipages de guerre à leurs dépens; et qu'enfin leurs moyens d'existence sont tout entiers dans la pêche des morues et baleines qu'ils vont prendre à grands hasards et dangers de leurs personnes.

Le 1er novembre 1559, le roi François II, par des lettres-patentes confirmatives de celles des rois ses prédécesseurs, voulut qu'il ne fût apporté à l'avenir aux habitants de Saint-Jean-de-Luz aucun trouble ou empêchement à la jouissance de leurs privilèges; et que s'il en étoit apporté, lesdits habitants fussent sans délai réintégrés en leur premier état.

Le 9 juillet 1565, le roi Charles IX, par ses lettres-patentes, confirme les privilèges et affranchissements précédemment accordés au pays de Labourt, sur des motifs, y est-il dit, plus puissants que jamais. Et en effet, pendant les dernières guerres, les habitants avoient rendu au roi de grands services par mer et par terre. Mais, pour les en punir, le duc d'Albuquerque, lieutenant du roi Philippe dans le royaume de Navarre, étoit descendu dans le pays de Labourt, et l'avoit parcouru avec 1000 ou 1200 hommes de pied, et 1200 chevaux environ, dévastant le pays, et ruinant les habitants.

Le 25 janvier 1576, le roi Henri III confirma aussi les privilèges du pays de Labourt, et l'affranchit de toutes impositions mises et à mettre, par des lettres-patentes portant qu'il étoit certioré de l'infertilité du pays; et que sans l'accoutumance des habitants à la pêche, il leur seroit impossible d'y vivre et résider; et enfin, en considération du guet et de la garde qu'ils étoient tenus de faire pour éviter les surprises des ennemis, et des pirates, et échapper aux pertes, brûlements, et saccagements qu'ils avoient déjà soufferts en temps de guerre; et de plus pour l'indemniser des 1000 hommes de milice qu'ils étoient obligés de souldoyer pour la défense du pays. Par leurs lettres-patentes des 22 janvier 1594, et 4 juillet 1615, les rois Henri IV et Louis XIII maintinrent et confirmèrent les mêmes franchises et exemptions.

Le 10 février 1668, le roi Louis XIV, qui connoissoit par lui-même la stérilité du pays de Labourt, car il avoit resté à Saint-Jean-de-Luz depuis le commencement de mai jusqu'à la fin de juin 1660, et y épousa Marie-Thérèse, infante d'Espagne, confirma les priviléges et exemptions accordées à ce pays par les lettres patentes des rois ses prédécesseurs, et qui remontent à la réduction de Bayonne en 1451; il l'affranchit même de tous droits sur les denrées indigènes et provenant de l'étranger.

Le 26 octobre de la même année 1668, Louis XIV maintint encore le pays dans tous ses priviléges et exemptions, par des lettres-patentes portant: 1° que les habitants de Labourt lui avoient rendu des services signalés dans des occasions importantes, sur les frontières d'Espagne, dans l'île de *Rhé*, *La Rochelle*, *Bordeaux*, et ailleurs; 2° Qu'ils rendoient continuellement semblables services sur la frontière d'Espagne, y étant obligés à faire la garde et à fournir mille hommes de milice, à leurs dépens pour défendre et conserver leur pays ; mais que, pour raison desquelles exemptions et franchises de tous droits, sa majesté ordonnoit que le syndic dudit pays paieroit au fermier du domaine du roi la somme de 253 liv. 10 s. annuellement, et par forme de subvention ; c'est à quoi le syndic satisfit depuis l'année 1668.

Le 9 septembre 1683, Louis XIV, par d'autres lettres-patentes confirmatives des précédentes, et relatives au paiement fait par le syndic des 253 liv. 10 s. de subvention, maintint ledit pays dans tous ses priviléges, immunités, et exemptions, en considération, y est-il dit, des services que les habitants continuent de rendre journellement sur la frontière d'Espagne, et de la fidélité et affection qu'ils témoignent toujours pour le bien de l'état, dans toutes les occasions qui se présentent.

Dans l'année 1686, le fermier-général des domaines de Guyenne ayant voulu obliger chaque habitant du pays de Labourt à fournir son papier terrier pour constater le revenu, et à payer les arrérages de neuf ans, M. Deris, alors intendant, par son ordonnance contradictoire du 26 janvier 1686, basée sur diverses lettres-patentes, et sur les quittances de 253 liv. 10 s. du montant du droit de subvention, déchargea le syndic de la demande du fermier-général; et l'ordonnance fut confirmée par le roi. En sorte que le pays de Labourt a toujours été exempt de tous droits et subsides, moyennant cette subvention annuelle de 253 liv. 10 s. Toutefois, depuis l'année 1693, époque où Louis XIV étoit en guerre avec toute l'Europe, le pays de Labourt, quoique exposé à d'autres dépenses pour se défendre par mer et par terre contre les Espagnols ses voisins, fit de nouveaux efforts pour secourir ce monarque, paya 22,600 liv. par an pour la capitation, le contrôle des actes des notaires, et donna en outre le dixième du revenu des biens. Il paye encore aujourd'hui 14,600 liv. par an pour la capitation et le contrôle des actes, outre les 253 liv. 10 s. de subvention.

En l'année 1716, Louis XV, pour exciter les négociants de Saint-Jean-de-Luz et de Ciboure à continuer leurs armements pour les pêches des baleines et des morues, les maintint dans leurs franchises et exemptions des droits sur l'huile de baleine et de morue provenant de leurs pêches, et les excepta de l'édit du mois d'août 1714. M. le maréchal d'Estrées leur annonça, par ses deux lettres des 11 janvier et 13 mars 1716, que le roi les avoit affranchis de tous droits, comme par le passé.

Le 14 juin 1719, le roi confirma encore pour

trente ans les lettres-patentes qui portoient exemption des droits d'assises en faveur des Labourtains. A la révolution, toutes ces franchises furent perdues pour le pays de Labourt, et des contributions lui furent imposées. La stérilité de son sol ne permet pas toujours aux habitants de payer avec exactitude les subsides; mais, sans chercher à se soustraire aux charges de l'état, ils auroient peut-être quelque droit à demander que les impôts fussent proportionnés à la valeur des produits territoriaux, qui a diminué de plus de moitié; aussi les descendants directs de ces braves Cantabres, qui se mirent sous la protection de Charles VII, comptent-ils sur la bonté et la munificence de Charles X.

DESCRIPTION GÉOGRAPHIQUE

DE LA CANTABRIE ACTUELLE.

Les Cantabres, ce peuple peu connu quoique si digne de l'être, constamment victime de l'avidité des protecteurs qu'il s'étoit choisis, occupe encore aujourd'hui le même héritage que ses aïeux possédoient il y a environ 5000 ans. Les ennemis superbes qu'il eut à combattre, et dont l'empire sembloit embrasser l'univers, ne sont plus : et les Basques, relégués dans un coin de la terre, aux pieds de ces monts qui cachent leurs cimes dans les nues, forment encore aujourd'hui cette même nation qui combattit à Sagonte, à Astapa, et à Calahorre.

La Cantabrie actuelle, dont la population s'élève à 800,000 ames environ, est composée de sept provinces, dont trois sont situées en Espagne, et quatre en France : la rivière *Bidassoa* les sépare. Les trois provinces espagnoles cantabriques sont : la *Biscaye*, la *Guipuzcua*, et la *Haute-Navarre*, en basque *Napharrua*, ou *Nafarra*.

Je vais commencer ma description par la province de Bizcaye, dont les principales villes sont : *Bilbaua*, ou Bilbao.

BILBAO.

Cette petite ville est située sur la rive droite de la rivière *Nerbion*, qu'on appelle aujourd'hui *Ibayazabal*. Le flux et le reflux de la mer arrive jusqu'à cette ville, fondée par don Diego Lopez de Haro en 1300. Sa population est de 12,000 habitants. La députation générale de la seigneurie de Bizcaye a sa résidence à Bilbao.

ORDUNA.

Orduña, l'une des plus anciennes villes d'Espagne, est à quatre lieues de Bilbao ; c'est la seule de la seigneurie de Bizcaye. Elle possède le seul fort où résidoit le protecteur de la grande confédération cantabrique espagnole. Elle fut peuplée par don Lopez Diaz de Haro, le 5 mars 1229. Sa population est de 4,500 habitants ; son terrain est fertile ; le ciel y est toujours serein, et l'air salubre. Il y a, à peu de distance de cette ville, un couvent de franciscains. C'est dans ses environs qu'on fait le petit vin qu'on appelle *chaçolin*. On dit que les habitants de cette ville sont très laborieux, pacifiques, modestes, bons patriotes, et d'un caractère noble.

DURANGO.

Cette ville, qui a une des plus belles positions de toute la Bizcaye et peut-être de toute l'Espagne; est située sur la rive droite de la rivière qui porte le même nom, dans une plaine vaste et agréable, à cinq lieues de *Bilbao*, six de *Vittoria*, et quatre de *Mondragon*; elle fut fondée, en 1297, par don Diego Lopez de Haro, seigneur de Bizcaye. La vallée, dans laquelle est *Durango*, est la plus féconde de toute la Bizcaye; elle est entourée de grandes montagnes et de rocs de marbre qui enchantent et récréent l'imagination de tous les curieux.

La population de cette ville est de 3,000 âmes. Les habitants sont d'un caractère jovial et toujours égal.

Outre ces villes, la Bizcaye est composée des communes suivantes :

Yurre, Aranzazu, Lemona, Elyzabeitia, Zéanurri, Ubidia, Aramayona, Portugaleta, Olaeta, Abadiano, Mañaria, Izurza, Bernagoitia, Zornoza, Amorobieta, Elorrio, Etchano, Ochandiano, Villaro, Dima, Lamindano, Indusi, Yentilzubi, Hermua, Zamacola, Bolsola, Landakhuela, Olaberry, Ateremin, Bargondia, Cuziaga, Ezcurduy, Ondorroa, Lequeitio, Munduca, Abando, Bergoña, Marquiña, et quelques autres communes.

Les principales rivières de la Bizcaye sont :

1°. *Ibayazabal*, qui longe *Bilbao*, et se jette dans la mer Cantabrique, à Portugaleta ;

2° *Durango*, qui longe le gros bourg du même nom ;

3° *Indusi*, *Mañaria*, *Olabeaga*.

Les principales montagnes de la Bizcaye sont : *Barberena*, *Ezcuga*, *Campanzar*, *Archanda*.

La population de toute la Bizcaye est à peu près de 100,000 ames.

DESCRIPTION DE LA PROVINCE DE GUIPUZCUA.

Cette province est située au 15e degré 32 minutes de longitude, et au 43e degré 12 minutes de latitude. Elle est bornée, à l'*est*, par la Haute-Navarre espagnole ; au *nord*, par les Basques français, c'est-à-dire par le Labourt ; à l'*ouest*, par la mer Cantabrique ; et au *sud*, par la seigneurie de Bizcaye et la province d'Alava.

Selon le dernier récensement, la population de Guipuzcua est de plus de 120,000 ames ; c'est une des provinces les plus peuplées et les mieux cultivées peut-être de toute l'Europe. Ses principales villes et communes sont :

Salinas de Leniz ; *Ezcoriza*, à une lieue d'Espagne de Salinas; *Arechabeleta*, à une lieue de Ezcoriaza.

Mondragon, situé au pied du roc de Udatalz, à cinq lieues de *Vittoria*, et neuf de *Bilbao*; c'est la patrie du célèbre historien *Esteban* de Garibay.

Oñate, jolie peuplade avec une université assez vaste, est située au pied du rocher de Saint-Adrian. Il y a encore un collége, deux couvents de moines, et un hospice pour les pélerins. A deux petites lieues d'Oñate, se trouve le célèbre sanctuaire de Notre-Dame d'*Aranzazu*, desservi par une communauté de plus de cent religieux franciscains.

Zegama, *Segura*, *Bergara*, forment une des principales peuplades de Guipuzcua; elle est située à une portée de fusil du chemin royal, et au pied de la haute montagne de *Elosna*, sur la rive droite de la rivière de Deba. Il y a dans ce gros bourg (1) un séminaire de *nobles*, qui est peut-être le plus ancien que l'on connoisse en Espagne. Bergara est distante de six lieues de *Vittoria*, et de neuf de *Bilbao*.

Elgueta, *Plazenzia*, petit village célèbre par la bonté des armes qu'on y fabrique. A une lieue d'Elgueta, se trouve une autre commune

(1) Bergara.

nommée *Eybar*, célèbre aussi par les canons que fabrique le sieur *Bustingui Olabe*.

Elgoibar est située sur la rive droite de la rivière *Deba*.

De *Elgoibar* à *Deba*, il y a deux lieues; la route y est fort belle; c'est là que la rivière *Deba* se jette dans la mer. *Deba* est construit au bord de la mer, au pied d'une montagne très élevée, exposée à l'ouest.

Anzola, *Villareal*, *Lagazpia*.

Il y a une papeterie à *Lagazpia*.

Cerain, *Mutiloa*, renferment des mines abondantes de fer.

Azçoitia, bourg considérable de *Guipuzcua*, situé dans la charmante vallée formée par les hautes montagnes de *Elosna* et *Eguzquiza*, au pied d'un rocher appelé *Aitzgorri*, en français chêne rouge. Ses rues sont droites, bien pavées, et très propres. A une demi-lieue de ce bourg, dans le territoire de *Azpeitia*, se trouve le célèbre collége de *Loyola*, bâti sur la même maison dans laquelle naquit saint Ignace : ce collége est construit de jaspes bruts.

Aujourd'hui, *Azpeitia* est le séjour des familles les plus riches de toute la province de *Guipuzcua*. Il est le berceau du célèbre jurisconsulte Michel de Aguirre, qui écrivit à Boulogne, en 1581, son savant ouvrage sur les droits qu'avoit Philippe II sur le royaume de Portugal. Le cardinal Joseph Saenz de Aguirre étoit un rejeton de cette même famille, ainsi que don *Garcia* de Loaisa.

Marchant à l'est de cette commune, on voit les anciens peuples d'*Urrustil*, *Beizama*, et *Régil*, distants les uns des autres d'une demi-lieue. Ce dernier est situé au pied de la célébre montagne d'*Hernio*, la plus élevée de toutes celles qui se trouvent dans la province de Guipuzcua. C'est sur la cîme de cette montagne que l'armée d'Auguste, empereur romain, avoit été culbutée et détruite lors de la dernière guerre proprement dite cantabrique. (Voyez l'histoire y relative.)

Azpeitia est à quatre lieues de Tolosa ville espagnole, à quatre autres de Villefranque, et une lieue de *Régil*. *Zeztone* qui est à deux petites lieues de *Azpeitia* est un petit village fort joli et célébre par ses eaux thermales. Il y a un établissement de bains très commodes. A deux lieues de ce village, on rencontre *Guetaria*, ancien port sur l'océan cantabrique. Ce peuple est connu surtout pour avoir produit le célébre *Sébastien* de Cano qui, devenu chef par la mort de Fernando Magellanes, fit le premier le tour du monde aux frais de ses compatriotes, et se fixa à *Guetaria*.

Zumarraga, *Gabiria*, *Ezquiba*, *Itchazo-Le-*

garra, *Ormaizteguy* forment une peuplade composée de plusieurs hameaux dont le caractère des habitants est très simple.

Igartza, à une demi-lieue de *Ormaizteguy*, est située sur la grande route, dans le territoire de *Beasani*, et près le confluent de la rivière *Oria*, avec les ruisseaux qui descendent des montagnes appelées *Zumagarra* et *Ezquirra*.

Besain, bourg d'une grande extension, et à un quart de lieue de Igartza, est situé sur la rive de la rivière de *Oria*. Les habitants y sont très gaies et hospitaliers. A l'est de Besain se trouve *Lazcano* où il y a deux couvents de moines au milieu desquels se trouve un superbe palais appartenant au marquis de Baldemiano. Dans la même direction et à une demi-lieue, est une peuplade nommée *Ataiin*.

Villefranque, à une demi-lieue de *Besain*, est située sur la grande route de la Castille à Bayonne. Ce petit peuple est un des plus intéressants, à cause de la fertilité du sol qu'il habite. Ce petit village est entouré de murs; ses rues sont bien pavées et bien alignées; quoiqu'il ne soit composé que de quatre-vingts maisons, il contient peut-être les plus beaux édifices de toute la Cantabrie. A l'est de ce petit village, on voit la montagne d'*Aralaz* qui sépare Guipuscua de la Navarre. Cette montagne renferme une mine abondante de cuivre. A ses environs se trouve *Zaldibia*, *Arama*, *Alzaga*, *Gaintza*, *Amezquieta*, et *Abalzisqueta*, dont la plupart des habitants sont pasteurs. Ces communes sont célébres dans le pays par l'abondance du laitage, et par la bonté des fromages que leurs prairies font produire aux troupeaux.

Isasondo, à une demi-lieue de Villefranque, est situé sur la grande route, près la rivière d'Oria; ses habitants sont très polis et humains. *Legorreta*, *Baliarrain*, *Orandain*, *Icasteguieta*, *Alegria*, *Goyatz et Bidama* s'y trouvent aussi.

Tolosa, à une lieue de *Alegria* sur la grande route, fut augmentée et peuplée par don Alonse dit le Savant, le 23 septembre 1256. Tolosa est la plus grande et la plus belle ville de Guipuzcua, à cause de la superbe et magnifique vallée dans laquelle elle est située. Elle a sept rues principales tirées au cordeau, des édifices superbes et beaucoup de familles riches et puissantes qui y vivent. Il y a deux couvents, deux grandes places et plusieurs petites. On y tient trois marchés par semaine; on y fabrique des armes blanches; il y a un pont magnifique, et tellement large que trois voitures y passent de front.

Ibarra, *Berasteguy*, *Eraso*, *Lizarza*, sont aux environs de Tolosa.

A l'ouest de Tolosa, se trouvent encore les

peuplades des *Ernialde*, *Alquiza*, *Asteasu*, *Ayzarna-Zabal*, *Villabona*, *Zirzulquil*, *Aya*, etc., etc.

Anduain, à une petite lieue de Villabona, est située sur la grande route; c'est là que la rivière d'Oria se sépare de la grande route.

Urnieta, à une demi-lieue d'*Anduain*.

Ernani, à une demi-lieue d'Urnieta; est un bourg assez considérable; on y a une vue superbe, parcequ'il est situé sur une petite colline qui domine toute la vallée. Les vieilles masures qu'on y voit prouvent son antiquité reculée; néanmoins il y a des bâtisses assez belles.

Saint-Sébastien, que les Basques appellent *Donestia*, est une des principales villes de Guipuscua; elle a un port de mer et est une place d'armes considérable. De tous les temps les protecteurs de la grande confédération cantabrique ont tenu des garnisons dans cette place, pour maintenir la tranquillité, sans se mêler jamais du gouvernement politique ni de l'ordre judiciaire de cette ville, qui étoient confiés à un *alcade* ou maire et à un régisseur nommés par le peuple. Donestia appelée par les Grecs et les Romains *Promontorio* de *Oso*, est située au pied d'une montagne très élevée, à la cime de laquelle on a bâti un fort imprenable. Sans nul doute cette ville seroit une des plus belles de toute la Cantabrie et même de toute l'Espagne; mais la fatalité de la guerre et les bombardements réitérés l'ont abymée. Elle est cernée par la mer à l'exception d'une seule anse entre l'*est* et le *sud*, qui sert de communication avec la terre. Ses habitants sont braves, ont des sentiments d'honneur, et sont humains. Les femmes y sont belles, douces et remarquables par leur propreté.

A une lieue de Saint-Sébastien, sur la côte de la mer, on trouve un *passage* avec un port beaucoup plus sûr que celui de Saint-Sébastien; aussi les gros bâtiments chargés préfèrent-ils entrer dans le *premier* plutôt que dans le second.

A une lieue et demie du *passage*, en suivant toujours la même côte de la mer cantabrique vers la France, on rencontre une peuplade appelée *Passage-de-Fuentarrabie;* elle est située sur des rochers âpres et durs. *Fuentarrabie* est une ville très ancienne placée entre la mer et la rive gauche de la *Bidassoa*. C'est une place d'armes assez célèbre par la résistance opiniâtre qu'elle a opposée dans tous les temps.

Sur la grande route, à une lieue d'*Ernani*, se trouve *Astigarraga*.

A sa gauche est *Rentoria*, petit village environné de murs; et à une demi-lieue de ce dernier, on rencontre sur la grande route *Lezo-Oyarzun*. A une grande lieue de *Astigorraga* est *Lesaca*; autre peuplade située au *sud.*

Irun, dernier village d'Espagne, sur la grande route, est éloigné d'Oyarzun de deux grandes lieues; et à un quart de lieue de ce village se trouve la rivière de *Bidassoa*, qui sépare actuellement l'Espagne de la France.

Les principales montagnes de Guipuscua sont: Salinas-de-Leniz, Elosua, Elgueta, Arrate, Descarga, Eguzquiza, Irnio, Murua, Zumarraga, Ezquioa, Aralaz.

Les principales rivières de Guipuscua sont: Salinas, Deba, Descarga, Oria, Bidassoa.

DESCRIPTION GÉOGRAPHIQUE DE LAPURDY,

EN FRANÇAIS LABOURT, PROVINCE BASQUE FRANÇAISE.

Le Labourt situé au 43e degré 39 minutes de latitude, et 18 degrés 24 minutes de longitude, compris aujourd'hui dans l'arrondissement de Bayonne, département des Basses-Pyrénées, est composé de 56 communes, réparties en huit cantons.

En basque.	*En français.*	*MM. les Curés.*
Bayona.	Bayonne (nord-est).	Duhalde.
Bayona.	Bayonne (nord-ouest).	Barbaste.
Bidachune.	Bidache.	Miremont.
Bastida.	Bastide-Clairance.	Dasconaguerre.

En basque.	En français.	MM. les Curés.
Arrasbarné.	Hazparren.	Etcheberry.
Ezpeleta.	Espelette.	Elizagaray.
Doniuanelohizun.	Saint-Jean-de-Luz.	Etcheberts.
Uztaritz.	Ustarits.	Etcheberry.

COMMUNES.

En basque.	En français.
Hiriburu.	Saint-Pierre-d'Irube.
Lehonza.	Lahonce.
Muguerre-zahar.	Monguerre-vieille.
Muguerre-berri.	Monguerre-neuve.
Beskhoitze.	Briscous.
Urkheta.	Urcuit.
Ahurti.	Urt.
Lizune.	Guiche.
Akhamarré.	Came.
Bidiatu.	Biriaton.
Azcaine.	Ascain.
Zerra.	Serres.
Sempere.	Saint-Pée.
Sara.	Sare.
Zuraide.	Souraide.
Ainhoa.	Ainho.
Itxasu.	Itsasou.
Khambo.	Cambo.
Erangua.	Arancou.
Berguei.	Bergouey.
Erreiti.	Viellenave.

En basque.	*En français.*
Bardotze.	Bardos.
Anguelu.	Anglet.
Biarritze.	Biarrits.
Bidartia.	Bidart.
Guetharia.	Guétherites.
Zéburu.	Ciboure.
Urruña.	Urrugne.
Hendaia.	Hendaye.
Zubernua.	Suberne.
Pausu.	Pas de Béhobie.
Lekhurin.	Bonlocq.
Ayherra.	Ayherre.
Donesthihii.	Saint-Eestében.
Larressoro.	Larressore.
Arrangoitz.	Arcangues.
Bassussarry.	Bassussarry.
Arbona.	Arbonne.
Arronze.	Arronts.
Milafranca.	Villefranque.
Yatxu.	Jatxou.
Halxu.	Halsou.
Urkhuray.	Urcuray.
Macaya.	Macaye.
Luhosua.	Lohossoa.
Lekhorne.	Mendionde.
Gurezieta.	Greciette.
Izturitz.	Isturits.

En basque.	*En français.*
Donémarthiri.	Saint-Martin.
Mehaïne.	Meharin.

DESCRIPTION GÉOGRAPHIQUE DU GROS BOURG D'*ARRASBARNE*, EN FRANÇAIS HASPARREN, SITUÉ AU CENTRE DE LA CANTABRIE FRANÇAISE.

Je crois que le nom primitif de *Arrasbarne* (en français Hasparren), étoit Cadesbarné ou Arrasbarne dont l'Écriture nous parle; mais la langue basque, comme je l'ai déja observé plusieurs fois, tirant toujours le nom de la chose de son attribut même, et le bourg de Arrasbarne étant situé dans la partie la plus basse de la commune, voilà sans doute pourquoi on l'a appelé *Arrasbarne* : c'est-à-dire *tout bas*, *tout foncé;* nom qui désigne sa position topographique. *Arrasbarne* est divisé en quatre sections qui sont : *Zelhaya*, *Harania*, *Labiri*, et *Mérinotzia*. Il à deux lieues de diamètre et deux myriamètres de circuit; il est borné, au couchant, par la rivière la *Nive;* au levant, par la rivière la *Joyeuse Gambourry;* au midi, par *Greciette* et par *Mendionde;* au nord, par *Monguerre* et par *Briscous*.

Arrasbarne contient environ 6000 ames. La célébrité d'Arrasbarne date de bien loin, puisqu'il étoit chef-lieu de la Novempopulanie en 117 de l'ère chrétienne, ainsi que cela résulte de l'inscription qui se trouve dans le temple d'Arrasbarne. Ce bourg est aujourd'hui un canton qui renferme *Meharin*, *Saint-Martin* dit d'*Arberou*, *Saint-Esteben*, *Greciette*, *Mendionde*, *Macaye*, *Urcuray*, et *Louhossoa*.

Le curé du canton est M. Etcheberry (Martin), qui se distingue constamment par un vrai mérite, et s'est immortalisé par les réparations magnifiques qu'il a fait faire dans sa métropole, qui doit être, sans nul doute, la plus ancienne du pays, d'après l'inscription célèbre dont j'ai déja parlé.

Le juge-de-paix du canton est M. Berho-Orthez, qui s'est distingué dans ses études, et qui se distingue encore davantage par son esprit conciliateur et par son intégrité inviolable.

Le maire est M. Harriague, docteur en médecine, aimé, respecté par ses administrés, connu au-delà même du département par l'étendue de ses lumières, et recherché avec empressement par tous les malheureux qu'il console et qu'il soulage.

Je manquerois à mon devoir si je ne parlois pas de M. Durruty, officier de santé, comme d'un homme savant dans son art, et comme un vrai père des pauvres. Il a les mêmes manières prévenantes pour tout le monde; et son affabilité, la gaieté de son caractère, annoncent bien la pureté de l'ame d'un Basque.

Les deux notaires royaux, qui habitent le faubourg de Hasparren, et qui se font remarquer par leurs talents, sont MM. d'Ainciart et d'Abbadie; le contrôleur et le percepteur à vie, sont MM. Foing et Blanchard.

Arrasbarne est situé au 43e degré 30 minutes de latitude, et au 18e degré 24 minutes de longitude. Il est borné, comme je l'ai déja dit, au *nord,* par Monguerre et Briscous; à l'*est,* par la rivière *Gamburry,* qui longe la Bastide-de-Clairence, où elle prend le nom de *Joyeuse;* à l'*ouest,* par les eaux thermales de Cambo, dont l'utilité, la salubrité, en un mot, tous les avantages, vont bientôt éclipser la renommée des eaux des Pyrénées; et au *sud,* par la rivière l'Hispide ou Gamburry.

Si le gros bourg de Arrasbarne, aujourd'hui *Hasparren,* n'est pas la capitale du Labourt et de la Basse-Navarre, comme il l'étoit en 117 de l'ère chrétienne, ainsi que l'atteste un titre dont l'authenticité ne peut point être mise en doute, on ne disconviendra pas qu'il ne contienne la principale population de tout le pays de Labourt, de toute la Navarre française, et même de Bayonne, soit à cause de son *antiquité,* soit à cause du *concours* immense de monde qu'y attire chaque quinzaine le marché qui s'y tient.

Cette commune immense, et qui s'agrandit encore chaque année, renferme 280 cordonniers, récemment réunis sous le drapeau sacré de saint Crépin; 300 lanuficiers; 250 tisserands; 250 corroyeurs; 140 charpentiers; 160 maçons; plus de 20 forgerons, horlogers, serruriers, couteliers, maréchaux-ferrants, etc. Les négociants connus par leur probité sont MM. Hiriart, Lacassaigne, Franchisteguy, les Eyhéralde, les Larralde, Lahirigoyen, Eyhartz-Lahirigoyen, les Zelhaitars, Lorda-Garat, Saut-Lorda, etc.

Hasparren est le vrai rendez-vous des héros du jeu de paume; les Franchisteguy, les Sallaberry, Bidegaray, Larramendy, sont originaires de Hasparren.

Les principales eaux de Hasparren sont: *Urkhudoico ura, Zalduco ura, Ospitaleco ura, Alchuco ura, Merinotz Aguerreco ura*, et *Oyhaneco ur Handia*.

Les collines principales de la commune sont celles de Ghuhi, le calvaire d'Urtxuia, celles de Labyri, celles de Peigna, et la principale de toutes, celle de *Arroltze-Mendi*, située dans le quartier de Zelhay, et dont je vais faire une description particulière.

En entrant dans le gros bourg de Arrasbarne, on se sent rempli d'une sainte émotion par l'aspect imposant d'un temple magnifique, aussi ancien que majestueux, et nouvellement embelli et décoré par le zéle ardent du respectable curé actuel. Il est surmonté d'un dôme superbe; jadis renversé par le fanatisme d'un gouverneur de Bayonne, qui crut châtier les auteurs d'une prétendue rébellion excitée à Hasparren par l'établissement d'un droit ou d'un joug que ce pays, autrefois libre, voulut spontanément secouer, parcequ'il le regardoit comme contraire et attentatoire à ses principes reconnus par tous les monarques français. Ce dôme, réparé depuis, et porté à une élévation prodigieuse, prouve le goût bizarre et l'orgueil insensé du temps : il ressemble à ces pyramides d'Égypte, dont la construction n'a pu sauver leurs auteurs de l'oubli.

Les habitants d'Arrasbarne sont religieux, et poussent quelquefois même leur dévotion jusqu'au fanatisme. Quel profond silence dans le temple, quand ils assistent aux cérémonies! Les femmes, séparées des hommes par un grand intervalle, se distinguent également par le recueillement le plus profond; un chapelet, ou un livre qu'elles ont dans les mains, les préserve des distractions des grandes villes; on croiroit assister aux solennités religieuses d'Égypte ou d'Athènes. Les habitants sont sóbres et tempérants, gais, agiles, d'un caractère égal, d'un esprit subtil et plein de bon sens. Les amis se réunissent les dimanches pour causer et se concerter entre eux sur les travaux ou les affaires de la semaine; l'*Angelus* est le signal de la retraite; chacun retourne au sein de sa famille, auprès d'une épouse et des enfants qu'il chérit tendrement. La prière du soir se fait en commun dans les familles : cet exercice de piété est toujours présidé par le chef de la maison qui est le patron, le patriarche de tous ceux qui l'entourent, comme l'étoient les braves Cantabres ses aïeux.

Il est hors de doute qu'Hasparren a eu de grands hommes, dont la renommée et l'autorité parvenoient même jusqu'à la capitale du monde connu; c'est ce qui résulte de l'inscription dont j'ai déja parlé.

A la vérité, Arrasbarne n'est pas fécond dans ce moment en hommes de lettres; toutefois, d'après mon avis, il peut encore en compter plusieurs : M. l'abbé de Brouissain Etchenique, ce profond mathématicien qui avoit embarrassé plusieurs fois, par ses problèmes, toutes les académies de l'Europe savante, étoit originaire du quartier de Zelhay d'Arrasbarne.

Les MM. Hody, l'un, supérieur au collége des Missions étrangères à Paris, dont les lumières brillantes ont civilisé, instruit, et éclairé les nations les plus barbares; et son neveu, juge au tribunal d'Ustaritz; l'autre, commandant de l'Ile-de-France, qui y vit encore, sont originaires de Arrasbarne.

Dans l'art militaire, les MM. Caselar et Pascal Diharce, capitaines, qui ont honoré le pays par leur bravoure et leur prudence, sont aussi originaires de Arrasbarne.

Dans le négoce, les MM. Daguerre de Magabourе, qui résident dans la ville de Bayonne, et qui s'y font distinguer par leur probité éminente et par leur délicatesse, sont également originaires de Arrasbarne.

Enfin, celui qui a l'honneur de tracer cette esquisse de l'histoire des braves Cantabres, est aussi originaire du quartier de Zelhay de Arrasbarne.

DESCRIPTION DE LA COLLINE DE ARROLTZE-MENDI.

Cette colline, qui est au centre de la commune de Hasparren, s'appelle *Arroltze-Mendi*, c'est-à-dire *montagne des œufs*. Ce nom dérive de sa forme, qui est en effet celle d'un œuf debout. Elle est située au *nord-est* de la cellule de l'ermite (1), et adjacente à son ermitage. Que la vanité égyptienne élève ses monceaux de pierre pour satisfaire l'orgueil d'un roi impuissant qui,

(1) L'ermite est l'auteur de cet ouvrage.

ne pouvant se faire un nom pendant sa vie, veut apprendre aux races futures son anéantissement; qu'elle place au nombre des sept merveilles du monde ces pyramides énormes : jamais elle n'égalera la structure miraculeuse de cette colline.

La nature, il est vrai, aime la diversité dans la production des *métaux* comme dans tout le reste : tantôt elle cache ses trésors dans les entrailles de la terre, sans en laisser aucune trace qui puisse piquer la curiosité ou l'avidité des mortels; tantôt elle se plaît à nous donner quelque léger indice, en faisant paroître sur la surface de la terre des petits échantillons de ce qu'elle recèle inutilement. La célèbre colline dont je fais mention, montre ses richesses par des monceaux de terres brûlées, par une grande quantité de talcs, et par les cristallisations précieuses de ses eaux argentines. « O colline miraculeuse! ô pyramide admirable, chef-d'œuvre « de l'architecte suprême! quand arriveras-tu à « la célébrité qui t'est due depuis si long-temps? « Tu renfermes dans ton sein des trésors immenses; mais nul mortel n'a encore effleuré « ton sol. Nous traversons des mers lointaines et « orageuses pour aller chercher ce que nous tenons peut-être au milieu de notre chère patrie. » Qu'on vienne sur la cime de cette pyramide tracée par la nature, et l'on verra, en portant la vue aussi loin qu'elle peut s'étendre, à l'*ouest*, au *nord* et à l'*est*, tout le pays de Labourt parsemé de villes et de villages bâtis sur des éminences naturelles, et entourés de bosquets verdoyants. On y voit des arbres fruitiers dont les fleurs répandent dans l'air un parfum délicieux; plusieurs chaussées qui conduisent d'un village à un autre; et partout des plaines riantes, des prairies émaillées de fleurs qui charment les yeux les plus insouciants. On voit descendre des montagnes des pasteurs qui font retentir l'air du son de leurs galoubets rustiques, et de jeunes filles innocentes, à la démarche leste et gracieuse, dont les yeux, où brille la candeur, sont ombragés quelquefois par une chevelure ondoyante, qui vient mollement flotter sur leurs épaules. Le pays de Labourt, quoique récemment peuplé, est néanmoins le plus considérable et le plus important des sept cantons basques. C'est là que se sont le mieux conservés tous les traits primitifs. Aussi les Labourtains sont les véritables types des anciens Cantabres, de cette ancienne race d'hommes dont la bravoure a fait trembler les plus grands héros de l'Europe. Au *nord*, est le gros bourg de Hasparren, situé dans un gouffre ou précipice profond, qui semble toucher à l'enfer et devoir être le tombeau du genre humain. Les vastes forêts qui le couronnent ont été dévastées par la rapacité des ennemis, et sont abandonnées dans cet état, à cause peut-être de l'incurie des autorités locales; des landes ou *sarois* immenses sont sans culture; et l'on voit serpenter au loin les rivières de l'Adour et de la Bidouze.

A l'*est*, sont les superbes plaines du Béarn, entrecoupées de quelques petites collines qui leur servent d'ornements; des prairies naturelles et artificielles verdoyantes, et arrosées par de petits ruisseaux qui sortent du sein des collines, et qui, après avoir serpenté plusieurs fois au milieu de ces riches et fécondes plaines, vont se précipiter dans les gaves.

Enfin au *sud*, on voit les Pyrénées, ces montagnes sourcilleuses qui semblent menacer le ciel, et dont les cimes escarpées, et presque toujours couvertes de neiges, n'ont jamais été visitées par aucun mortel. Elles semblent tirer leur nom d'une fable, parcequ'un héros *célèbre* dans la mythologie y figure; cependant on assure que les faits sont exacts; les voici :

Le roi Bebrice habitoit autrefois au pied de ces montagnes. Il avoit une fille nommée Pyrène, qui comptoit alors seize printemps. Pyrène croissoit simple et brillante comme les jeunes fleurs qu'elle cultivoit. Le concert des oiseaux, le murmure des fleuves, les cascades des eaux, combloient tous ses desirs : tous les vœux de son cœur se bornoient à les retrouver chaque jour. Heureuse, hélas! si jamais les charmes séduisants d'un amour précoce n'eussent troublé le calme de sa vie!...

Hercule, allant dans l'antique Ibaiye (1) pour punir la cruauté de Gérion, fut reçu par Bebrice, toujours fidéle aux saints devoirs de l'hospitalité. Le héros vit Pyrène, il l'aima, et ses hauts faits séduisirent bientôt un cœur tendre et innocent. Tandis que le héros goûtoit les douceurs de cet amour naissant, l'Ibaiye réclamoit avec instance sa fière massue. L'honneur se fait entendre, et, docile à sa voix, Alcide soudain vole à de nouvelles conquêtes. Il quitte Bebrice, il quitte Pyrène. Puisse le sort, dit-elle, te ramener vainqueur et toujours fidéle!... Souvent elle considéroit, du haut de ces monts, les torrents, les rochers qui la séparoient de l'Ibaiye. Un jour, funeste jour! le soleil ne dardoit à son aurore qu'une pâle lumière; tout-à-coup l'air est frappé d'affreux hurlements : une bête féroce, altérée de sang, s'élance des forêts, brise sous sa dent cruelle les membres délicats de la tendre Pyrène, déchire ses flancs d'albâtre, et abandonne sur l'herbe ensanglantée la jeune victime qui expire. Telle on voit une brillante fleur, sous le fer tran-

(1) Mot basque qui signifie *pays des rivières*.

chant du faucheur inhumain, tomber languissante; se faner et mourir.

Hercule, fidèle à ses amours et fier de sa victoire, ignoroit, hélas! que son front devoit ceindre, avec les lauriers de la gloire, les cyprès du deuil. Il arrive, il frissonne, il pâlit d'horreur: il appelle Pyrène, et l'écho des forêts, les rochers, les antres attendris, répondent à sa voix: Pyrène; Pyrène n'est plus. Et c'est, dit-on, du nom de l'infortunée Pyrène que ces monts furent appelés Pyrénées.

A la vue du tableau que présente cette contrée, que l'on vante tant que l'on voudra la vie molle et oisive de l'habitant des cités, vie ordinairement rendue agréable par une société où ne règne que trop souvent la noirceur, la perfidie, la médisance; comme ermite, j'aime la vie champêtre; j'ai renoncé à la société, parceque j'ai reconnu que la duplicité et l'hypocrisie cachées, sous les formes de la courtoisie et sous l'apparence de la candeur, accompagnent toutes les actions. Au milieu de mes champs, je m'abandonne, sans la moindre distraction, au plaisir silencieux de la vie solitaire, que l'un des plus grands philosophes et des plus savants historiens de la nature, M. Ramond, appelle une *apparition anticipée de la béatitude future.* Je suis heureux parmi les habitants agrestes des Pyrénées;

c'est là, que tantôt couché sous l'épais feuillage des hêtres, et rafraîchi par l'haleine d'un léger zéphyr, j'essaye à chanter un air pastoral sur mon chalumeau, à l'instar de Tityre et de Mélibée; tantôt assis sur le sommet élevé d'un rocher, je considère, avec ces paysans simples et braves, les merveilles de la nature, et j'en adore avec eux l'Auteur suprême.

DESCRIPTION DE LA VILLE DE BAYONNE.

Cette ville, qui est la capitale du quatrième arrondissement des Basses-Pyrénées, où résident le sous-préfet, un tribunal civil, et un conseil de commerce, est située au 43e degré 39 minutes de latitude, et au 18e degré 24 minutes de longitude, au confluent de deux rivières, l'*Adour* et la *Nive*, à une petite lieue de la mer Atlantique, où étoit, dit-on, l'ancienne ville ou forteresse des *Ibayens* (1). L'*Adour* longe la ville de Bayonne à l'*est*, et la Nive la partage en deux parties inégales. Le nom de Bayonne est un mot basque, mais son nom primitif, dérivé de sa position topographique, comme le sont tous les noms basques, étoit *Ibaya-ona*, bonne rivière. Dans la suite, ce nom a été changé en celui de *Baya-*

(1) Peuple riverain.

ona, qui veut dire une bonne *baie* ou bon port.

A la vérité, l'entrée du port est gênée par une barre qui varie, et qu'il faut souvent reconnoître la sonde à la main; mais deux belles jetées, construites à l'embouchure de l'Adour, ont pour objet de contenir les dunes et de resserrer la rivière, afin de donner au courant plus de rapidité pour déblayer le chenal. Les navires marchands entrent jusqu'au centre de la ville dans les hautes marées. Si on exécutoit le grand projet de joindre l'*Adour* et le Gave, de Pau à la Garonne, par le moyen d'un canal qui est dans l'ordre des choses possibles, Bayonne deviendroit bientôt une des plus riches et des plus florissantes villes de France. La primitive *Ibaya-ona* a été la capitale des Bizcayens et des Cantabres francs, parceque, pendant le régne d'Auguste, la Cantabrie s'étendoit depuis la Galice en Asturies jusqu'au golfe Aquitain, au-delà de Bordeaux, y compris le territoire proprement dit de Bizcaye, depuis Saint-Ander jusqu'à Lapurdy ou *Larre-Ipurdy* inclusivement.

Le territoire ibayen a fait anciennement partie intégrante de la grande confédération cantabrique des Pyrénées et de la Bizcaye; et ce qui le prouve, c'est : 1° l'identité des *fors, usages* et *coutumes,* et l'identité de la langue basque qui existe; 2° c'est que César, en parlant, dans son troisième livre des Commentaires, de la conquête que Crassus fit dans l'Aquitaine primitive, commence par le pays des Taberlins et des Bigourdains, c'est-à-dire par les habitants de Tarbes et du comté de Bigorre, et nomme ainsi tous les pays jusqu'à la Garonne, Foix et Coserans, sans rien dire ni du *Béarn*, ni de *Labourt*, etc. Certains auteurs, comme Thore, ont confondu les Lapurduns de Bigorre et de Barcelonne avec notre Lapurdun ou Lapurduy; c'est ce qui leur a donné occasion de parler de la sujétion du pays de Labourt, qui n'a jamais été subjugué. D'où il résulte :

1° Que les Labourtains, ni les Béarnais de la primitive Aquitaine, n'ont jamais été soumis aux Romains;

2°. Que n'étant pas sous la protection des Romains, ils devoient être attachés à la confédération cantabrique;

3° Que faisant un seul corps avec les autres Cantabres, ils durent faire la paix en corps avec les Romains, comme le dit fort clairement *Strabon;* et cela est tellement vrai, qu'en 1117, un vicomte, qui résidoit dans la nouvelle *Baya-ona*, par syncope *Bayonne*, dont la fondation est très moderne, administroit et protégeoit encore les habitants de *Fuente-Rabie*, d'*Irun*, d'*Ernany*, d'*Oyarzun*, etc.

Bayonne, qui avoit 14,400 habitants avant l'invasion des Anglais et des Espagnols en 1813, n'a que 13,850 habitants dans ce moment. Les Bayonnais sont honnêtes, polis, et même courtisans envers les étrangers. Un jeu en usage parmi eux, et qu'on nomme la course de l'oie, met les marins, tous habiles nageurs, à même de déployer leurs forces et leur agilité extraordinaire. Avant la révolution, le commerce de Bayonne étoit si grand et si florissant avec l'Espagne, que cette ville, qui est réduite en ce moment presque au néant, pouvoit être regardée comme une des plus riches de toute l'Europe. Elle est généralement mal bâtie. L'air y est pur, les vins exquis, le jambon et le chocolat en sont renommés dans toute l'Europe. Ses alentours étoient délicieux; mais la campagne de 1813 les a dépouillés de leurs charmes. Il reste cependant encore les *allées* marines qui forment une promenade agréable.

Bayonne est à jamais célèbre dans les fastes sanglants de la guerre par l'invention de la baïonnette, arme vraiment cantabrique par son origine, et dont les Cantabres français, qui en sont les inventeurs, savent faire un usage terrible. Bayonne n'a pas été féconde en hommes de lettres, mais bien en hommes distingués dans la carrière des finances et du commerce, tels que

MM. *Basterretche*, notre honorable député ; les barons *d'Etchegoyens*, banquiers à Paris, qui ont rendu des services signalés au pays dans les temps difficiles ; *Cabarrus*, *Betbeder*, *Lormand*, *Dubrocq*, *Batbedat*, *Lasserre*, *Laborde*, les *Daguerre Muyabure*, *Lahirigoyen*, *Lasserre*, *Iturbide*, *Faurie*, *Poydenot*, *Monclar*, président du tribunal ; *Labat*, *Bertrand*, les *Caunègre*, *Labrouche*, *Laborde*, les Martin-Antoine *Breton*, *Nicolas*, *Giron*, *Menjoulet*, *Recur*, *Darricarrère*, *Manche*, *d'Abbadie*, *d'Iriart*, maire de la ville ; les *Detroyat*, etc. ; tous également remarquables par une probité reconnue, un mérite vraiment distingué, et une fortune honorable.

Je ne sais par quelle fatalité les Bayonnais sont traités de faux braves ; leur qualité caractéristique et distinctive, attestée par des faits, est cependant la bravoure militaire. Anciennement, la police bayonnaise ne permettoit pas que le roi ni les princes du sang entrassent dans l'enceinte de leur ville.

Ces braves citadins gardoient deux portes de la ville, et les troupes royales, la troisième, qui étoit celle du Saint-Esprit.

Sous Édouard II, leur ville ayant été prise par les Anglais, ces braves habitants la reprirent seuls sur l'ennemi, et obtinrent le droit de la garder eux-mêmes.

En 1815, les Espagnols firent une démonstration sur Bayonne : les Bayonnais, loin de s'intimider par la présence d'une armée nombreuse dont l'intention étoit énigmatique, privés de tout secours et sans espérance d'en avoir à l'avenir, coururent aux armes; la partie d'élite occupa les approches, les marins formèrent l'artillerie, les vieillards s'enfermèrent dans les camps retranchés, montèrent sur les remparts; tous jurèrent en braves Cantabres de ne point survivre à la prise de leur ville. *Nous pouvons être détruits,* disoient-ils, *mais jamais vaincus.* L'Espagnol, effrayé d'une contenance vraiment militaire, renonça à son projet.

Oui, il est juste de dire, malgré la honteuse réputation qu'on a cherché à leur faire, que les Bayonnais sont braves, ont l'esprit militaire. Leur garde nationale a la tenue d'un vieux régiment de troupes de ligne, et ne manœuvre pas moins bien.

En 1451, Bayonne s'unit à la couronne de France, sous le régne de Charles VII, avec le Labourt, en se réservant de conserver tous ses *fors, lois, usages,* et *coutumes.*

La reine d'Espagne, doña Maria Ana de Nebourg, veuve de Charles II, roi d'Espagne, choisit cette ville pour sa résidence : elle fit bâtir le château de *Marrac.* La ville de Bayonne est une place forte de seconde ligne. Elle a dans son enceinte deux forts ou châteaux appelés, l'un, le *château Neuf*, l'autre, le *château Vieux*; et un arsenal considérable. Au nord-est, est la citadelle sur la rive droite de l'Adour, qui domine la ville et le bourg de Saint-Esprit. Le gros bourg de Saint-Esprit, séparé de Bayonne par l'Adour, appartient à la préfecture de *Mont-de-Marsan*; il est habité en grande partie par des juifs, qui sont aussi honnêtes et aussi polis que les autres habitants. Ils exercent honorablement plusieurs professions. Il est bien douloureux que, puisque l'Etre suprême les souffre avec patience jusqu'à ce que l'heure de leur réveil arrive, ils soient victimes de préventions impertinentes et fanatiques.

Le malheureux pays de Labourt, dont la population est à-peu-près de 90,000 âmes, acheté par nos aïeux, et habité à cause de l'amour que l'on a pour sa patrie, est borné, à l'*ouest*, par la rivière Bidassoa; au *nord*, par l'océan Atlantique, la rivière *Adour*, et la *Bidouze*; à l'*est*, par la rivière la *Bidouze*; et au *sud*, par les communes de *Helette*, *Irissarry*, et *Ossaix*. Il a environ dix lieues de diamètre et dix myriamètres de circuit (trente lieues du pays). Les principales rivières du *Labourt* sont au nombre de quatre : la première est la *Bidouze*, qui sépare le Labourt du pays de Mixe et du *Béarn*, et longe *Bergouey*,

Arancou, Came, Bidache, etc. La seconde s'appelle la *Nive;* elle longe les communes de *Louhossoa; Itxassou, Cambo; Larressore, Ustarits, Villefranque,* et se jette dans l'*Adour*, à Bayonne. La troisième s'appelle la *Nivelle*, qui longe les communes d'*Ainhoa*, de *Saint-Pée*, d'*Azcain;* elle se jette dans la mer, à Saint-Jean-de-Luz. La quatrième est *Bidassoa*, qui sépare le Labourt de l'Espagne, longe *Biriatou* et *Hendaye*, petit village célèbre par ses eaux-de-vie, et s'y jette dans la mer.

Ses principales montagnes sont :

1° *Baygoura*, dont la partie *sud* appartient aux Navarrois ;

2° La mémorable montagne d'*Urtxuia*, célèbre par le mouton exquis qu'elle produit, et renommée encore par la salubrité de ses eaux qui lui ont fait donner le nom d'*Urtxuia*;

3° Le Itxas-Aguerre ;

4° Les Larruns ;

5° Enfin les Diamants.

SOL ET CLIMAT.

Notre sol pourroit produire de bons fruits ; il offre même chaque année de belles apparences de récoltes ; mais, malheureusement pour les habitants, les variations presque continuelles du climat font évanouir toutes ces belles apparences. Les vents du *sud*, qui règnent en février et en mars, hâtent la végétation; ensuite ceux du *nord* soufflent, et occasionnent des gelées qui frustrent les douces espérances du pauvre laboureur.

Si, par un hasard aussi heureux qu'extraordinaire, nous arrivons de la mi-mai jusqu'à la mi-juin, que les grains et les vignes entrent en fleurs; autre fléau non moins redoutable : notre horizon se couvre d'un brouillard épais que nos montagnes attirent, et qui endommage plus ou moins la floraison respectée par l'ourse glaciale. Enfin, si nous échappons à ces premiers fléaux, un coup de grêle arrive, et, dans un seul instant, nous, qui n'avons absolument d'autres ressources que le produit territorial, nous nous en trouvons privés; de sorte que les huit dixièmes de nos récoltes sont mauvaises. « O pays infortuné! il faut que « l'amour de la patrie soit bien puissant, puisque « ni ta stérilité, ni les menaces d'un horizon tou- « jours rembruni, ne peuvent résoudre tes habi- « tants à t'abandonner! Et c'est avec raison que « je puis m'écrier: *Quid non cogit amor.* »

DU CARACTÈRE DES BASQUES EN GÉNÉRAL.

Les Basques français, aussi bien que les Basques espagnols, sont ordinairement braves, spirituels, vifs et ardents, sans cesser d'être enjoués. D'un commerce facile et d'une originalité piquante, ils supportent gaiement les charges de la vie; fiers et invincibles dans leurs foyers, sacrifiant tout pour la liberté qu'ils aiment constamment, et plus même que leur vie.

L'imagination des Basques est très facile à s'exalter, et l'art de les conduire consiste à profiter de leur premier élan. Avec la douceur, on fait tout ce qu'on veut des Basques; mais la moindre violence les rend indomptables. Aussi prompts à se mettre en colère qu'à s'apaiser, ils sont amis fidèles, constants, francs, sincères, actifs, chastes, purs. Ils traitent tous les hommes en frères. Ils sont ennemis du repos; mais extrêmement reconnoissants des services qu'on leur rend.

»Malgré la perte de toute espèce de titres d'ancienneté, il y a dans l'ame de tous les Basques une impression naturelle, un sentiment si profond de leur illustre origine et de leur suprématie comme peuple, que chez ces hommes hospitaliers, sensibles et reconnoissants pour la moindre prévenance, le plus simple paysan porte toujours la tête haute. S'il rencontre un étranger, il est prompt à répondre à ses politesses, mais ne lui en fait jamais le premier. L'homme le plus titré est celui vis-à-vis duquel les Basques reprennent plus vite la contenance d'une noble égalité. On pourroit citer mille traits de cette fierté de caractère chez les Basques; mais en voici un qui est resté long-temps dans la mémoire de toute la contrée. Un prince de *Tingri*, de la maison de Montmorency, avoit été passer quelque temps dans une de ses possessions en Navarre, qu'on appeloit la principauté de *Luxe*, quoique ce titre fût contesté dans le pays. Un jour, on enleva, par ordre du prince, quelques pierres de construction chez un de ses voisins. Le propriétaire, instruit de cette incursion, alla tout de suite trouver le prince, et se plaignit avec force de cette violation de la propriété. Le ton de l'*Etcheco-Yauna* (maître de maison, seul titre apprécié et seul honorifique chez les anciens Basques) déplut au prince, qui lui dit de se rappeler qu'il parloit à un Montmorency dont la race datoit de plusieurs siècles. « Nous autres « Basques, lui répondit l'*Etcheco-Yauna* sans « s'émouvoir, *nous ne datons plus*. »

Les Basques sont tellement ardents, alertes, souples et agiles, que leurs corps présentent effectivement le *mouvement perpétuel*; aussi *Strabon* et les autres écrivains anciens disoient-ils, en parlant des Cantabres, que, parmi toutes les nations connues, il n'y en avoit aucune telle que la nation basque pour un coup de main : le subtil et rusé Annibal sut bien en tirer parti dans la seconde guerre punique. Les Basques ont ce que je pourrois appeler une humeur vagabonde, qui les fait disperser dans les quatre parties du globe. Leur industrie leur fait entreprendre, là où ils séjournent, toujours l'état le plus lucratif, sans s'arrêter aux vaines étiquettes. Mais c'est dans le cœur des Basques, et non ailleurs, qu'est écrite cette loi de subordination si essentielle au bon ordre d'un état, qui prescrit à chacun le rang qui lui convient, et qui l'y retient sans bassesse comme sans orgueil. Il est chez les Basques, comme par-tout ailleurs, des arts moins distingués que certains autres, qui peuvent humilier quelquefois ceux qui les exercent, mais qui ne les dégradent point; parceque tous les métiers sont nobles, et parceque, chez des êtres pensants, la nécessité, quelque pressante qu'elle puisse être, n'est jamais une tache déshonorante, ni une marque de flétrissure dans l'ordre social; et si quelque individu indiscret s'avise de leur demander quel rôle les hommes de qualité peuvent jouer dans un pays où tout le peuple est noble, ils répondent que les rôles des premiers sont ceux que les planètes jouent au milieu des étoiles fixes.

Les Basques, essentiellement doués de la force du corps, de l'agilité, et d'une inclination naturelle pour la vie aventureuse, paroissent n'avoir jamais pensé à écrire leur histoire, ni à en recueillir des témoignages. Ils ont été de tout temps peu enclins aux travaux de méditation et de cabinet. Nous ferons même un aveu plus complet : attachés exclusivement à la langue de leur pays; ne perdant jamais de vue, dans leurs diverses situations, le toit de leurs pères; conservant, dans toutes leurs incursions, le desir de revenir dans leur pays natal, ils n'aiment à vivre qu'avec les leurs, à parler que leur langage particulier. Aussi n'ont-ils participé que très tard, et de fort loin, à la civilisation des autres peuples. Aujourd'hui encore ils sont, à cet égard, restés fort en arrière. Il y a tel canton de la Soule, de la Navarre française et de la Bizcaye, où l'apparition d'un étranger, et la plus petite variété de son habillement, s'offrent aux habitants comme une nouveauté très remarquable.

Cet état constant des choses parmi eux a fait que les Basques ont toujours très peu écrit sur ce qui les concernoit, et même sur les événements de leur histoire. Ils ne se nourrissent encore aujourd'hui que de traditions verbales. On ne connoît en livres basques que quelques ouvrages de piété, des vies de saints faites par des prêtres, etc. Le livre appelé *Achular*, du nom de son auteur, qui est devenu aujourd'hui très rare, et qui, par ce motif sans doute, est cité par quelques annotateurs comme une œuvre emblématique, cachant, sous une sorte d'enveloppe, un grand fond de philosophie et de critique à la manière de Rabelais, n'est en réalité qu'un ouvrage de théologie plus ou moins imparfait.

Les Basques ont négligé à tel point de transmettre par les livres les titres de gloire de leurs compatriotes, que l'on ignore presque par-tout qu'un Basque, natif de Guettaria, appelé Sébastien de Cano ou Cana, fut le premier de tous les navigateurs européens qui fit le tour du monde. C'est d'après les renseignements qu'il en avoit rapportés, et les indices qu'il communiqua, que Christophe Colomb conçut l'idée de la découverte de l'Amérique; c'est évidemment à ces indices et renseignements qu'il faut attribuer la confiance que les historiens disent qu'il montra pendant sa longue navigation, et les promesses prophétiques par lesquelles il apaisoit ses équipages déjà révoltés par le désespoir d'une trop longue incertitude. On assure même que Christophe Colomb avoit donné la principale conduite de son bâtiment à un Basque qui avoit accompagné le premier navigateur Cano ou Cana, et qui lui avoit transmis les observations de son ancien chef. Les papiers de Cano furent long-temps déposés dans sa famille, et plus tard réclamés par la cour d'Espagne.

Les Basques ignorent même ce qui existe dans beaucoup de livres étrangers au sujet de leurs aïeux; et certainement bien peu d'entre eux ont su que dans le moyen âge, au douzième ou treizième siècle, l'infanterie légère la plus estimée étoit composée de Basques et de Navarrois, comme l'infanterie pesante l'étoit de Brabançons et de Flamands. Les Basques et les Navarrois formoient, comme les Brabançons, de grandes compagnies franches, qui entroient au service du roi ou du seigneur qui leur offroit la meilleure solde. C'étoit sur-tout les petits souverains du midi, les comtes de Toulouse et de Provence, et les rois d'Angleterre, comme ducs d'Aquitaine, qui employoient constamment les Basques dans leurs guerres. Ils servirent long-temps Richard-Cœur-de-Lion, qui les aimoit beaucoup, contre Philippe-Auguste, roi de France; et quand Richard fut tué d'un coup d'arbalète devant le château de Chalus, en Limousin, il avoit auprès de lui un chef basque, nommé Marcadez, qui fit écorcher vif le soldat qui avoit tué le roi, après la prise du château.

Vers le même temps, un chef basque du nom

de Lopez, plus connu par son surnom de *Lobar* (1), commandoit un corps basque qui, après avoir été au service de plusieurs seigneurs, se mit à vivre à franc quartier, en Auvergne et dans les provinces voisines. Il fallut assembler de grandes forces pour les détruire ou les disperser.

En général, les Basques et les Navarrois étoient la terreur des pays où ils faisoient la guerre. Dans leur retour vers leurs montagnes, qui étoit toujours périodique ou l'objet définitif de leurs calculs et de leurs vues, ils avoient coutume de traiter les habitants des contrées où ils passoient comme des ennemis. Aussi, ils furent souvent excommuniés par les évêques et les papes, et plusieurs bulles, fulminées dans le treizième siécle, prononcent l'anathème contre les Basques et Navarrois, comme dévastateurs et ennemis de la paix de Dieu. Le fameux Lopez ou Lobar fut particulièrement désigné dans plusieurs de ces bulles.

Tous ces faits, et beaucoup d'autres qu'il seroit trop long de signaler ici, restent totalement

(1) Tous les Lopez français ou espagnols ont toujours porté dans leurs armoiries des louves, ce qui donna lieu sans doute à ce surnom de *Lobar* ou *Loupas*, gros loups, dans l'ancienne langue d'Auch, qui étoit le basque.

ignorés aujourd'hui parmi les Basques; ainsi que la plupart des fragments de leur histoire que je retrace dans mon livre. Je ne dois moi-même le hasard d'avoir pu les recueillir qu'à mon émigration en Espagne, où je les ai puisés d'une manière éparse, dans les bibliothèques de plusieurs monastères, et auxquels je n'ai pu donner plus de liaison, parceque les fonctions du sacerdoce que j'exerce m'ont toujours privé d'un loisir suffisant pour céla.

Je n'ai pu prétendre qu'à rassembler une certaine masse de matériaux élémentaires, plus ou moins incomplets, avec l'espoir que ces indices multipliés pourront désormais exciter quelques littérateurs de profession et quelques érudits, entièrement livrés au travail du cabinet, à les prendre pour guides et pour renseignements, s'ils entreprenoient jamais de former sur ce sujet, qui est de la première importance en fait de langue, et plus encore en fait d'histoire, un travail plus complet et mieux ordonné.

DES EXERCICES ET AMUSEMENTS DES BASQUES.

Les Basques font beaucoup de parties de chasse, dont ils ont deux espèces; celle de *palombes* ou *ramiers*, en automne, appelée petite chasse, qui se fait à l'appeau, au faîte d'un arbre; et ce qu'ils nomment la grande chasse, est celle qui se fait à l'*épervier*, aux sommets des montagnes bien garnies de bois.

Le jeu de paume est une véritable fureur pour les Basques. Il y a deux sortes de jeux de paume ; le premier s'appelle *arrabotian*, au *rabot*, et s'exécute sur de petites places avec une balle dure qu'on appelle *pilota* (mot dont les Grecs ont fait πάλος, et les Latins *pila*), et qu'on lance contre une muraille ; quand elle ne rebondit point, on appelle ce coup *pic*. La seconde manière de jouer s'appelle *luzian*, c'est-à-dire longue paume ; c'est là que les joueurs déploient leurs talents. Des milliers de spectateurs, rassemblés de tous les coins du département, et quelquefois même de l'Espagne, se réunissent dans un vaste espace préparé à cet effet : les parties ne se forment qu'entre des *joueurs* plus ou moins célèbres, et sur le talent desquels s'établissent des gageures tellement considérables, qu'on voit quelquefois parier jusqu'à 50,000 francs. Les Basques sont tellement passionnés pour ce jeu de *paume*, qu'ils risquent quelquefois dans ces gageures une partie de leur fortune.

L'uniformité de costume est d'usage parmi les joueurs, quel que soit d'ailleurs leur état : tous indistinctement ont un réseau ou mouchoir sur la tête, des gants élastiques d'une nouvelle invention dans leurs mains, sans autre vêtement qu'un pantalon et une chemise d'une blancheur plus éclatante que celle de la neige, et liserée à la mode du pays. Leur seule marque distinctive est une ceinture en soie qu'ils remuent assez fréquemment et avec une grace toute particulière. Ainsi costumés, ils se présentent dans la lice, et se composent un *jury des jeux* qui prononce en juge absolu et souverain. Une haie épaisse de spectateurs curieux, et très souvent intéressés, entoure la place ; les murs des jardins, les croisées, les toits des maisons les plus hautes, les arbres qui avoisinent le lieu de la scène, sont couverts de spectateurs de tout sexe et de tout âge.

Enfin, quand le sort a tracé *botia* edo *arrafela*, le but ou le rebut, les champions commencent un exercice assurément très pénible, après avoir lutté en vrais héros pendant longtemps, agités par la crainte et l'espérance. Lorsque le talent ou le sort, qui prend part à tous les événements de ce bas monde, a décidé la victoire, les perdants, loin de se donner pour vaincus, ne songent plus qu'à des revanches, et les vainqueurs qu'à de nouveaux combats, afin de cueillir de nouveaux lauriers, car les Basques jouent plus pour l'honneur et pour la gloire que pour l'intérêt.

DESCRIPTION DE SAINT-JEAN-DE-LUZ.

Saint-Jean-de-Luz est un petit port qui reçoit néanmoins les vaisseaux de ligne; même il peut les mettre à l'abri des coups de mer : les forts de *Soccoa* et de Sainte-Barbe les défendent. Si l'on y reprenoit les travaux commencés en 1783, et continués jusqu'en 1788, cette petite mais jolie ville deviendroit florissante, et la France y gagneroit beaucoup à cause de sa proximité de l'Espagne. Cette petite ville a 2,500 habitants, presque tous marins, et les meilleurs de toute l'Europe, sans nulle comparaison. Elle est située sur la grande route de *Paris* à *Madrid*, à deux lieues et demie d'*Irun*, trois et demie de *Bayonne*. Son principal commerce consiste dans la pêche. *Saint-Jean-de-Luz* n'est guère renommée aujourd'hui; mais elle n'a pas toujours été sans gloire, car c'est dans son sein que se sont formés ces intrépides et habiles marins qui ont poursuivi sur la mer, et frappé de leurs harpons ou *harm-on*, les *baleines*, ces poissons *énormes* dont la seule vue auroit effrayé tout autre que la race cantabrique, et cela bien antérieurement aux établissements de la marine anglaise et hollandaise.

J'ai déja dit, dans ma dissertation, que les marins basques avoient découvert le grand banc de

Terre-Neuve bien avant que *Christophe Colomb* n'eût découvert le continent de l'Amérique ; je me borne à dire à présent que le nom basque de *bacaillaona*, que les pêcheurs de tous les pays donnent à la morue jaune et salée, prouve la priorité de la découverte du Nouveau-Monde faite, sans boussole, par nos braves marins basques.

Saint-Jean-de-Luz est encore célèbre par la pureté, la douceur, et la beauté de son dialecte basque ; par le mariage de Louis XIV, et par les transports de joie et d'alégresse qu'y recueillirent nos princes à leur retour. Je ne dis rien des privilèges distinctifs que le monarque leur accorda, puisque eux-mêmes n'en font aucun usage. La ville de *Saint-Jean-de-Luz* s'est aussi distinguée par la bravoure que ses habitants montrèrent à l'occasion des droits imposés sur le tabac en 1756, résistance que les intrépides habitants de Hasparren imitèrent en 1784, lorsqu'on voulut établir un droit de gabelle.

DESCRIPTION GÉOGRAPHIQUE DE *GARAZI*,

PROVINCE BASQUE, EN FRANÇAIS BASSE-NAVARRE.

Cette province, qui est située au 16e degré 29 minutes de longitude, et au 43e degré 29 minutes de latitude, étoit divisée, avant la révolution, en trois parties, savoir : en Basse-Navarre, proprement dite *Garazi* ; en bois de *Mixe, Amicuze* ; et en *Soule, Zuberua*. Aujourd'hui ces parties sont représentées sous le seul nom de l'arrondissement de Mauléon.

Je vais me conformer à cette nouvelle circonscription. Quelle que soit l'opinion sur l'étymologie du mot de Navarre, comme il est déja prouvé que l'idiome basque forme sa nomenclature de l'attribut de la chose *nominende*, on sera forcé de convenir avec moi que le nom de *Garazi*, *Garaztarra*, dérive de *gatza*, c'est-à-dire des fontaines salées dont la Basse-Navarre abonde.

J'ai aussi prouvé dans cette histoire que *Garazi* ou la Basse-Navarre a fait partie intégrante de la grande confédération cantabrique jusqu'à 906, époque à laquelle elle fut incorporée au royaume de *Navarre*, par don Sancho, surnommé *le Grand*.

La Basse-Navarre fit partie de la Haute-Navarre jusqu'en 1512, que les Navarrois prirent pour protecteur don Ferdinand d'Aragon, dit *le Catholique*, roi de Castille. Ils secouèrent alors le joug, et formèrent un conseil suprême à Saint-Palais, à l'instar de celui de Pampelune, et mirent en exécution leurs anciennes *lois* et *coutumes*.

Garazi ou la Basse-Navarre est composée actuellement de 84 communes qui forment 6 cantons, savoir :

En basque.	*En français.*	*MM. les Curés*
Baygorry.	Saint-Étienne de Baygorry.	Salaberry.
Iholdy.	Larceveau, commune d'Iholdy.	Etchebertz.
Doninané Garazi.	S.-Jean-Pied-de-Port.	Imbert.
Maulio.	Mauléon.	Lapitchet.
Donaphaleu.	Saint-Palais.	Borda.
Tardetze.	Tardetz.	De Sibas.

COMMUNES.

En basque.	*En français.*
Aldude.	Aldudes.
Anhauze.	Anhautz.
Bidarry.	Bidarray.
Banca.	La Fonderie.
Lasa.	Lasse.
Uharte.	Uhart.
Aincila.	Aincille.
Ainhiza.	Ainhice.
Monyolose.	Mongelos.
Arneguya.	Arneguy.
Buzunaitze.	Buzunaritz.
Jatxu.	Jatxu.
Orzaize.	Ossaix.
Arrosa.	Arrosa.
Arbendaritz.	Armendaritz.
Beharine.	Behaune.
Landibarre.	Landibar.

En basque.	*En français.*
Helleta.	Hellète.
Hosta.	Hosta.
Ibarla.	Ibarole.
Iholdi.	Iholdi.
Irisarry.	Irissarry.
Donauste.	Saint-Just.
Yuxua.	Yuxué.
Ostabat.	Ostabat.
Suhescune.	Suhescun.
Buztinze.	Bustince.
Donazaharré.	Saint-Jean-le-Vieux.
Lakarre.	Lacarre.
Lekhumberry.	Lecumberry.
Mendibe.	Mendive.
Eihealarre.	Saint-Michel.
Zaro.	Çaro.
Espesa.	Espes.
Arratze.	Arrats.
Barcuche.	Barcus.
Goleine.	Golein.
Mendielta.	Mendite.
Mendi.	Mendi.
Mulculdy.	Musculdy.
Ahêtza.	Ahexe.
Arberatze.	Arberats.
Arbueta.	Arbouet.
Arrota.	Arraute.

En basque.	*En français.*
Charrita.	Charrite.
Bizcaya.	Bizcaye.
Begüioze.	Beguios.
Bechacha.	Behasque.
Beiria.	Beyrie.
Oseraine.	Osserain.
Phagola.	Pagole.
Amorotze.	Amorots.
Bithirine.	Domezain.
Gabote.	Gabat.
Garroze.	Garrix.
Gestáse.	Gestas.
Labetze.	Labets.
Lohizune.	Lohitzun.
Marchueta.	Masparrante.
Oraaré.	Orégue.
Uharte.	Uhart.
Lakharry.	Lacarry.

Sa population est à peu près de 130,000 ames.

Les principales rivières de Garazi sont :

En basque.	*En français.*
Maulioco-ibaya.	Gave de Mauléon.
Baigorrico-ibaya.	Gave de la Nive.
Erreitico-ibaya.	Gave de la Bidouze.
Baiguraco-ibaya.	Gave de Baigurre.

DESCRIPTION DE LA VILLE DE MAULÉON.

Mauléon, en basque *Mauliu*, aujourd'hui chef-lieu de l'arrondissement du même nom, où réside un sous-préfet, est situé dans la vallée de Soule, en basque *Zuberua*, dans la Basse-Navarre ou Garazi, dont cette petite ville, qui renferme 1,500 habitants, étoit la capitale avant la révolution. Cette vallée de *Zuberua* est célèbre dans les fastes de l'histoire, à cause de la fameuse victoire que les Basques confédérés remportèrent en 635 sur l'armée du roi de France Dagobert, commandée par le duc d'Arembert. Cette victoire mémorable procura aux Cantabres des Pyrénées l'indépendance et une sûreté perpétuelle.

Saint-Palais (Donephaleu) est une petite ville de 800 ames, située sur la rive gauche de la rivière Bidouze, au *nord* de Mauléon. Saint-Palais étoit la capitale de la Basse-Navarre avant la révolution. Aujourd'hui le tribunal de première instance y réside.

Saint-Jean-Pied-de-Port, en basque *Doninané Garazi*, a 1,200 habitants. C'est une petite ville très forte, défendue par sept montagnes et une citadelle qui lui sert de boulevart. Elle est située au pied des Pyrénées, dans la lisière de l'Espagne, et sur la route de Pampelune en France;

le pont, bâti sur la Nive qui se jette dans l'Adour à Bayonne, réunit les deux parties de la ville de Saint-Jean-Pied-de-Port, dont l'une se nomme *Uharte*, et est construite sur la rive gauche de la Nive.

DESCRIPTION GÉOGRAPHIQUE DE LA HAUTE-NAVARRE,

TROISIÈME PROVINCE CANTABRIQUE ESPAGNOLE.

Le nom de la Navarre espagnole, en basque *Nafarrua*, ne vient ni du nom de la ville de Navarreins, en Béarn, ni de la grande quantité des petits cailloux ronds ou carrés qu'on trouve dans la charmante et fertile vallée de la ville de Navarreins, mais bien de la production abondante de vins exquis, dont la bonté et la salubrité surpassent celles de toutes les provinces de l'Espagne, et peut-être du reste de l'Europe.

J'ai lieu de croire, d'après la nomenclature basque, et d'après les principes que nous avons reconnus, que le nom de *Navarre*, en basque *Nafarrua*, a été formé du nom primitif basque *nafar*, *nafarra*, *nafarrua*, sol ou lieu de la chose produite, *arno-arras-ona*.

Je croirois encore sans peine que le nom de *nectar*, ce mot emblématique qui exprime ce qu'il y a de plus exquis en vin, seroit formé du nom primitif basque, *nafar*, *nafarra*, dont on auroit fait *nectar* par corruption.

La Haute-Navarre, *Nafarrua*, est située au 15e degré 22 minutes de longitude, et au 42e degré 17 minutes de latitude.

Elle est bornée, au *sud*, par l'Aragon, la Rioxa ; à l'*ouest* et au *nord*, par les Basques espagnols ; à l'*est*, par le Labourt et le Béarn.

Nafarrua se divise en cinq *merindades* ou arrondissements, savoir : *Pampelune, Estella, Tudella, Sangüesa*, et *Olite*.

La Haute-Navarre est composée de 9 villes qui sont : *Tafalla, Biana, Corella, Cascante*; de 145 bourgs, de 675 communes, de 7 seigneuries, de 843 paroisses, de 46 couvents de religieux, de 12 couvents de religieuses, de 60 hospices, d'un établissement pour les enfants trouvés, d'une université, d'un collége, de 303 écoles primaires, de 3 places superbes pour jouer à la paume, d'un théâtre, de 36,289 maisons habitables, de 372 moulins à farine, de 2 papeteries, de 25 tanneries, de 11 fabriques de savons, de 590 auberges, de 18 cafés, de 21 forges ou ferreries, dont les principales sont celles de *Orbaizeta* et d'*Eguy*; et d'une forêt nommée *Irati*, qui fournit à la marine ses plus beaux mâts. Il n'y a que deux évêchés dans la Haute-Navarre, qui sont celui de

Pampelune et celui de Tudella; mais beaucoup de prieurs et d'abbés de communautés y sont crossés et mitrés.

La Haute-Navarre se gouverne d'après ses anciennes *lois, usages*, et *coutumes;* elle réunit ses députés, avec l'approbation du roi d'Espagne, qui n'est que son protecteur ou *duc-roi*.

Puisque nous parlons du gouvernement de la Haute-Navarre, il ne sera pas hors de propos de mettre ici la généalogie abrégée de ses ducs ou rois, afin que l'on puisse reconnoître que les institutions des Basques n'ont éprouvé aucune altération, et que la plupart des rois de l'Europe descendent des Cantabres.

En 824, après la défaite complète de l'armée impériale de Pepin, près la ville de Pampelune, dans la Haute-Navarre, les Basques des Pyrénées se choisirent, pour leur chef ou roi, *Garcie Ximenèz*,

1° A raison de ses connoissances profondes dans l'art militaire;

2° Comme descendant direct du célèbre Eudes, duc de l'Aquitaine primitive cantabrique.

Ce premier chef militaire ou roi, issu de Lope Centule, mourut en 850, après un règne de 26 ans, et laissa deux fils du premier lit, qui furent appelés *Ignigo Sanchez* et *Fortunio*.

Ignigo Ximenèz ou *Eneco-Seme-ona* succéda

à son père, et épousa dona *Igniga*, fille légitime de don Zénon II, protecteur duc de Bizcaye, beau-frère de Lope Zuria; et en eût deux fils nommés *Sancho* et *Garcia Igniguez*, qui régnèrent en Navarre.

Eneco-Seme-ona ou Ximenèz mourût en 867. Don Sancho Garcia ayant été tué dans une bataille, et n'ayant point laissé de postérité, don Garcia Igniguez, son frère cadet, lui succéda. Ce dernier ayant été tué aussi dans une bataille près de *Liedema*, en 884, don *Fortunio*, son fils, lui succéda. Mais don *Fortunio* ayant mieux aimé entrer dans un monastère que de régner, don Sancho II, élu par le peuple assemblé, lui succéda après un interrègne de plus de 20 ans. On appela ce dernier Sancho de *Abarca*, à raison de sa chaussure de *abarca* (1). Don *Sancho Abarca* monta sur le trône en 905. Il mourut en 925, après avoir régné assez long-temps, et laissa son fils Garcia en très bas âge.

Don *Sancho III* succéda à son père Abarca, et mourut après un règne de 30 et quelques années.

Don Sancho IV, que les historiens appellent

(1) Ce sont des souliers faits de cuir de taureau non tanné. Les Navarrois et les Bizcayens espagnols conservent encore aujourd'hui cette chaussure.

l'empereur d'Espagne, divisa ce royaume en deux, et légua à Aznar son fils l'*Aragonais*, et à don *Garcia* la *Navarre*. Il mourut en 1034.

Pendant le régne d'*Aznar* et de *Garcia*, et même après, l'histoire ne me présentant rien de certain, j'aime mieux me taire plutôt que d'entretenir mes lecteurs de conjectures. A en juger par les antécédents, cette lacune ne doit être remplie que par la relation des victoires des rois cantabres populaires.

Jeanne, fille unique de Henri, surnommé *le Gros*, roi de Navarre, se maria à Philippe-*le-Bel*, qui réunit les deux royaumes de *Navarre* et de France ; ils eurent pour successeurs Louis-*le-Hutin*, Philippe-*le-Gros*, et Charles-*le-Bel*.

Charles mourut en 1327, et ses descendants directs régnèrent successivement en Navarre.

Jeanne de France, fille unique de Louis-*le-Hutin*, hérita de la Navarre.

Elle se maria, en 1316, à Philippe, comte d'Évreux, qui fut nommé bientôt après Philippe III.

Philippe III eut pour successeurs Charles II, et Charles III, surnommé *le Noble*.

Blanca ou Blanche, fille unique de Charles III, épousa, en 1420, Jean d'Aragon, qui devint dans la suite roi d'*Aragon*.

Charles III mourut en 1441, laissant de son mariage une fille qu'on appela *Léonore*.

Léonore, seule héritière de la reine Blanche ou Blanca, se maria à *Gaston IV*, comte de Foix, vicomte de Béarn. De ce mariage naquit un fils, qui fut pareillement appelé *Gaston*, prince de Vianne, dans la Haute-Navarre.

Le prince *Gaston* épousa Madeleine de France, fille du roi Charles VII.

Ce dernier, étant mort d'une blessure, laissa un fils qu'on appela *François Phèbe*, et une fille nommée *Catherine de Foix*.

François Phèbe succéda à son aïeule *Léonore*. Catherine, fille légitime du roi Louis, se maria à Jean d'Albret, neveu de Charles II.

François Phèbe étant mort sans postérité en 1383, Jean de Foix, vicomte de Narbonne, fils puîné de *Gaston*, voulut succéder à *François Phèbe*.

Jean de Foix mourut en 1486, laissant sous la tutèle de Marie de France son épouse, sœur de Louis XII, son fils appelé *Gaston*, et sa fille nommée *Germane* de Foix.

En 1503, Louis XII, roi de France, et Ferdinand V, roi de Castille et d'Aragon, qui étoient en guerre, firent une trève.

Dans cet intervalle, Ferdinand épousa en secondes noces. Germane de Foix, fille du vicomte Jean de Narbonne, sœur de Gaston.

Gaston de Foix, qui prit le nom de roi de Navarre en 1507, mourut célibataire en Italie en 1512. Germane, sa sœur, devint seule héritière du royaume de Navarre.

Ferdinand V, roi des Castilles, et mari de Germane, reine de Navarre, réunit la Navarre à la Castille, avec le consentement de sa femme, reine née, mais à condition que les braves Navarrois, descendants directs de ces anciens Cantabres, vivroient et se régiroient selon leurs *fors*, *usages*, *coutumes*, et institutions antiques, comme les Cantabres septentrionaux.

En effet, les Navarrois se régissent eux-mêmes encore aujourd'hui, puisque le roi actuel, Ferdinand VII, n'y est reconnu que comme leur seigneur et leur protecteur, ainsi que l'ont été tous les rois cantabres, depuis Abidès, leur roi absolu, qui régnoit 1500 ans avant la fondation de Rome.

Ferdinand V et *Germane* n'eurent pas de postérité ; néanmoins les rois d'Espagne jouirent et jouissent encore paisiblement de la Navarre comme *ducs*, *seigneurs*, et protecteurs.

Catherine de Foix, sœur de François Phebe (ce dernier mourut sans postérité), qui étoit déja mariée à Jean d'Albret, eut un fils qui fut nommé *Henri d'Albret.*

Henri d'Albret se maintint dans la possession de la Navarre, qu'on appelle aujourd'hui la *Basse-Navarre* ou l'arrondissement de *Mauléon*, et dans celle du Bigorre et du Béarn, avec le titre de comte de Foix, de Bigorre, et de vicomte de Béarn.

Cet Henri se maria à Marguerite de *Valois*, sœur de François Ier, roi de France.

Henri d'Albret mourut en 1555, et laissa une fille appelée *Jeanne.*

Jeanne d'Albret se maria en premières noces, à l'âge de douze ans, à Guillaume, duc de *Clèves.* Mais ce mariage ayant été dissous, elle se remaria, en 1548, à Antoine de Bourbon (1).

De ce mariage naquit le bon *Henri IV* (2).

(1) Mot basque signifiant *burn-on*, en français *bonne tête*, et par syncope *bur-on.* D'où on aura formé *Bourbon.*

(2) Henri, originairement *Herri*, est un mot basque qui signifie pays. *Herri*, *herria*, pays, le pays.

Ce nom basque de *Herri*, en français *Henri*, tire sa signification conformément aux principes invariables de la nomenclature basque (voyez la solution du problème y relatif) de quatre possessions situées dans quatre pays différents. Ainsi on dit en basque *Lau-Herri*, en béarnais corrompu *Herri-Quate*, en français,

qui hérita de la couronne de France en 1589, au décès de Henri III, comme descendant légitime de Robert, comte de Clermont, fils cadet de saint Louis, roi de France. C'est de lui que descendent tous les Bourbons, rois de la plupart de l'Europe. Donc, la souche de la plupart des trônes de l'Europe est cantabrique.

La population de la Navarre ou *Nafarrua* est de 232,297 ames.

La *merindad* ou l'arrondissement de Pampelune, qui est la capitale de *Nafarrua*, est composé de cette ville et de 6 cantons divisés en 28 districts ou vallées, qui sont subdivisés en 306 communes. Les noms primitifs, en français Pampelune, et en basque *Iruña*, sont de faux noms aussi bien que les divers noms de *Pam-pilo-ona* ou *Pamp-pilo-oña*. Son nom primitif et signifi-

au lieu de *Herri-Quatre* qui est son nom primitif, *Henri-Quatre*.

En effet, Herri-Quatre étoit, 1° comte de *Foix*; 2° comte de *Bigorre*; 3° vicomte de *Bearn*; 4° enfin roi de *Navarre*. Plus tard, et cette époque est bien honorable pour les Cantabres, ce roi de *Navarre*

. . . . régna sur la France,
Et par droit de conquête et par droit de naissance.

Aussi ses illustres descendants, les Bourbons, portent-ils, depuis cette époque, le double titre de rois de *Navarre* et de France.

catif, puisé de l'attribut de cette ville, est *Hiri-uña*, c'est-à-dire ville forte, et par syncope *Iruña.* Elle a mérité d'être ainsi appelée par la résistance héroïque qu'elle opposa, soit aux *Romains*, soit aux *Goths*, soit aux *Sarrasins*, soit aux *Francs*, comme l'atteste l'histoire cantabrique. Cependant, après une lutte de près de sept ans, les Cantabres s'en emparèrent définitivement sans aucun secours étranger.

Pampelune ou *Hiruña* a, suivant le recensement de 1810, 2,812 feux et 14,064 âmes. Iruña est située sur une petite hauteur, à la rive gauche de la rivière *Arga*.

ESTELLA.

Capitale de l'arrondissement du même nom, est au 42ᵉ degré de latitude, et au 14ᵉ degré 41 minutes de longitude.

Sa population est de 883 feux et 4,887 âmes. Il y a 6 paroisses, 4 couvents de moines, et 3 de religieuses.

TUDELLA.

Cette ville, capitale de l'arrondissement du même nom, et siége épiscopal, est à l'angle que forment la rivière de l'Ebre (ou plutôt *Erbèro*), qui l'arrose du côté de l'*est*, et la rivière *Guèylés* au *sud.* Elle est située dans une plaine charmante. Ses maisons, composées de briques, sont très élevées. Tudella a 475 familles, qui forment 7,295 ames. La plupart des habitants s'occupent communément de l'agriculture, à raison de la fécondité du terrain. Il y a 2 moulins à farine construits sur l'*Erbero*, 24 moulins à huile, 6 fabriques de savon, 8 fours publics pour cuire du pain, un hospice formé en 1790, 3 hôpitaux, 9 paroisses, 7 couvents de moines, 4 de religieuses, et 8 ermites.

Tudella est célèbre par le congrès qu'y tinrent, en 1154, l'empereur don Alonse VII, roi de Castille, et don Ramon, prince de Barcelonne, à l'occasion du partage de la Haute-Navarre; mais don Sancho Garcès, dit *le Sage*, fit échouer leur unique projet, comme protecteur des braves Cantabres des Pyrénées.

SANGUESA.

Cette ville, capitale de *merindad* ou de l'arrondissement du même nom, est située au 42e degré 26 minutes de latitude, et au 16e degré 28 minutes de longitude, à sept lieues de Iruña, à l'*est*. Elle est entourée de murs, à l'exception de la rive de la *Doncella* qui la longe. Ses rues sont droites, larges, et bien pavées; elle contient

325 maisons habitables, et 200 autres ruinées; sa population est de 2,390 personnes constamment occupées à recueillir les productions territoriales. Les habitants de *Sangüesa* ont montré beaucoup de zèle pour soutenir leurs *fors, lois, usages, et coutumes,* ainsi que l'attestent les masures de leur ville; et sur-tout en 1308, quand ils forcèrent *Louis-le-Hutin* à lever le siége de Petillas.

OLITE.

La ville d'Olite, capitale de l'arrondissement du même nom, est située sur la rive droite de la rivière de *Zidacoz,* dans une plaine charmante appelée vulgairement la *Ribera.* Sa population est de 302 feux, qui forment 1,515 ames. Il y a dans cette ville 2 moulins à farine. C'est dans ses murs que l'on voit encore le magnifique palais que fit construire le roi de Navarre Charles III. Il y a dans ce superbe palais un alcade ou maire, un gouverneur nommé par le roi, et un aumônier pour avoir soin de la chapelle.

La reine Léonore, femme de Charles III, dit le Noble, y mourut le 5 février 1415.

Les principales rivières de la Haute-Navarre, *Nafarrua,* sont :

Aragon, Alexez, Arga, Archura, Areso, Biarra, Bidassoa, Burunda, Ega, Elorz, Erro, Ezca,

Guia, Irati, Lasminas, Lecomberry, Mariana, Ochagabia, Odron, Geyles, Robo, Salado, Zalazcar, Udarbe, Ulzama, Urederra, Urmehea, Urroby, Balarroz, Zidacoz.

Les principales montagnes de la Haute-Navarre, *Nafarrua*, sont :

Abody, Andia, Belaga, Legüin, Alaiz, Aldasudurra, Aldudez, Altabiscar, Alzania, Alzatez, Aralar, Arzeguy, Urepel, Areta, Arraco, Arras, Benbalet, Codez, Ezpadaz, Escaba, Ibañeta, Iraga, Loquiz, Mataberde, Minchanati, Urbasa, Larruna.

DISSERTATION

HISTORI-CRITIQUE

SUR LES *ATTRIBUTS* CONSTITUANT LA *PRIMORDIALITÉ* (1), L'*ANTIQUIORITÉ*, L'*UNIVERSABILIORITÉ*, ET LA *PERFECTIBILIORITÉ* D'UNE LANGUE QUELCONQUE SUR TOUTES LES AUTRES LANGUES ANCIENNES ET MODERNES. PRINCIPES UNIVERSELLEMENT RECONNUS, ET QUI DOIVENT NOUS SERVIR DE BASE.

Toutes les langues anciennes, et c'est un principe que le bon sens indique, n'imposent aux personnes, aux animaux, aux choses en général, que des noms qui marquent leur nature, leur origine, leurs perfections, leurs propriétés; en un mot, des noms significatifs et fondés sur quelques qualités saillantes, ou quelques rapports distinctifs. Dès-lors, il est évident que tous

(1) Ne pouvant rendre par les mots *antiquité*, *universalité*, *perfectibilité*, *lehenagua*, *zaharragua*, *hedatnagua*, *ederragua*, toute l'étendue de mon idée, qui comprend un degré de comparaison, je demande au lecteur la permission de me servir de ces termes nouveaux.

les noms dont nous nous servons doivent être et sont nécessairement significatifs dans la langue d'où ils viennent; que tous ceux qui ne sont pas significatifs dans la langue à laquelle ils sont attachés, lui sont étrangers.

Donc, cette langue les puise de la langue originelle, dans laquelle ils sont significatifs. Cela posé, entrons dans la dissertation.

Lors même que notre sainte religion ne nous enseigneroit pas que les livres de Moïse ont été écrits par l'inspiration de Dieu, ne suffiroit-il pas que les plus anciens écrivains profanes conviennent que c'est Moïse qui seul a décrit fidèlement et avec simplicité l'origine du monde, et qui a tracé une histoire dont les faits s'enchaînent sans interruption depuis le commencement du monde jusqu'à son temps? Basés sur cette histoire dont l'authenticité n'est pas révoquée en doute par nos antagonistes, suivons, *pede securo,* cet historien devenu célèbre, et par l'inspiration qu'il avoit reçue de Dieu, et par sa véracité, avouée même par les ennemis de notre religion. Moïse fut le législateur des Juifs, *seuls dépositaires* de ses livres sacrés, qu'ils surent toujours conserver avec soin pendant leur captivité, parcequ'ils les regardèrent comme contenant *cette loi immédiatement émanée de l'Être suprême,* créateur du ciel et de la terre. A qui peut-on s'adresser avec plus de confiance, de sécurité, qu'à un tel historien?

Le Père éternel, dit Moïse (Genèse, chap. 6), irrité par la rébellion de ses enfants, et s'étant repenti de les avoir créés, résolut de les détruire, en 1656 du monde, selon le texte hébreu, et ordonna à Noé de faire une arche du bois de *gopher*, en basque *gothor, azcarra, zaila*.

Je ne sais pas si la langue du Père éternel, qui dit à Noé : *Fac tibi arcam de lignis levigatis*, étoit *escuara*, basque ; je ne serai pas assez hardi pour soutenir que le Père éternel parlât basque ; mais ce qu'il y a de certain, c'est que le nom de l'arche, en basque *arkh, arkha*, arche, et celui de l'espèce de bois dont l'arche ou *arkha* devoit être construite, sont des mots basques, *escuarac*.

La preuve que j'en donne est qu'il y a eu et qu'il y a encore aujourd'hui dans toutes les maisons des laboureurs *escualdunac* à leur aise, un grand coffre placé dans le grenier, dont le nom primitif et le nom actuel est *arkha*; il est construit de *gorosti, gothor*(1); sa forme et son nom sont identiques avec l'arche de Noé. Les

(1) Mots basques qui signifient *bois dur*; et ce fait est tellement vrai, que les batteurs de graines, Cantabres, font encore aujourd'hui les battes des fléaux dont ils se servent pour égrener les épis de froment, de rejetons de *gorostia*, à raison de sa dureté.

Basques se sont servis et se servent encore de cette *arkha*, pour garder leurs récoltes en grains ou en farine, comme Noé s'en étoit servi sans doute pour conserver les quadrupédes et les volatiles à lui confiés pendant l'année du déluge.

Ainsi, identité de nom, identité de forme, identité d'espéce de bois, identité de dimension, proportion gardée, et identité d'emploi; pourquoi donc n'y auroit-il pas identité de langue? Qu'on en juge sans prévention, d'après les principes établis *page* 212.

Bien plus, le Père éternel ordonna à Noé de faire un bâtiment que celui-ci connoissoit déja; car il n'est point dans l'ordre des choses possibles que Dieu ne lui en ayant désigné que les dimensions; Noé formât un bâtiment aussi énorme avec un nombre infini de cases pour conserver tant d'espécés d'animaux réunis. Donc, le nom basque *arkh*, et celui de l'espéce du bois, *gorosti*, et de son adjectif *gothor*, devoient exister avant le déluge: par conséquent, la langue basque doit être *antediluvienne*.

Il y a apparence que Noé et ses enfants ne s'éloignèrent pas du lieu où l'arche ou *arkha* s'étoit arrêtée (1), et qu'ils y établirent leur demeure

(1) Elle s'arrêta sur le mont *Ararat*, mot basque qui signifie *le voilà, allons-y.*

au pied des montagnes d'Arménie (1). Après que les enfants de Noé se furent accrus, ils prirent la résolution de bâtir une ville avec une tour, et effectuèrent ce projet gigantesque avant de se disperser, afin, sans doute, d'avoir un asile sûr dans le cas d'un nouveau déluge.

Étant partis, continue Moïse (Genèse, ch. 11), de l'orient d'Arménie, ils trouvèrent une plaine dans le pays de *Senaar*, et y fixèrent leur séjour (2). Le nom de cette plaine existoit avant que les descendants de Noé n'y arrivassent; et aucune colonie n'avoit pu y pénétrer avant les descendants de Noé, puisqu'il n'en existoit pas d'après l'Écriture-Sainte.

M. de Gébelin et plusieurs autres auteurs dignes de foi assurent (3) que la langue la plus ancienne de toute l'Europe est la langue basque; et, pour prouver cette vérité, disent-ils, il n'y a qu'à considérer les noms les plus anciens des *provinces, montagnes, rivières*, où les Basques (Escualdunac) ont passé ou séjourné; et l'on trouvera que tous les noms primitifs sont des noms

(1) *Armenia*, mot basque qui signifie *à la portée de la main*.

(2) Le mot *Senaar* est un mot basque: *escuara*, signifiant *mari; senaar emastia*, mari et femme.

(3) Dictionn. étymolog. de la langue latine, p. 37.

basques (escuarac) significatifs et formés de la topographie locale.

D'après ces données, il résulte : 1° Que le nom primitif de la plaine de *Senaar* est *escuara* ou basque ; 2°. Que les provinces où les Basques ont passé ou séjourné ont leurs noms primitifs basques (escuaras) ; donc, la plaine de Senaar a dû être habitée par une colonie basque. Mais aucune colonie n'a pu aller à la plaine de Senaar avant les descendants de Noé, à moins de nier l'universalité du déluge ; dès-lors il est évident que ce mot basque devoit exister avant le déluge : donc, la langue basque existoit avant le déluge. C'est la conséquence nécessaire des principes incontestables que nous avons posés page 212.

Noé, ignorant la force spiritueuse du fruit de la vigne qu'il avoit plantée (Genèse, chap. 9), s'enivra. *Cham* son fils, qui fut le père de *Canaan*, voyant la nudité de son père Noé couché au milieu de sa tente, s'en moqua, et fut dire à ses frères l'état scandaleux où il venoit de le voir. Ses deux frères, *Sem* et *Japhet*, ayant étendu un manteau sur leurs épaules, marchèrent en arrière, et couvrirent la nudité de leur père sans la regarder.

Noé, éveillé de son assoupissement, ayant su de quelle manière son fils Cham l'avoit traité, anathématisa sa race en la personne de Cham (Genèse, chap. 9). « Maudit soit, dit-il, Canaan; *qu'il soit l'esclave des esclaves.* » Il bénit ensuite Sem et Japhet. « Béni soit, dit-il, Sem, et que *Canaan soit son esclave;* que Dieu étende la postérité de Japhet, qu'il habite dans les tentes de Sem (1). »

Cette bénédiction a eu son effet, car le culte du vrai Dieu fut conservé dans la race de Sem. Les descendants de Japhet ont occupé et occupent encore une grande étendue du pays de Sem (*semea*), et ont peuplé toute l'Europe (c'est du moins l'opinion la plus probable et la mieux basée), ainsi qu'une grande partie de l'Asie.

A la vérité, leur langue primitive, cette langue digne de la Divinité, a été corrompue, dénaturée et abâtardie par les diverses irruptions que firent des conquérants constamment jaloux de répandre leur idiome, comme le plus propre à seconder leurs vues ambitieuses; mais la *nation basque,* qui seule vainquit les *Phéniciens,* les *Grecs,* les *Carthaginois,* les *Romains,* les *Goths,* les *Sarrasins,* les *Francs,* a pu conserver sa langue primitive et vierge sans la moindre altération; de même

(1) *Sem, semea,* sont des mots basques signifiant *fils, issu.*

qu'elle a conservé ses *lois*, ses *usages*, et *coutumes*, avec son *indépendance* et sa *liberté*, ainsi que nous aurons occasion de le démontrer.

Il résulte de ce que nous venons de voir, que, de tous les peuples de l'Europe, il n'y en a aucun qui soit plus ancien et moins connu, quoique si digne de l'être, que celui qui habite la contrée appelée aujourd'hui le *pays basque* français et espagnol.

Tharé, père d'Abraham, quitte, avec sa famille, une ville de Chaldée nommée *Ur* (1), et vient s'établir dans la ville de *Haran* (Genèse, chap. 11). Voilà un patriarche qui sort d'une ville dont le nom, *Haran*, est si incontestablement basque (escuara), qu'un quartier du gros bourg de *Arrasbarne*, en français *Hasparren*, s'appelle et s'appela de tout temps le quartier de *Haran*, *Harania*. Il est situé au centre de la Cantabrie française.

N'aurois-je pas droit de demander ici pourquoi les noms de ces deux villes étant basques, leurs habitants ne le seroient pas? Qui pourra nous assurer que les noms de *Sara* et d'*Agar*, épouses du père des croyants, du patriarche Abraham (Genèse, chap. 16), ne sont pas des noms basques? Peut-être ces femmes elles-mêmes

(1) *Ur*, *ura*, mots basques qui signifient l'*eau*.

l'étoient-elles, car nous avons dans le pays basque, et en Labourt, une commune dont le nom est *Sara*, et une maison, dans la commune de *Arrasbarne*, qui s'appelle *Agara*. L'Écriture-Sainte nous dit (Genèse, chap. 38) que Judas, fils aîné de Jacob, ayant quitté ses frères, vint chez un homme de la ville d'*Odolla*, appelé *Hiras*. Voilà encore une ville dont le nom est certainement *basque*, ainsi que celui du particulier chez qui Judas se retira. *Odolla* signifie *le sang*, et *Hiras*, *angoisse*. Pourquoi ne pas croire que tous ces pays aient été habités par les Basques avant qu'ils ne se soient étendus jusque dans nos contrées? L'affirmative étant plus probable, qu'on nous permette de lui donner la préférence, au moins jusqu'à ce qu'on nous prouve le contraire. Lorsque les Israélites sortirent de l'Égypte (Exode, chap. 13), Moïse ne voulut point les emmener par le plus court chemin, en traversant le pays des Philistins; il leur fit faire un long circuit par le désert qui est près de la mer Rouge. Ils vinrent à un lieu appelé *Socoth*, *désert, coin, encoignure*, en *basque*. L'identité des noms, peut-être l'identité des positions des montagnes, enfin l'identité de la mer avec le golfe cantabrique, me portent à croire que le *Socoth* de la mer Rouge devoit être habité par des *Basques*, aussi véritablement *Basques* que les habitants, tous célèbres marins, de la ville de Saint-Jean-de-Luz, qui est située au centre du pays basque, et où se trouve *Socoa*, connu par les marins de tous les pays.

Le nom de *Hur* (noisette), qui commandoit les Israélites dans l'absence de Moïse (Exode, chap. 24), étoit *basque*. Le lieu appelé *Haseroth*, où Marie fut atteinte d'une lèpre blanche pour avoir mal parlé de Moïse, et *Cadesbarné*, sur les frontières du pays de Canaan, sont des noms *basques* (*liber Numeri; cap.* 14). Malgré la volonté de Moïse, les Israélites montèrent au haut de la montagne; et l'arche, ou *arkha*, et Moïse demeurèrent dans le camp. Les Cananéens et les *Amalécites*, qui campoient sur la montagne, vinrent fondre sur eux, et, les ayant battus et taillés en pièces, les poursuivirent jusqu'à la ville de *Horma*. Nous dira-t-on que *Horma* n'est pas un nom basque? Ce mot signifie *gelée, glace*, et indique le froid qu'il fait sur les cîmes des monts élevés; ce qui est conforme à sa position topographique (*Ibidem*, chap. 21).

Les Israélites, étant partis de la montagne de *Hor*, vinrent camper le long du fleuve d'*Arnon* (1) qui est dans le désert, et qui touche aux frontières des Amorrhéens. Si les noms de *Hor*, *horra*, le voilà; *Ar-n-on*, bon vin, ne sont pas

(1) *Ar-non*, mot basque qui signifie *pays de bon vin*.

des noms significatifs vraiment basques, qu'on nous prouve que la langue basque n'est qu'une langue idéale (*Ibidem*, chap. 23).

Balac, fils de Séphor, roi des Moabites, effrayé des succès brillants des Israélites, envoya quérir Balaam, fils de Béor, du pays des Ammonites, pour savoir de celui-ci par quel moyen il pourroit vaincre et chasser les ennemis de son territoire. Balaam monta sur la montagne de Phasgâ pour maudire les Israélites, etc. Encore ici on ne lit que des noms *basques* : *Balac*, *Balacatzia*, signifient en basque *apaiser*. Balaam étant fils de *Béor*; *Béor*, *Beorri* veulent dire *parmi nous*, *lui-même*, *à lui-même*. Le nom de la montagne *Phasgâ*, pâturage, est tellement *basque*, que nous avons encore aujourd'hui une montagne, située au centre de la Cantabrie, qui porte le même nom, tiré de l'abondance et de la bonté des pâturages de cette montagne (livre de Josué, chap. 9).

Les Hestéens, les Amorrhéens, les Cananéens, les Phécéens, les Béréens, et les Jébuséens, se réunirent ensemble pour se défendre contre les Israélites. Les *Gabaonites* envoyèrent à Josué des députés qui, feignant d'être venus d'un pays lointain, l'engagèrent, ainsi que le prince des tribus d'Israël, à faire une alliance avec eux.

Nous soutiendra-t-on que le nom de la ville de Gabâa et celui des Gabaonites ne sont pas basques, sur-tout si l'on fait attention que nous avons les rivières *Gabe de Pau* et *Gabe d'Oleron*; et principalement si l'on remarque que nos habitants, Gascons ou Gabascons, originairement et anciennement Basques, sont les héritiers légitimes de la ruse et de l'astuce de leurs ancêtres *gabaonites*?

Enfin, nous niera-t-on que les noms de *Gaals*, fils d'*Obed*; *Josué*, fils de *Nun*; *Abia*, fils de *Samuel*; *Abiathar*, qui s'échappa du massacre du cruel Saül, ne sont pas des mots basques? Les noms du brave *Uria*, de *Joad*, de la ville de *Héla*, de celle de *Gilo*, ne sont-ils pas encore des noms *basques* significatifs? Nous dira-t-on enfin que *Baasa*, *Bascos*, roi d'Israël; *Ela*, roi de Juda; *Zamaria*, ville; *Halla*, ville des Mèdes; *Agur*, fils de Jaché; *Berri*, père de Mithridate; *Adar*, mois des Juifs; *Bethura*, ville située vers l'Idumée, ne sont pas des noms basques? Nous soutiendra-t-on que les assesseurs du célèbre Esdras (*lib. II, Esd. cap.* 8), *Semeia*, *Aneia*, *Uria*, *Helcia*, *Hasum*, *Hasbadana*, *Odia*, *Celita*, etc., etc., n'étoient pas basques?

Adar, *Adarra*, corne, branche, ville située au sud de la Terre promise, s'appeloit probablement ainsi, parcequ'elle avoit la forme d'une corne ou d'une branche. La ville d'*Aen* ou *Ain*, située dans la tribu de Juda, est un mot basque signifiant *tant*, *aussi*. *Ain eder*, aussi beau; *ain handi*, aussi grand.

Amona, bonne mère, ville située dans la tribu de Ruben, est un mot basque, joint à son adjectif, signifiant, *am*, mère; *ona*, bonne (Josué, chap. 19).

Amthar est un nom basque signifiant *ressemblant à la mère*. *Haür hau amathar da*, cet enfant ressemble à sa mère.

Ara, le voilà (liv. I, Paralip.), est un nom basque sans la moindre altération. *Ara nun den*, le voilà là!

Aza, ville située dans la tribu d'Ephraïm, est un nom basque qui signifie *pays de choux* par excellence.

Basan (Deut. I, v. 4) est un nom basque qui signifie, *basa*, sauvage; *bascos*, peuple sauvage; *basan*, dans un pays isolé, escarpé, sauvage.

Baaras-Vallis est un nom basque qui signifie *une vallée longue, étroite, ayant la forme de l'aune* (Joseph, VII, *belli, cap.* 25).

Beer (*Numer.* 21) est un nom basque signifiant *seul*, *sans pareil*.

Bœrea, ville de Macédoine, est un nom basque qui signifie *à soi*, ville indépendante ou qui se suffit à elle-même sans secours étrangers.

Bethen, ville située dans la tribu d'Asar, est un nom basque signifiant *plein*, *pleine*, c'est-à-dire une ville opulente, abondante: *Moltxa bethea,* bourse pleine; *escu bethez,* à pleines mains.

Bethulia, ville située dans la tribu de Zabulon. (Josué, 19), est un nom basque composé signifiant *un pays où les mouches abondent,* c'est-à-dire un pays assez chaud.

D'après les noms de nos communes basques, *Bithynia* et *Mechaïnia,* situées au centre du pays basque, nous dira-t-on que Bithynia, située dans l'Asie Mineure, n'a pas été formée par une colonie basque?

Camelus mons, dans la tribu de Juda, est un nom basque qui signifie *mondoi camelua,* c'est-à-dire montagne qui a la forme d'un chameau, parcequ'elle a une bosse ou monticule de terre dans son centre.

Cina ou *Sina,* première partie de la tribu de Juda; ce nom est basque, à la rigueur du mot; il signifie *serment, serment de fidélité* que le peuple d'Israël avoit prêté au pied de cette montagne miraculeuse.

Eden, et mieux *Ediren* (Genèse, IV, v. 16), est un mot basque qui signifie *trouver;* c'est là que Caïn se cacha, pour qu'on ne le trouvât pas, après son fratricide.

Gilo ou *Chilua,* ville située dans la tribu de Juda, est un mot basque signifiant *trou,* c'est-à-dire une ville un peu enfoncée, située dans un fond.

Giscala ou *Chichcaila*, ville située dans la tribu d'*Aser* (Joseph, *belli*, *cap.* 25), est un nom basque : *Giscala* signifie *bois menus, secs.* Cette ville auroit-elle été située au milieu d'un bois de futaie (1)? Nous pourrions multiplier les citations prises dans l'Écriture-Sainte; mais il faut enfin nous arrêter. De tout ce qui précède, nous pouvons conclure, selon les principes consignés dans la page 212, 1° que ces noms sont significatifs en basque; qu'ils appartiennent donc exclusivement à la langue basque; 2° que ces noms n'ont pu être donnés que par une colonie basque. Pourquoi la Terre promise n'auroit-elle donc pas été habitée par les Basques avant l'irruption de Josué?

Nous avons prouvé par la Bible la *primordialité* et l'*antiquiorité* de la langue basque; il nous reste maintenant à établir son *universabiliorité*. C'est ce que nous allons tâcher de faire à l'aide de citations empruntées aux anciens auteurs profanes. Le livre des sibylles étant l'un des plus anciens, c'est par lui que nous commençons.

(1) *Chara*, mot basque qui signifie en français *bois de basse futaie d'où l'on tire des échalas.*

DE SIBYLLIS FOETIDICIS.

LIBER PRIMUS.

Mots prétendus latins.	Vrai basque.	Traduction française.
Bathea.	Bat, bâti, bigari.	Un à un, aux deux.
Sardiana.	Sardia, sardiari.	Fourche, à la fourche.
Berosa.	Berua, berotxua.	Chaud, chaleureux.
Bati.	Bat, bati, biei.	Un à un, à deux.
Samia.	Samin, samia.	Aigre, acide.
Ænea.	Ene, enea.	Le mien, tout-à-fait mien.
Rabia.	Erabia, rabia.	Rage, désespoir.
Tela.	Tela, arroltze-tella.	Membrane d'œufs.
Heroa.	Eruac.	Fou, audacieux, héroïque.
Arbor.	Arbola.	L'arbre.
Gustus.	Gostua edo gustua.	Le goût.
Orci.	Orci, orcia.	Tonnerre.
Noë.	Norea, enea.	Au mien.
Nerei.	Nere, nerei.	Tout-à-fait au mien.
Imago.	Imaïna.	Image.

LIBER II.

Cantus.	Canta.	Chant.
Amor.	Amoria.	Amour.
Serenus.	Serios, serenua.	Sombre, triste.
Virginia.	Virgina.	Vierge.
Largus.	Largua.	Large, étendu.
Anima.	Arima.	Ame.
Sæculum.	Seculan.	Toujours, jamais.
Periturus.	Peitugaia.	Qui doit périr.
Elementa.	Elementa.	Bon coup, ouragan.
Uriel.	Uritar.	Pluvieux.
Monstruosum.	Munstrua.	Monstrueux.

Mots prétendus latins.	Vrai basque.	Traduction française.
Vestitus.	Bestitua.	Habillé.
Calumnia.	Calonia.	La calomnie.
Catena.	Gathea, cadena.	Chaîne.
Mania.	Mania.	Manie.
Dolor.	Doloria.	Douleur.
Forma.	Forma.	Forme.

LIBER III.

Cœlum.	Zerua.	Ciel.
Dione.	Dione.	Les femmes disent.
Casus.	Casua.	Le cas.
Avaritia.	Abarizia.	L'avarice.
Pœna.	Pena.	La peine.
Sator.	Sator.	La taupe.
Furor.	Furia.	La fureur.
Funditus.	Fundituá.	Abymé.
Phalangas.	Phalanga.	Barre de fer.
Oleum.	Olium.	L'huile.
Meatus.	Meatua.	Affoibli.
Corpus.	Gorphusa.	Corps.

LIBER IV.

Asyria.	Arrax-yria.	Vers le soir.
Attica.	Ateca.	Passage.
Tyro.	Tyrua.	Coup de fusil.
Cicci.	Zitzi.	Gros et gras.
Oriona.	Ori-ona.	Cela bon.

LIBER VII.

Sardus.	Sardia.	Fourche.
Carduus.	Cardua.	Chardon.
Chorus.	Khorua.	Chœur.
Gabriel.	Gabriel.	Gabriel.

Mots prétendus latins.	*Vrai basque.*	*Traduction française.*
Maria.	Maria.	Marie.
Maïa.	Maya.	La table pour manger.
Piper.	Pipher.	Poivre.
Anser.	Ansara.	Oie, oison.

VIRGILIUS.

ECLOGA PRIMA.

Fagus.	Fagua.	Hêtre.
Invidia.	Inbidia.	Jalousie.
Spes.	Esperantza.	L'espérance.
Libertas.	Libregua.	Liberté.
Urbis.	Ur-bi.	Deux eaux, ville.
Salix.	Saatxa.	Saule.
Pauper.	Pobria.	Pauvre.
Miser.	Miseria.	La misère.
Castanea.	Gaztena edo Gaztaina.	Châtaigne.

ECLOGA II.

Fastidiosus.	Fastigua.	Fastidieux.
Maïs.	Maïz.	Souvent.
Leæna.	Lehena, lena.	Le premier, l'aîné.
Viminis.	Mimena.	Osier.

ECLOGA III.

Herba.	Zerba.	L'herbe.
Pinus.	Pinua.	Le pin.
Linus.	Liua.	Le lin.

ECLOGA IV.

Egone.	Egon.	Demeure.

Mots prétendus latins.	Vrai basque.	Traduction française.
Aër.	Aïria.	L'air.
Humor.	Umoria.	Humeur.

ECLOGA V.

Calamus.	Calamua.	Chanvre.
Leo.	Leoina.	Le lion.
Tigris.	Tigria.	Tigre.
Lupus.	Lupua.	La louve.
Vota.	Botua, boza.	Vote.

ECLOGA VI.

Nerea.	Nerea.	Le mien.
Hila.	Hila.	Mort.
Ilia.	Ilia.	Cheveux.
Sardois.	Sarois.	Biens communaux.

Enfin, nous dira-t-on que le latin n'a pas emprunté ces mots : *hic*, *hæc*, *hoc*, du basque? puisque le basque est beaucoup plus ancien que le latin, et même que le grec.

Latin.	*Basque.*	*Français.*
Tu dicis *hic*.	Hic dioc hemen.	Tu dis ici.
Hæc sunt mea.	Hec ditue eneac.	Ceux-là sont à moi.
Hoc est illius.	Hoc harenac.	Ceux-ci sont à lui.

LISTE ALPHABÉTIQUE DE PLUSIEURS VILLES SITUÉES DANS LES QUATRE PARTIES DU MONDE, DONT LES NOMS SONT BASQUES (1).

A.

Basque.	*Français.*	*Position topographique.*
Aach, Acha.	Axe ou essieu.	Petite v. sit. au duché de Bade.
Achi, Achia.	Broyé, brisé.	Montagne sit. dans l'Anatolie.
Amaratzia.	Amarrer, lier.	Bourg maritime situé dans le désert de Baria.

B.

Baba.	Fève.	Petite ville située en Bulgarie.
Baçain.	Y étoit-il?	Belle ville d'Asie.
Bacalao.	Morue.	Petite ville sit. au Porto-Rico.
Bacar.	Seul, unique, sans pareil.	Contrée fertile située dans l'Indostan.

C.

Cabanac.	Tentes, caveaux.	Quatre villages de France, en Bigorre.
Calamo.	Chanvre.	Ile de l'Archipel turc des côtes d'Asie.
Callac.	Cailles.	Bourg sit. en Bretagne (France).

D.

Dagoue.	Qu'il reste.	Bourg situé en Égypte.
Deena.	Tout ce qui est.	Grande ville située en Afrique.
Doria.	Flèche, tour.	Rivière d'Italie.
Duka.	L'as-tu? tiens-tu?	Place forte d'Asie.
Dunac.	Ceux qui ont.	Bourg situé dans le département de la Charente.

(1) Cette liste est puisée du Dictionnaire mythologi-géographique.

E.

Basque.	*Français.*	*Position topographique.*
Eas, castia.	Causer, parler.	Bourg d'Angleterre.
Éder, ederra.	Beau, belle.	Village situé en Hollande.
Elourra.	Neige, froid.	Place forte des Indes.
Encada.	C'est à moi, c'est le mien.	Petite île de la mer Noire.

F.

Ferabat.	Un fer à cheval.	Belle ville située en Perse.
Feria.	Marché.	Petite ville d'Espagne.
Fundi.	Consommé, détruit.	Grande baie de l'Amér. sept.

G.

Gabian.	En défaut, sans.	Village situé dans le département de l'Hérault.
Gavi, bia.	Sans, en vain.	Bourg situé en Italie.
Ger, Gerri.	Petit cochon.	Grande ville sit. dans l'Arabie.
Giula.	Petit chalumeau.	Ville de la Haute-Hongrie.
Gooz.	De mémoire.	Grande ville d'Afrique.

H.

Haac, Edohic.	Lui ou toi.	Petite ville du roy. de Bavière.
Hacha.	Essieu ou axe.	Rivière de l'Amérique mérid.
Hal, Hala.	Ainsi, comme.	Ville de Souabe.
Harmar.	Armer, tendre.	Petite ville de Norvège.
Haro.	Tapage, bruit.	Ville située dans la Vieille-Castille (Espagne).

I, Y.

Ispira.	Réduit presque au néant.	Ancienne ville de l'Arménie.
Yaca.	Jaquette des enfants.	Petite et anc. ville d'Espagne.
Yaen.	Je mangerai.	Ville d'Espagne située dans l'Andalousie.
Yalea.	Mangeur.	Bourg de la côte occidentale d'Anatolie.
Yana.	Mangé.	Rivière d'Ibérie.

L.

Basque.	*Français.*	*Position topographique.*
Labia.	Four pour cuire.	Ville de la Turquie d'Europe.
Lacha.	Laissez, déliez.	Grande ville sit. dans l'Arabie.
Laguna.	Camarade, compagnon.	Ville capit. de l'île de Ténériffe.
Laruzar.	Peau usée, vieille.	Ville de l'Anatolie (en Éolie).
Lauza.	Pierre lause, ardoise.	Petite ville du roy. de Saxe.

M.

Machian.	Dans la magie.	Ile de l'orient, la plus fertile des Moluques.
Maina.	Fourreau.	Contrée de Grèce, en Morée.
Malva.	Guimauve.	Province très fertile des Indes.
Moutoura.	Museau.	Ville de l'Indostan, district de Brindabune.

N.

Narra.	Instrument aratoire.	Riche et belle ville dans l'île de Niphon.
Neré.	Mon, mien.	Bourg de France (Charente).
Niemen.	Moi ici.	Fleuve de Pologne.
Nigara.	Pleurs, gémissements.	Nom que prend le fleuve de S.-Laurent entre le lac Érié, au S.-O., et le lac Ontavrio.
Nisari.	Moi de suite.	Petite île de l'Archipel.

O.

Oaco.	Berceau.	Prov. d'Afr. au roy. d'Angola.
Olon.	Bonne avoine.	Village de France (Saône).
Onerá.	Au bon, à l'utile.	Ancien bourg d'Italie, dans la Marche Trévisane.
Orci.	Tonnerre.	Petite v.[e] d'Italie, au Bressan.
Oria.	Pâte pour faire du pain.	Nom d'un pays de Sardaigne.

P.

Basque.	*Français.*	*Position topographique.*
Palanka.	Barre de fer.	Petite v. de la Haute-Hongrie.
Paria.	Une couple, une paire.	Prov. de Pérou en Amérique.
Parian.	De pair.	Gros b. de l'île de Luçon (Indes).
Pascaıa.	Au pâtis, pâturage.	. . . .
Pausa.	Repos.	Petite ville de Saxe.

Q.

Quilloa.	Quenouille.	Royaume d'orient de l'Afrique.
Quito.	*Quitis*, recouvré.	Gr. prov. de l'Amér. mérid.
Quito.	*Idem, quitis.*	Ville considér. et capit. de la province du même nom.

R.

Recchena.	Le plus aisé.	Province de l'Indostan, dans le Pongeal.
Reinac.	Les reines.	Ville de France (Gironde).
Rhoda.	Roue.	Grand village situé en Égypte.
Rosario.	Chapelet.	Rivière d'Allemagne.

S.

Sacala.	Poche.	Ville d'Abyssinie sur une hauteur.
Sahar.	Ancien, vieux.	Gr. région sablon. d'Afr.; ville maritime sit. dans l'Arabie.
Sala.	Joli appartement.	Jolie ville de Suède.
Sari.	Bientôt, à l'instant.	Ville du Mazanderan (Perse).

T.

Taberna.	Cabaret, restaurant.	Petite v. de la Calabre (Naples).
Ti, Tira.	Tirer, rétrécir.	Petite ville d'Italie.
Titzana.	Tisane.	Petit village de Toscane.

U.

Basque.	*Français.*	*Position topographique.*
Uri.	Pluie.	Canton de Suisse.
Urk.	Fourche.	Petite île de Hollande.
Urritzt.	Noisetier.	
Uster.	Tendre.	Un district de Suisse.

Z.

Zara.	Usé, mauvais.	Gr. et forte ville de Dalmatie.
Zira.	Vous êtes.	Ancien bourg de la Palestine.
Zurich.	Blanchâtre.	Un des plus considérables cantons de Suisse.

PLUSIEURS VILLES DE FRANCE DONT LES NOMS PRIMITIFS SONT BASQUES.

1º. Le nom primitif de la ville de Paris est basque. *Lutetia*, syncope de *lot-hetzia*. Ce nom primitif est puisé de la propriété topographique, comme le sont tous les noms basques. *Lot*, verbe qui signifie : *lot-lotzia*, s'attacher, se prendre. *Hez hezia*, adjectif, vert, verte, gluant, attachant; c'est-à-dire, une ville située sur une boue ou gachis glissant et attachant. Me dira-t-on que la chose n'est pas ainsi? Pourquoi les premiers habitants de la ville de Paris ne seroient-ils pas Basques?

2º Le nom primitif de *Versailles* est basque. *Versalia*, syncope de *bertz-guilea*. Ce nom dérive de l'art des premiers habitants du bourg et du village, qui devoient être chaudronniers. Car en basque, *bertz*, *bertza*, signifie chaudière, et *guilea*, faiseurs ; c'est-à-dire, un bourg ou ville formée par des chaudronniers.

3° Le nom primitif et actuel de la ville d'*Orléans* est basque, à la rigueur du terme, et sans la moindre altération : *Aurelia*, syncope de *auerlia*, tout ceci abeille. Ce nom dérive de la position topographique, c'est-à-dire d'un endroit propre pour les mouches à miel ou pour les abeilles.

4° Le nom de *Rouen* est basque. *Rouen*, syncope de *ero-han*, la source, la racine là. C'est-à-dire que la ville de Rouen a été la source ou le refuge de quelques colonies, ce qui n'est pas invraisemblable à raison de son antiquité.

5° Le nom de la ville d'*Arras* est basque sans la moindre altération.

Arras signifie en basque *tout*, *tout-à-fait*, pris dans le sens le plus étendu, ce qui me prouve que les premiers colons de cette ville devoient être basques.

6° *Belley*. Le nom de cette ville est basque encore sans la moindre altération : *Belley* signifie en basque *aux corbeaux*, c'est-à-dire, pays où ces oiseaux abondent à cause des forêts.

7° *Digne*, *Dinia*, syncope de *dina*, *dena*. Ce nom est basque, et n'a, pas plus que les précédents, éprouvé d'altération; il signifie *tout ce qui est, le tout. Dina, dena, ênia,* tout à moi.

18°. *Luçon.* Le nom de cette ville est basque, à la rigueur du terme. *Luçon*, syncope de *luz-on*, qui signifie en basque *long et bon*. Ce qui prouve que les habitants qui ont donné ce nom devoient être nécessairement basques.

19°. *Mende.* Le nom de cette ville est basque. Il a conservé aussi toute sa pureté; il signifie en basque, *long-temps, un siècle. Mende baten ondoan,* après un siècle.

Ainsi de plusieurs autres villes de France dont les noms sont basques, et dont les habitants ne l'étoient pas moins avant que Jules César n'arrivât dans les Gaules.

En voilà, ce me semble, beaucoup plus qu'il n'en auroit fallu pour prouver l'antiquiorité et l'universabiliorité de la langue basque.

Voyons actuellement si la langue basque (*escuara*) est digne d'occuper, par ses attributs, la première place parmi les langues les plus parfaites de toute l'antiquité.

Premièrement. Une langue quelconque, formée avec la nature, doit être conforme à cette même nature.

Secondement. Si elle est naturelle, elle doit se conformer, par ses locutions, aux différents âges de la nature; c'est-à-dire, elle doit croître au fur et à mesure que la nature se développe, et pour cela elle doit avoir trois langages conformes à chaque âge. 1° Un langage enfantin, diminutif; 2° un langage plus mâle, d'égalité; 3° un langage mûr, censé de respect.

Troisièmement. Si elle est naturelle, elle doit être plus facile et plus aisée à apprendre, à raison de sa sympathie, que les langues formées par imitation.

Quatrièmement. Dans une langue primitive, créée par conséquent sans modèle, tous les verbes, à l'exception des verbes auxiliaires, ayant été formés des adjectifs, il faut qu'ils puissent redevenir ce qu'ils étoient d'abord, c'est-à-dire adjectifs déclinables.

Cinquièmement. Enfin elle doit avoir, *juxta genus suum* (d'après la Bible), selon son genre de langue, plus de parties élémentaires que toutes celles de l'Europe collectivement prises.

Il s'agit donc maintenant de voir si la langue basque est conforme à la nature.

PREMIÈRE OBSERVATION.

On n'est point d'accord sur le nombre des langues primitives, quoiqu'on présume qu'il y en eut soixante-douze, parceque l'Écriture sainte nomme soixante-douze descendants de Noé qui ont partagé la terre, et que chacun a dû probablement former la sienne : toutefois ce qu'il y a de certain, c'est que les uns ont pris l'*hébreu* pour la première langue, les autres l'*arabe*, ceux-ci le *grec*, ceux-là le *teutonique*, ceux-là enfin la *leur* propre.

Pour moi, je veux être plus discret; je serai content d'établir que la *mienne*, qui est le basque, est digne d'être *une* des premières, par son antiquité que j'ai démontrée, et par sa conformité à la nature qu'il me reste à prouver. D'après Moïse, seul historien du monde primitif, digne de foi, nous ne pouvons pas douter de la confusion des langues.

Venite descendamus. (Genèse, chap. 11.)

Mais toutes les langues primitives, quel que soit leur nombre, devoient avoir les mêmes attributs et la même perfection; puisqu'elles découloient de la même source. En les analysant, nous remonterions peut-être jusqu'à l'origine des premiers peuples; car M. Gébelin prétend, et avec raison (Dict. étymol. de la langue latine, pag. 37), que l'analyse des langues ne sert pas seulement pour comprendre les monuments de l'antiquité, mais encore pour arriver aux temps inconnus de l'histoire du genre humain, et à l'âge proprement dit de nature. Mais, pour arriver à ce but, il faudroit que les langues primitives n'aient pas été dénaturées par les envahissements des conquérants qui apportoient leurs mœurs et leurs langues chez les peuples auxquels ils imposoient leurs lois.

On doit apprendre et connoître, continue M. Gébelin, par l'ensemble et la liaison des voix d'une ancienne langue, le génie des habitants primitifs, l'époque de leur réunion, de leur organisation ; celle de leur constitution, de leurs *lois*, de leurs *usages* et de leurs *coutumes*; l'étendue de leurs connoissances; leur manière de vivre; leurs passions dominantes; leurs caractères; la nature du territoire, et les productions du pays; la vertu, la religion, et les vices de leurs habitants; en un mot, une langue doit être, si elle est primitive, parcequ'elle seroit nécessairement naturelle; la *charte* et le *code* d'un peuple quelconque, son histoire existante par tradition, enfin ses sciences et son art, comme cela l'étoit dans le temps où les hommes n'avoient même pas encore de lois écrites, etc. Voilà précisément la raison pour laquelle les nations anciennes qui ont eu le moins de communications avec les autres peuples, et qui ont pu, par cela, conserver leur langue primitive, raisonnée et significative, c'est-à-dire, dont tous les noms appellatifs expriment et font connoître la qualité et la propriété intrinsèque des objets auxquels ils s'appliquent, comme

dans l'idiome basque, n'ont laissé rien d'écrit.

Mais où trouver aujourd'hui cette langue vierge? Les langues les moins imparfaites, dit un grand philosophe de nos jours, sont, comme les lois, celles qui ont le moins d'arbitraire. La langue la plus ancienne est celle d'un peuple qui a été le plus rarement subjugué.

L'ancienneté de la nation basque étant déja reconnue et avouée, il n'y a qu'à parcourir les annales historiques du monde connu, pour se convaincre de l'ignominieuse subjection des puissances les plus colossales de l'univers. Ce n'est donc pas chez elles que nous devons chercher cette langue primitive. Mais où la trouverons-nous? Chez un petit peuple réduit à une étendue de territoire formant une simple lisière entre la France et l'Espagne; chez un peuple oublié, et digne d'occuper le premier rang parmi les nations de l'univers; chez un peuple qui n'a jamais été vaincu, comme ses annales en font foi; enfin chez la nation basque, qui survit seule à la destruction de tant de monarchies, d'empires, et de républiques, et qui conserve encore ses antiques *lois*, ses *fors*, ses *usages*, et ses *coutumes*, avec la pureté de sa langue primitive, qui seule peut-être réunit tous les caractères d'une langue mère.

Monsieur Gébelin (*ibidem*) croit que les langues gauloises et zaldiques, et non pas zeltiques comme il l'écrit; telles que les parlent encore aujourd'hui les *Laphourtains*, les *Souletains*, les *Navarrois*, les *Guypuscoyens*, et les *Biscayens*, sont deux idiomes primitifs; mais il se trompe: ces peuples se servent d'un seul et même idiome; et, pour prouver cette vérité, il n'y a qu'à voir les noms les plus anciens de toutes les montagnes et de toutes les rivières des contrées où les Basques ont séjourné, et on s'assurera que tous les noms primitifs sont basques et très significatifs.

M. Depping dit, dans son histoire d'Espagne (1), qu'on ne peut pas douter de la haute antiquité de la langue basque, puisqu'on sait qu'elle a donné les noms aux villes les plus anciennes, aux rivières et aux pays qui ont été connus dans l'antiquité la plus reculée.

Si MM. Gébelin et Depping, dont j'admire la profonde érudition et respecte l'autorité, eussent feuilleté l'Écriture-Sainte avec autant de soins et d'attention que moi, ils auroient certainement reconnu que, d'après elle, nos aïeux *escualdunac* ou basques durent s'établir au nord ou à l'ouest de la montagne d'Arménie, avant de se répandre plus au loin; et qu'ils s'y fixèrent, comme l'attestent les noms des montagnes, des villes, des rivières, qui sont tous basques: tels que la plaine

(1) Livre 27.

de *Sénaar*, la ville de *Ur*, la ville de *Haran*, celles de *Odolla*, de *Hur*, de *Cadesbarne*, de *Horma*; la rivière d'*Arnom*, par antonomase; la montagne de *Socoth*, la montagne de *Phasga*; enfin la ville de *Gabaa*, et beaucoup d'autres que je pourrois citer, mais que je passe sous silence pour éviter d'être long.

Scaliger et beaucoup d'autres écrivains savants et judicieux soutiennent que la langue basque est tellement abondante et expressive, qu'elle ne doit pas être regardée seulement comme une langue mère, mais encore comme une langue antérieure à tous les établissements que les étrangers firent dans l'Espagne cantabrique. Ils la reconnoissent pour une langue plus ancienne que la langue latine, et ils ajoutent que, à l'instar de la langue hébraïque, tous les noms appellatifs dérivent des attributs et de la propriété intrinsèque de la chose qu'on veut se représenter. Si Scaliger eût su que Cadmus, Grec de nation, avoit emprunté seize lettres de notre alphabet pour former sa langue grecque; s'il n'eût point ignoré le nombre des termes que les langues des Hébreux et des Latins ont empruntés à la nôtre, il auroit traité cette matière différemment. Mon but est de la toucher de plus près, sans chercher à diminuer l'autorité respectable de ces auteurs, et j'espère qu'on ne trouvera pas mauvais que je puise la supériorité de la langue basque sur celles de l'Europe, et même de l'univers, de son excellence et de sa *perfectibiliorité*. J'ai la ferme conviction, sur-tout d'après la savante analyse des différents idiomes faits par M. *Astarloa*, dans son apologie de la langue basque, que celle-ci doit être, par son antiquité et par la signification de ses lettres, de ses syllabes et de ses voix, sinon la langue d'Adam, ce point est l'objet des recherches depuis bien des siècles, du moins sa fille aînée.

Le même auteur dit dans la même apologie, page 440, que l'idiome basque est une langue parfaite et consommée dans tout son mécanisme; une langue qui présente naturellement, et par ses expressions, la plus naïve, la plus vive, et la plus naturelle peinture du monde primordial; une langue qui, sans la moindre anomalie, rend les pensées les plus délicates avec les mots les mieux appropriés par la philosophie naturelle; une langue enfin qui peint les êtres, leurs actions, leurs modifications, et qui découvre, par l'étymologie de ses noms, des secrets cachés à la littérature de tous les siècles connus. Nous tâcherons de prouver la vérité de ces faits.

Une langue primitive, si elle est naturelle, doit suivre toutes les époques de la nature, et se conformer, par les différentes locutions, aux différents âges de la vie.

SECONDE OBSERVATION.

Je ne doute pas que dans l'origine, et d'après la nature seule, les caractères ou lettres de l'alphabet basque, ne fussent une parfaite imitation, ou un portrait consommé de la figure, de la bouche, de la langue, et des lévres de l'homme parlant; mais puisque cette esquisse, digne sans doute de l'Être suprême, n'existe plus, examinons l'alphabet basque, tel qu'il est arrivé jusqu'à nous. Il est composé de trente-deux lettres ou caractères, qui sont: *a, b, c, z, d, e, f, g, ch, i, j, k, kh, l, ll, m, n, ñ, o, p, ph, q, r, s, t, tt, u, ts, sz, y, x, tz*, et qui présentent trente-deux actions différentes.

Toutes ces lettres ou caractères modernes, formés probablement des anciens, ne sont pas seulement significatifs, parcequ'ils offrent, pris ensemble, une idée juste et claire de tout ce qu'ils doivent représenter (1), mais encore ils sont une copie exacte de la nature, en ce qu'ils imitent, avec le mouvement de la langue et des lévres, les

(1) Voyez la solution du premier théorème grammatical.

choses mêmes qu'ils doivent désigner. Cette représentation est tellement réelle et vraie, que nous connoissons, dans le pays basque, des *sourds et muèts* de naissance si adroits, qu'ils comprennent, par les mouvements des lévres et de la langue, tout ce qu'on leur dit, sans se méprendre que très rarement. Cela provient sans doute de ce que toutes les lettres de l'alphabet basque ont une analogie naturelle, parfaite et innée, avec l'idée qu'on se propose de communiquer. Mais voyons premièrement s'il y a une langue naturelle. Il n'y a rien de mieux établi dans l'Écriture-Sainte que l'existence d'une langue naturelle, *propre*, et exclusivement inhérente à chaque espéce. Pour convaincre les incrédules, je vais citer le texte sacré : « Le Père éternel fit venir devant Adam tous les animaux qu'il avoit créés, afin qu'il leur donnât leurs noms; et le nom qu'Adam leur imposa est leur véritable nom... *Ipsum est nomen ejus.* » (Genèse ; chap. 2.) Supposera-t-on une nomenclature tirée de la propriété ou des attributs saillants de la *momminende* où de la chose à dénommer, sans une langue propre à l'établir? Dira-t-on, dans un accès de dépit, que la sainte Bible est un assemblage de fables?... Hélas! combien de fois ne l'a-t-on pas répété? Mais j'espère qu'on nous permettra de faire observer qu'il ne suffit pas de le dire, qu'il faut le prouver ; et, pour le prouver, ne faut-il pas anéantir l'*autorité* et l'*authenticité* universellement reconnues de la sainte Bible? Mais pourquoi n'adopterai-je pas pour un moment cette opinion, quelque ridicule et quelque absurde qu'elle soit, afin de prouver à mon tour, par le simple bon *sens*, que ceux qui la professent ont tort, et que leur système particulier, mais éphémère et sans *autorité*, repose sur l'erreur?

Examinons les faits sans passion et de bonne foi, en avouant franchement avec saint Augustin, *humanum est errare*. Oui, il y a une langue naturelle, inhérente à chaque espèce ; peu m'importe qu'elle soit plus ou moins bien articulée, ou seulement *pantomimique*. Puisque chaque espèce s'entend et se comprend dans les quatre parties du monde, cette langue doit être nécessairement naturelle ; car, sous le soleil brûlant de la zone torride, et au milieu des frimas de la Grande-Ourse, chaque espèce entend le même langage. En effet, me soutiendra-t-on que l'âne ne *brait*, le bœuf ne *mugit*, la brebis ne *bêle*, le chat ne *miaule*, le cheval ne *hennit*, le chien n'*aboie*, que dans les seules contrées de l'Europe? Cette unité de *compréhension*, exclusivement inhérente à chaque espèce homogène, malgré la diversité des climats, malgré la diversité des positions topographiques, et malgré l'hétérogénéité des fibres auriculaires de chaque bête, ne peut être attribuée qu'à l'unité du Créateur, conséquemment au naturalisme de la langue. Il y a donc une langue naturelle, inhérente à chaque espèce, nonobstant le système du citoyen *Quatremère Disjonval,* qui prétend gratuitement que les langues se formèrent d'abord par l'imitation du bruit de l'eau, du bruit des instruments qui la procurent, du bruit des animaux qui l'invoquent.

Toute imitation présupposant un *paradigme,* je voudrois que le citoyen *Quatremère Disjonval* me prouvât, dans le premier rapport qu'il feroit à sa savante et chrétienne société,

1° Que Moïse est un historien inexact;

2° Que les bruits ou cascades des montagnes d'*Éden* ont précédé la formation de la langue primitive;

3° Comment ces prétendus bruits, créateurs des langues, si différents en eux-mêmes, et si souvent diversifiés, soit par les vents qui soufflent, soit par l'éloignement plus ou moins grand, par la vibration dans l'air, par le réfléchissement de l'écho, ou par la présence de la nuit, ou enfin à raison de la position topographique, suivant qu'il existe des plaines ou des montagnes, ont pu *inspirer,* ou *produire* cette unité de *compréhension* exclusivement propre à chaque espèce répandue dans les cinq zones de la terre. Est-ce qu'un tel système n'a pas pour but de former l'*homogénéité* par l'hétérogénéité même?

Convenons donc que l'auteur de la langue naturelle est Dieu, et que l'histoire décrite par Moïse est véridique.

Maintenant je demande pourquoi l'espèce humaine n'auroit pas sa langue comme les autres espèces? Quoi! l'homme, la plus parfaite créature parmi tous les êtres; l'homme, seul formé à l'image de Dieu, seroit un être muet? Mais s'il est le seul créé à l'image du Créateur, son Créateur est donc un être muet? S'il ne l'est pas, pourquoi auroit-il privé l'homme d'un attribut sublime, et qui devoit constituer sa *perfectibiliorité* sur toutes les autres créatures?

A Dieu ne plaise que je mette l'homme, ce type noble de la Divinité, au-dessous des bêtes fauves, comme l'ont fait les élèves frénétiques d'une *révolution insensée*; mais, en reconnoissant la supériorité de l'homme, il faut au moins convenir qu'il y a une langue *naturelle, générale, commune, indéfectible, indestructible*, et qui ne finira qu'avec l'espèce avec laquelle elle a été créée. Mais quelle est cette langue naturelle?

1° C'est la langue dans laquelle les êtres, en naissant, désignent dans leur état d'animal, par une première impulsion et par leurs premiers cris, la différence de leur genre : ainsi, dans les pays basques, on connoît si un enfant est mâle ou femelle, avant même de le voir, parcequ'un petit garçon commence ses pleurs en prononçant *a*, qui signifie en basque *ar-arra*, *Adam*, mâle, masculin; et une fille par *é*, *émé-émea*, *eba*, féminin, femelle.

2° La langue naturelle est celle qui s'approche le plus de sa cause créante, et qui commence ses premiers mots en bégayant les noms qui se rapportent à cette cause. En effet, les premiers mots que les enfants à peine balbutiant prononcent dans les quatre parties du monde, quelle que soit la langue de leurs parents, sont basques, comme: *att-atta*, père; *am-ama*, mère; *tti-tti-tti*, mamelle; *pa pa pa*, manger; *man-maman*, téter; *lo-lo*, dormir; *aup-aupa*, lever; *phu-caca*, malpropre. Mais il nous reste encore à voir si la langue basque, comme langue primitive, conséquemment naturelle, se conforme dans ses locutions aux différents âges de la vie. D'abord, elle devient naturellement *enfantine*, c'est-à-dire petite et diminutive avec les enfants; *adulte* avec les adultes; *majeure* avec les majeurs. De manière qu'on peut dire avec raison qu'elle croît au fur et à mesure que la nature croît. Pour prouver cette vérité, prenons pour exemple une nourrice basque, qui représentera toutes les femmes basques, et observons les différentes locutions que cette femme emploiera pour parler à son enfant, jusqu'à ce qu'il soit arrivé à sa majorité.

AGE ENFANTIN.

Ñola chett chittutt eñe matte mattea? bihotcha? chaüri, aupa, chaüri ttitti bihotcha? indachu muchu? etc., etc.

Comme il m'est impossible de donner une traduction exacte de ce langage purement naturel, et qui exprime les tendres caresses d'une mère, il faut que je me borne à une traduction approchante.

« Comment êtes-vous, mon aimé? mon très « aimé cœur, venez aupa, venez titi, cœur, donner, « baiser, etc., etc., etc. » On s'aperçoit sans peine que ce langage français est commun à tous les âges, ce qui prouve que la langue française, quelque belle qu'elle soit, n'est pas naturelle.

SECOND AGE, AGE ADULTE.

Cette langue comme langue naturelle, conséquemment primitive, toujours fidèle à suivre la marche de la nature, paroît plus formée, et n'emploie plus les mots enfantins. Au fur et à mesure que la nature croît, elle change de locutions, et, abandonnant ces termes de caresses et ces expressions diminutives, elle prend un langage plus mâle.

Nola hit ene puticua? aspaldian ez hit ikhusi? nola Phasatu dituc nic undar aldian ikusiz guerosticaco demborac?

Traduction française.

« Comment es-tu, mon petit garçon? Il y a « long-temps que je ne t'ai vu : comment as-tu « passé le temps depuis notre dernière entrevue? »

TROISIÈME AGE, AGE MAJEUR.

Dès que les lois ecclésiastiques et civiles reconnoissent qu'un citoyen est capable de se diriger lui-même, cette langue, aussi riche en termes respectueux, que pauvre en termes et en propos déshonnêtes, traite ce citoyen récemment installé dans l'ordre social par sa majorité, avec tout le respect dont les lois l'environnent.

Onqui ethorri zirela seme jauna; segurqui ontxa berantexia zintudan; anhitz axecabetan nintzan, ez yaquinez, eya zerbait makhur bidian ukhan zinuenez, etc.

Traduction française.

« Monsieur et mon fils, soyez le bien arrivé; je

« vous attendois avec impatience ; j'étois fort en « peine, ne sachant si quelque contre-temps vous « étoit arrivé en votre route, etc., etc. »

Il résulte donc : 1° Qu'il y a une langue naturelle ; 2° Que la langue basque est digne d'être une des premières langues par son ancienneté, aussi bien que par son naturalisme, puisque la nature se sert spontanément de cette langue dans les quatre parties du monde, quel que soit l'idiome des habitans ; 3° Par sa conformité aux différentes époques de la nature croissante.

Reste maintenant à examiner si la langue basque n'est pas la plus facile à apprendre, comme langue naturelle, à raison de sa sympathie avec la nature. Voyez la grammaire, pour prouver ce fait.

CONCLUSION.

Nous avons prouvé, 1° Que le mot *escuara* dérive de l'attribut *escu-alde-dunac*, par syncope *escualdunac*, *ambidextérité*, c'est-à-dire qu'il vient de la disposition, de l'*aptitude* (par *excellence*) de la nation *basque* pour *tout*; 2° Que, d'après l'Écriture-Sainte, la langue basque-asiatique, *escuara*, existoit avant le déluge, suivant les principes déja reçus et adoptés par les écrivains sensés et judicieux ; 3° Qu'après l'oracle de Noé, qui bénit la postérité de Japhet, notre souche, nos aïeux devoient habiter dans les tentes de *Sem*, qui dérive de *sem*, *seméa*, fils; qu'ils y ont réellement habité, comme nous l'avons démontré jusqu'à l'évidence par les noms des villes, des montagnes, des rivières et des provinces, qui sont basques et significatifs; 4° Que si la langue *escuara*, basque, n'est pas celle du Père éternel, qu'elle est du moins une des plus anciennes; 5° Qu'elle est universelle, comme langue naturelle, et mère de plusieurs langues modernes; 6° Qu'elle prouve son *naturalisme* par sa conformité à toutes les époques de la nature parlante, et parcequ'elle se fait entendre et comprendre, par le seul mouvement labial, même à la nature muette; 7° Qu'elle est beaucoup plus facile à apprendre que les langues modernes, parcequ'elle a beaucoup plus de sympathie avec la nature, parcequ'elle a des principes beaucoup plus précis, plus sûrs, et plus clairs; 8° Enfin, qu'elle est plus facile, parcequ'elle a infiniment moins de difficultés que les langues modernes.

PARALLÈLE ANALYTIQUE

QUI PROUVE MATHÉMATIQUEMENT LA SUPÉRIORITÉ DE L'IDIOME BASQUE-ASIATIQUE SUR TOUTES LES LANGUES MODERNES, ET MÊME SUR LE GREC ET L'HÉBREU.

La langue basque ayant dans son alphabet sublime et mystérieux (1) trente-deux caractères qui désignent autant d'actions, sont tous également radicaux, et jouent chacun un rôle, sans confusion et sans pléonasme; elle est plus riche que toutes les langues anciennes et modernes.

CHAPITRE PREMIER.

DU NOM.

Il résulte de ce chapitre:

1° Que la langue basque n'ayant pas de genres épicènes, elle présente moins de difficultés que les langues modernes, conséquemment elle est plus facile à apprendre qu'elles.

2° Les pluriels se formant par le seul caractéristique *c*, invariable dans sa racine et dans sa signification, et commun à tous les genres, cette langue est moins sujette à devenir arbitraire,

(1) Voyez la solution du premier problème inséré dans le Recueil des problèmes résolus.

comme la plupart des langues modernes; conséquemment elle est plus sûre dans ses principes élémentaires.

CHAPITRE II.

DE L'ARTICLE.

Il résulte de ce chapitre:

1° Que lors même que la langue basque ne porteroit pas avec elle l'article qui, dans cet idiome, fait partie des lettres qui composent un mot, elle seroit néanmoins susceptible de prendre l'article des langues modernes, comme je l'ai fait voir dans ma dissertation; 2° Que l'existence de six cas, dans les déclinaisons, est un pur pléonasme, puisqu'il ne peut y avoir que quatre *rapports* entre les individus, savoir: celui de l'*agent*, celui du *récipient*, celui du *patient*, et enfin celui du *possesseur*; et cela est tellement vrai, que, quoique chaque nom basque ait jusqu'à onze cas, les Basques ne font usage que des quatre dont nous venons de parler.

CHAPITRE III.

DE L'ADJECTIF.

Il résulte de ce chapitre:

1° Que la langue basque et la langue française sont d'accord sur l'existence des adjectifs;

2° Qu'il y a beaucoup de difficultés, ou au moins beaucoup d'arbitraire, dans la seconde langue, sur l'accord de l'adjectif avec son nominatif; et pas la moindre difficulté dans la langue basque, parceque la concordance de l'adjectif avec son substantif est inhérente à l'essence de cette langue, comme je l'ai démontré.

CHAPITRE IV.

DU PRONOM.

Il résulte de ce chapitre,

1° Que la langue basque et la langue française sont d'accord sur l'existence des pronoms; mais qu'elles sont bien loin de l'être sur les inflexions et les désinences de ces mêmes pronoms, puisque les Français n'en ont que six, et les Basques naturellement quinze. Ce seul fait prouve que la langue basque est beaucoup plus énergique et beaucoup plus riche que les langues modernes;

2° Qu'il y a dans la langue basque, outre ces pronoms dont le grand nombre d'inflexions prouve le *naturalisme*, d'autres pronoms simples dont l'existence sera un vrai problème aux yeux des auteurs qui ont écrit sur les langues modernes.

Du QUI, QUE, *relatif français.*

Les *qui*, *que* relatifs français, qui sont naturellement épicènes, puisqu'ils deviennent tantôt *masculins*, tantôt *féminins*, n'ont qu'une vingtaine d'inflexions différentes; au lieu que les *qui*, *que* relatifs basques en ont jusqu'à cent quatre-vingts, comme je l'ai démontré en son lieu. D'où vient une différence si énorme? de ce que la langue basque, comme langue naturelle, et qui ne doit pas sa perfection au temps et au travail des hommes, ainsi que la plupart des langues modernes, est inépuisable dans ses désinences, dans ses inflexions naturelles et multipliées, comme nous allons le voir, sur-tout dans les conjugaisons basques ci-après.

CHAPITRE V.

DU VERBE BASQUE.

Il résulte de ce chapitre,

1° Que les verbes basques radicaux, *simples* et *doubles*, sont composés avec tant d'art et tant d'exactitude, que tous se conjuguent de la même manière et avec les mêmes caractéristiques, sans altérer jamais cet ordre tracé par la nature; de sorte que la première conjugaison apprise, on conjugue d'une manière sûre et invariable tous les verbes possibles, comme je l'ai expliqué dans les différents tableaux que j'ai dressés à cet effet;

2° Que quand tous les verbes basques sont *doubles*, comme *yaten dut*, je mange, etc., tous les verbes français sont *simples*, comme *je lis, tu lis, il lit*, etc.;

3° Qu'à proprement parler, la langue française, quelque belle, quelque savante, et quelque riche qu'elle soit, n'a qu'un seul verbe, c'est-à-dire le verbe auxiliaire *être;* car lui seul exprime l'opération de l'esprit qui juge, en *liant* l'attribut au sujet, comme l'on pourra le voir à l'article préposition (1). Les autres mots que les Français appellent verbes (désignation bien inexacte) ne font que renfermer l'idée du verbe *être* proprement dit, et l'idée de quelque attribut : car, qui pourra soutenir que *j'aime* n'est pas la même chose que *je suis aimant; je finis*, que *je suis finissant; je reçois*, que *je suis recevant; je rends*, que *je suis rendant?*

4° Que la langue basque et la langue française sont d'accord, quant aux nombres verbaux, mais ne le sont pas quant aux pronoms verbaux, puisque la première a neuf pronoms, *six* au singu-

(1) Voyez Gueroult, p. 77.

lier, et *trois* au pluriel; et la seconde n'en a que *six*, comme on le sait;

5° Que la langue basque est bien plus *docile* que les langues modernes, et bien plus propre à exprimer la reconnoissance, puisqu'elle a formé deux conjugaisons avec des nuances et avec des inflexions particulières; la première, pour rendre le respect que l'on doit aux *anciens*, et l'autre, pour exprimer les égards que l'on doit au sexe, et indiquer la différence du genre; tandis que les langues modernes confondent tous les genres dans leur mécanisme verbal.

6° Que les verbes basques sont beaucoup plus précis et beaucoup plus énergiques; puisque chaque verbe radical basque présente seul les quatre conjugaisons françaises, soit dans la voie *active*, soit dans la voie *passive*, comme je l'ai fait voir dans les tableaux généraux.

7° Que les verbes français ne se conjuguent qu'une seule fois, tandisque le même verbe français est conjugué en basque vingt-six fois; c'est-à-dire deux fois en *ligne directe*, et vingt-quatre fois en *ligne collatérale*. Voyez la solution du théorème grammatical y relatif.

8° Il résulte encore de ce même chapitre que, supposé que la langue basque n'eût aucun principe (ce qui est faux) comme l'ont prétendu les anciens écrivains, et comme le prétendent peut-être encore quelques écrivains modernes plus prévenus et plus entêtés que savants ; elle est réductible aux principes des langues modernes, comme je l'ai démontré.

9° Enfin, qu'outre ces principes généraux reconnus par les *grammairiens* modernes, l'idiome basque se compose de verbes *doubles* et *simples*. Il est en cela un véritable portrait de la nature dans l'ordre d'agir et de communiquer ses pensées. C'est une preuve de plus en faveur du naturalisme de la langue basque. J'ai déja observé que les Basques se servent du verbe *simple*, quand les *êtres* exercent leurs facultés par eux-mêmes sans le moindre secours étranger ; et du double ou composé, quand *ils ont besoin* du secours d'un autre agent ; et, pour s'en convaincre, il n'y a qu'à voir la Grammaire bilingue.

DES VERBES BASQUES.

Il convient de faire quelques observations avant de considérer les verbes basques dont le mécanisme admirable, les inflexions nombreuses, inconnues aux plus profonds grammairiens, prouvent d'une manière irrésistible qu'ils n'ont pu être formés que par un être intelligent, et dont la raison étoit mûre avant de créer cette langue. Peut-être dira-t-on que mon amour démesuré pour ma patrie, que mon imagination exaltée, me présentent tous les avantages de ma langue paternelle comme au travers d'un microscope; mais, si j'ai le malheur d'habiter la zone *torride*, que les habitants de la zone tempérée me jugent sans prévention et avec connoissance de cause: je les constitue mes juges.

Première remarque.

Les conjugaisons françaises ne se multiplient qu'en multipliant les verbes conjugables, comme je l'ai fait voir par le moyen des tableaux *généraux* que j'ai eu l'honneur de présenter au lecteur; au lieu que les conjugaisons basques se multiplient jusqu'à vingt-six fois avec l'unité indivisible de chaque verbe conjugable. Voyez le recueil des poblèmes ou théorèmes, page

Seconde remarque.

Il y a beaucoup de difficultés et d'*arbitraire* dans l'unité indivisible des conjugaisons françaises, comme je l'ai déja observé; puisque, d'après MM. l'abbé *d'Olivet* et *Lhomond*, exacts et savants grammairiens, l'usage (*produit* du caprice du vulgaire ignorant) est le seul guide sur plusieurs points même qui tiennent aux principes; au lieu que dans la multiplicité des conjugaisons basques, puisée de l'unité indivisible du verbe, rien n'est laissé à l'arbitraire, parceque les régles tracées par la nature, loin d'être sujettes aux caprices du vulgaire ignorant parlant d'ordinaire sans principe, sont invariables dans les désinences, claires, précises et inaltérables dans les caractéristiques.

Troisième remarque.

La langue française ne connaît pas, dans son mécanisme verbal, les principes des genres. N'ayant aucun caractéristique dans son essence, elle est forcée d'avoir recours aux pronoms déclinaisonnaux; de sorte que ce qui est désigné dans l'ordre déclinaisonnal par *l'article* devient pronom dans les verbes; au lieu que la langue basque consacre aux femmes une inflexion dans ses conjugaisons; comme la langue hébraïque, et posséde une conjugaison féminine pour exprimer le culte que chaque homme doit rendre à sa mère.

Quatrième remarque.

La langue française ne connoît qu'un seul langage dans ses conjugaisons, et encore y est-il assez confus; au lieu que l'idiome basque possède dans l'unité du verbe et dans l'unité absolue de la même conjugaison, sans augmenter le *nombre*, sans changer ni les temps, ni les modes, ni les voix, jusqu'à quatre langages clairs, précis, désignés par des inflexions certaines et par des caractéristiques qui ne peuvent jamais faire naître la moindre confusion, ni la moindre méprise. Voyez la solution du problème ou théorème y relatifs.

Cinquième remarque.

Les prétendus verbes neutres français se conjuguent pour la plupart avec le verbe auxiliaire *être*, ce qui embarrasse beaucoup les commençants et les étrangers, comme je l'ai éprouvé moi-même, au lieu que les verbes neutres basques se conjuguent sans le verbe auxiliaire *être*, parcequ'ils sont simples; et c'est précisément cette simplicité qui constitue la neutralité, comme *nator*, je viens; *hator*, tu viens; *dator*, il vient.

Sixième remarque.

Je ne sais comment expliquer la contexture énergique des mots, la facilité des significations naturelles, et la métamorphose des infinitifs et des participes basques qui deviennent *naturellement nominatifs*, et se déclinent comme les noms.

(Voyez la solution du problème ou théorème). Je me borne à prier les gens de lettres d'examiner et de juger d'après les principes que j'ai exposés dans la grammaire.

Septième remarque.

La sublimité dans la simplicité même de la langue basque, l'ordre admirable qui y régne et qui n'a pu être tracé que par l'auteur de la nature, la clarté dans la multiplicité des manières de s'exprimer, et l'énergie dans la signification des mots, prouveront à l'Europe éclairée le *naturalisme* de la *préposition*, de l'*adverbe*, de la *conjonction*, et de l'*interjection* basques qui se déclinent comme des noms, et qui même se verbisent.

Huitième remarque.

Enfin je vais finir ce supplément, en prouvant mathématiquement que l'idiome asiatique basque est encore supérieur à toutes les autres langues anciennes et modernes, par le nombre de *syllabes* ou diphthongues qui composent son mécanisme verbal.

DES DIPHTHONGUES.

Première remarque.

Les grammairiens appellent diphthongue une syllabe qui fait entendre, par une seule et même émission de voix, le son de deux ou plusieurs voyelles, comme *aimoit*, mot bissyllabes; *aimeroient*, mot trisyllabes, etc., etc.

Seconde remarque.

L'union de deux ou plusieurs voyelles en une seule syllabe s'appelle *contraction*. J'ai dit que l'idiome basque est supérieur aux autres langues: je vais le prouver mathématiquement par un calcul tiré du mécanisme de la langue basque, et comparé à celui des autres langues. Mais pour ne point nous écarter des principes posés par les grammairiens, nous difons qu'une langue quelconque est un assemblage de mots composés de lettres ou caractères convenus, qui forment des syllabes (on verra qu'il en est différemment de la langue basque): ces mots, dont la signification est plus ou moins conforme aux indications de la nature, composent le mécanisme d'une langue, comme le nombre plus ou moins grand en forme la richesse et l'abondance. Ces principes, qui ne peuvent nous être contestés, suivant M. l'abbé *d'Olivet*, une fois admis, nous allons prouver que l'idiome basque (regardé jusqu'à aujourd'hui comme un *jargon*, comme un *baragouin* barbare, sans principes, et irréductible à ceux des langues modernes) est supérieur par son mécanisme verbal à toutes les langues modernes, et même à la langue *hébraïque*, qui a toujours passé jusqu'à présent pour une langue primitive. Voyez la solution du onzième problème ou théorème, au recueil des problèmes ou théorèmes résolus.

Le mécanisme verbal français (voix active) est composé de 1,444 pari, ou imparisyllabes, longues et brèves, plus ou moins énergiques, bien ou mal assorties avec leurs sons éclatants ou sourds, lents ou rapides, rudes ou doux. Il en résulte, d'après ce grammairien (1), que les 1,444 syllabes qui entrent dans la construction du langage français sont loin de réunir toutes également le degré de perfection que l'on pourroit desirer; puisque, d'après cet auteur célèbre, qui fera éternellement honneur à la langue française, « il y « a des syllabes *sourdes* et *rudes*, d'autres dont la « valeur et la qualité ne forment point cette *mo-*

(1) M. l'abbé d'Olivet.

« dulation *sonore* et *harmonieuse* qui flatte l'oreille « de l'auditeur. »

Le mécanisme verbal basque, au contraire, (*voix active*), est composé de 72,384 *syllabes* également *énergiques*, également *sonores*, également *harmonieuses*, et dont l'ordre tracé par celui-là seul qui les a créées forme l'*unité* dans la valeur, l'*unité* dans la *quantité*, et l'*unité* dans l'arrangement.

En voici maintenant la preuve mathématiquement.

Il entre dans chaque conjugaison française 361 pari ou imparisyllabes, y compris les pronoms de la partie auxiliaire; ces syllables multipliées par quatre, qui est le nombre des conjugaisons françaises, égalent le nombre de 1,444.

Il entre dans chaque conjugaison directe-radicale basque (régime singulier) 754 syllabes; lesquelles multipliées par 26, qui est le nombre de conjugaisons dont chaque verbe radical basque est susceptible, égalent 19,604 *syllabes* qui, multipliées encore par 4, qui est le nombre des conjugaisons françaises, égalent 78,416 syllabes; donc l'idiome basque est supérieur aux langues modernes par son mécanisme verbal.

D'après M. l'abbé *d'Olivet*, une phrase, pour être bien cadencée, doit être un tissu de syllabes bien choisies et mises dans un tel ordre, que les organes, soit de celui qui parle, soit de celui qui écoute, soient agréablement flattés par une sorte de *modulation* qui fait que le discours n'a rien de *dur* ni de *lâche*, rien de trop *long* ni de trop *court*, rien de *pesant* ni de *sautillant* : voilà le mécanisme d'une phrase française *correcte*, *sonore*, et *harmonieuse*. Me dira-t-on qu'une langue qui me fournit 78,416 syllabes n'est pas plus *riche* et plus propre à former des phrases semblables qu'une autre qui ne m'en fournit que 1,444?

Une seule conjugaison basque représente les quatre *conjugaisons* françaises, avec toute leur énergie et toute l'étendue de leur *signification*; en outre, cette même conjugaison, dans son unité indivisible du verbe, se conjugue jusqu'à 26 fois, et représente chaque fois 754 syllabes : sa supériorité problématique est donc prouvée.

Je prétends encore, et j'espère démontrer mathématiquement aussi, que l'idiome basque est supérieur à la langue *hébraïque*, qui est, dit-on, et d'après l'opinion générale, une langue primitive.

Les Hébreux et les Arabes ont plus d'une conjugaison, à l'instar de l'idiome basque, disent certains académiciens : je me borne à leur répondre que cela *est possible*.

Les grammairiens les plus judicieux des langues de la zone torride réduisent leurs conjugaisons à trois classes, d'après M. Astarloa; la première, de verbes *simples*, *conjugués* sur le verbe actif *kal*, et sur le verbe passif *niphal*; la seconde, de verbes *doubles*, conjugués sur le verbe actif *hiphil* et le verbe passif *hophal*; et la troisième espèce, qui est mixte, sur le paradigme *hitphael*. Chacune de ces conjugaisons représente les genres masculin et feminin. D'autres grammairiens ajoutent à ces conjugaisons une autre conjugaison en *pihel*, *puhal*, *pohel*; de manière que les conjugaisons *hébraïques* et *arabes* (d'après les grammairiens nationaux mêmes) n'arrivent ou ne s'étendent que jusqu'à huit, savoir : *kal*, *niphal*, *hiphil*, *hophal*, *hitphael*, *piel*, *puhal*, *pahel*. Ces langues, vantées avec tant de jactance, sont bien loin d'égaler le nombre des conjugaisons basques qui arrivent, en voix active et passive, jusqu'à 364. Mais voyons d'après les démonstrations mathématiques, si l'idiome basque est supérieur à la langue hébraïque.

Il est vrai, d'après M. Astarloa, que l'hébreu a des verbes *simples* et *doubles*, comme l'idiome basque, et qui se conjuguent sur le paradigme *hiphil* et *hophal*. Mais aussi il n'est que trop clair que les verbes *doubles* et *simples hébreux* sont défectueux, comme je vais le faire voir.

Dans les *verbes hebreux*, la syllabe *he* initiale et la syllabe *jod* antepénultième sont des caractéristiques; mais elles ne sont pas immuables dans leur *essence*, ni constantes dans leurs *positions*, ni par conséquent dans leur signification verbale comme les caractéristiques basques; car nous voyons :

1° La diphthongue ou syllabe caractéristique du verbe *double he* métamorphosée en *mem* aux participes; (*Benoni* et *Paul.*) 2° La syllabe caractéristique des verbes actifs *jod*, désignée sur le paradigme *hiphil*, ne se retrouve au prétérit que désignant le troisième pronom : les autres caractéristiques se confondent avec les passifs en *hopil*, comme la syllabe *he* elle-même, ce qui est un vice organique, etc., etc.

Au lieu que nos verbes *doublés* ont des caractéristiques fixes, énergiques, immuables dans leur *essence*, et inaltérables dans leurs *positions*, conséquemment constants dans leurs significations verbales : c'est *ra*, placé immédiatement après la lettre initiale, comme il suit : *ikhastia*, apprendre, qui est un verbe simple; mais *eRAkhastia*, enseigner, qui est un verbe double.

Rien de plus naturel que la contexture de ces deux verbes. On peut s'instruire *seul* : voilà le premier verbe simple, *ikhastia*, apprendre. Mais on ne peut point *enseigner* seul; parceque le verbe *enseigner* suppose naturellement un maître qui enseigne et au moins un élève qui apprend : *eRAkhastia haurrei*, enseigner aux enfants.

Un autre exemple : *eguitia*, faire, est *simple* ; mais *eguinaRAztia* est double, parceque le premier commande et le second agit. *Ibiltzia*, courir, est simple ; mais *erabillaRAztia* est double, parceque c'est un second agent qui court, etc.

Il est donc clair que l'idiome basque est supérieur à l'hébreu par son mécanisme verbal, par la stabilité de ses principes, et par son ordre significatif.

2° Le mécanisme verbal *hébreu* ne contient aucun langage de respect ; cependant est-il dans la nature et dans l'ordre social un devoir plus sacré que le respect qui est dû aux anciens ? Le mécanisme verbal basque y consacre une conjugaison entière : on voit déja la conséquence que l'on doit naturellement tirer de cette comparaison.

Mais je vais supposer que le mécanisme verbal *hébreu* est égal au mécanisme énergique, harmonieux, inaltérable et inépuisable de la langue basque ; qu'il y a entre eux égalité de nuances, égalité d'inflexions, égalité de désinences, et même ordre immuable dans les significations. Je suppose encore qu'il représente les quatre langages différents que possède la langue basque dans une seule conjugaison et dans l'indivisibilité du verbe ; je lui accorde même des mots *bissyllabes*, *quadrisyllabes*, et jusqu'à *decimo-sextosyllabes*, comme dans ceux-ci : *aitarenarenganicacoarenarena ;* que je les leur mange, *nic-yan-diot-zaizcatedan ;* que vous les leur mangeassiez, *zuec-yan-diotz-tzaiz-cotzuten.* J'admets enfin, *cæteris omnibus quantumlibet paribus,* qu'il y a 754 parisyllabes pour chaque conjugaison, et douze conjugaisons au lieu de huit que compte M. Astarloa. Eh bien ! il en résultera encore que le mécanisme verbal hébreu *aura* 37,192 syllabes de moins que le mécanisme basque. Voyez au reste la solution du troisième problème ou théorème.

Il est donc impossible de ne pas convenir que l'idiome basque est supérieur à celui des Hébreux, malgré le préjugé général contraire. Mais je vais plus loin ; et dût-on me taxer ici d'audace, je dis encore que la langue basque est supérieure à la langue grecque. Mais avant d'entrer dans des démonstrations mathématiques, il est nécessaire de dire deux mots sur une contestation à laquelle l'alphabet prétendu grec a donné lieu. Certains auteurs graves et dignes de foi, tels que MM. *Astarloa,* dans son Apologie ; *Erro,* dans son Alphabet de la Langue primitive ; et *Zamacola,* dans son Histoire des Nations baques, prétendent que *Cadmus* apporta de Phénicie en Gréce seize lettres prises de l'alphabet *escuara* ou basque. Et M. *Erro*, cet investigateur profond et *infatigable*, prouve par la forme, par l'étymologie de ces mêmes caractères (inconnus aux Grecs), par leur identité et leur conformité avec les caractères empreints sur les monnoies des anciens Cantabres, ou gravés sur des pierres sépulcrales basques; que les *seize caractères* en question ne sont pas phéniciens, mais réellement basques ; et qu'ils ont été apportés d'Espagne en Grèce par Cadmus. De quelque pays que soit parti Cadmus pour porter ces caractères chez les Grecs, M. *Erro* a pris le parti le plus sûr pour trancher la difficulté. Appuyé sur les principes incontestables de MM. *Duppleix*, *Deppeing*, et *Scaliger*, et sachant que dans l'alphabet basque, comme alphabet primitif, les lettres doivent avoir une signification, d'abord prises toutes ensemble, puis divisées en syllabes, et enfin dans l'émission vocale, il a parfaitement bien réussi à prouver son opinion. Voyez son Alphabet, page 58. Mais il suit de ce que nous venons de dire :

1°. Que les Grecs étoient des plagiaires pleins de hauteur et de vanité, puisqu'ils formèrent une langue sans se donner la peine de connoître l'étymologie des lettres ou caractères emblématiques dont ils la composèrent ; et les désinences suivantes, prétendues grecques, et qui sont originairement et purement basques, vont prouver la réalité de ce que j'avance. (Voyez le Dictionnaire de la Fable, par M. Chompré.)

Zèn, Zan, Zès, Dèn, Dan, noms que les Grecs donnoient au dieu Jupiter.

ZEN.

Hemen-ZEN, il étoit ici.
Han-ZEN, il étoit là.
Pherestua-ZEN, il étoit sage.
Abaratxa-ZEN, il étoit riche.

Ce qui veut dire en basque que cette prétendue divinité étoit par-tout.

ZAN.

IZAN-*hadi*, sois-tu.
IZAN-*bedi*, qu'il soit.
IZAN-*naiz*, j'ai été.
IZAN-*naintzen*, je fus.

ZER.

ZER-*dioc*, que dis-tu?
ZEREN-*bilha*, que chercher?
ZERTACO, pourquoi?
ZERTAZ, avec quoi?
ZERENTZAT, pourquoi?

DEN.

DEN-*dena*, ce qui est.

DEN-*guzia*, tout ce qui est.

DENA-*ri*, à tout ce qui est.

DENA-*rentzat*, pour tout ce qui est.

DAN.

Errandeza-DAN, pour que je le dise.

Edandeza-DAN, pour que je le boive.

Emandeza-DAN, pour que je le donne.

Maithadeza-DAN, pour que je l'aime.

2° Que les caractères qui figurent dans les auteurs grecs étant les mêmes que les seize lettres cadméennes, empruntées à l'alphabet basque, l'idiome basque est le père de la langue grecque;

3° Que la langue grecque ayant produit la plupart des langues européennes, c'est à la langue basque que toutes ces langues doivent leur origine.

Pour entrer en matière après cette courte digression, je cède aux Grecs, après trente-trois siècles, la propriété d'un alphabet dont ils n'ont jamais connu le mérite. Il ne m'en coûtera guère de démontrer la *supériorité* de l'idiome basque sur le grec, après cette concession généreuse.

1° L'alphabet grec est composé de vingt-quatre

lettres; l'idiome basque en a trente-deux également significatives;

2° La langue grecque n'a que sept voyelles: cinq *propres* et deux *impropres;* l'idiome basque ne connoît que des voyelles propres. L'*impropriété* chez elle seroit une imperfection;

3° Les grammairiens modernes, qui ont écrit sur les principes de la langue grecque, reconnoissent douze diphthongues: neuf *propres* et trois *impropres;* l'idiome basque en reconnoît jusqu'à seize, également propres et énergiques; et pour s'en convaincre, il n'y a qu'à voir son alphabet et les diphthongues radicales (Voyez le degré des adjectifs dans la Grammaire bilingue);

4° Il y a en grec, comme en français, une multiplicité d'accents; en basque, il n'y en a qu'un seul, tracé par la nature savante et toujours d'accord avec elle-même dans ses créations;

5° Il y a en grec, comme en français, trois prononciations différentes indiquées par les accents, qui usurpent la valeur représentative des caractères emblématiques pour se substituer à leur place.

L'idiome basque se prononce comme il s'écrit; sa prononciation est semblable à celle du latin chez les Français, sauf l'*u* basque qui se prononce comme *ou* français.

DE L'ARTICLE.

1° Le grec a deux articles; l'idiome basque n'en a qu'un *seul*, qui est commun à tous les noms, c'est *a* au singulier, et *ac* au pluriel;

2° Le grec a dix déclinaisons; l'idiome basque représente les dix déclinaisons grecques en une seule. Lequel des deux est plus énergique et plus précis?

3° Le grec n'a que *cinq* cas; l'idiome basque en a *onze*, et même *vingt* dans les adjectifs (Voy. la Grammaire bilingue); mais on ne s'en sert que de quatre, parcequ'il ne peut y avoir que quatre rapports entre les individus agissants;

4° Le grec a *six* pronoms: trois au singulier, trois au pluriel; l'idiome basque en a *neuf*: six au singulier, trois au pluriel; mais les pronoms possessifs et démonstratifs basques ont beaucoup plus d'inflexions et de désinences; conséquemment beaucoup plus d'*individualité* et d'énergie que les grecs (Voyez la Grammaire bilingue).

DU MÉCANISME VERBAL GREC.

Le verbe est un mot qui marque l'affirmation de quelque attribut, avec désignation de la personne, du nombre, et du temps.

1° La langue grecque a trois *nombres* dans son mécanisme verbal, comme dans ses dix déclinaisons, réduites à une seule chez les Basques;

2° Le mécanisme verbal grec est *défectueux*, *grammaticalement* parlant, puisque le duel n'a pas toujours une première personne, et cela est un vice dans un verbe régulier;

3° Le mécanisme verbal grec est encore *défectueux*, en ce que l'*aoriste* exprime l'action sans en déterminer l'époque, quoiqu'il ne soit point infinitif (1);

4° Enfin, le mécanisme verbal grec est *défectueux*, parceque certains verbes sont forcés d'emprunter les modes qui leur manquent à ceux qui les ont tous (2).

DES CONJUGAISONS GRECQUES.

Les grammairiens annoncent treize conjugaisons: *six* des verbes *barytons*, *trois* des verbes *circonflexes*, et *quatre* des verbes en *mi*. « Nous n'en connoissons qu'une, » dit M. J.-B. Gail. Les circonflexes offrent des terminaisons qui, différentes en apparence, ne sont néanmoins que le résultat des principes réels. Quant aux

(1) Astarloa.
(2) J.-B. Gail.

verbes en *mi*, les plus anciens de tous, ils sont une exception du dialecte *ionien* qui se borne à deux temps : le *présent* et l'*imparfait*. « Nous dirions, » continue M. Gail, « en trois temps, si le second *aoriste* n'étoit pas un véritable imparfait. »

Pour moi, je veux être de meilleur compte ; je ne veux point attaquer une propriété que j'ai déja accordée aux Grecs ; je veux montrer seulement, mais mathématiquement, en laissant les choses *in statu quo*, que l'idiome basque est supérieur à la langue grecque. J'accorde aux Grecs, comme je l'ai déja fait aux Hébreux, leurs treize conjugaisons ; j'admets aussi qu'ils ont chacun 754 syllabes. Eh bien ! ce nombre 754, multiplié par 13, égale 9,802 ; et multiplié encore par 4, qui est le nombre des conjugaisons françaises, donne 39,208 syllabes.

D'où il résulte :

1° Que, malgré toutes les concessions généreuses que je viens de faire aux Grecs, la langue grecque a dans son mécanisme verbal 34,176 syllabes de moins que l'idiome basque : donc, l'idiome basque est supérieur à la langue grecque ;

2° Que l'idiome basque est plus énergique et plus précis que le grec, puisqu'il représente les dix déclinaisons grecques par une seule ;

3° Que l'idiome basque est plus ancien que

le grec, puisque celui-ci a été formé sur les éléments basques, comme le disent formellement MM. *Erro* et *Astarloa*, qui le prouvent d'une manière irrésistible, et par la forme des caractères primitifs basques, gravés sur les monnoies et les médailles, et par l'étymologie des mots.

CONCLUSIONS

RIGOUREUSEMENT DÉDUITES DES PRÉMISSES.

Première.

Toute langue qui vient d'une autre langue doit être formée nécessairement par *imitation*; par conséquent elle doit ressembler plus ou moins à sa mère.

L'idiome basque n'a aucune similitude avec les langues anciennes et modernes, ni par sa *structure*, ni par son mécanisme, ni par ses principes. Il n'offre pas le moindre rapport, n'indique pas la moindre relation qui puisse faire soupçonner qu'il a tiré des autres langues, tandis qu'au contraire les autres langues attestent par le nombre infini de mots basques qui s'y rencontrent, qu'elles ont eu cet idiome pour paradigme: donc la langue basque n'a pas été formée par imitation.

Seconde.

Toute langue est imitée ou primitive : l'idiome basque n'est imité d'aucun langage ; donc il est primitif.

Troisième.

Une langue primitive ne peut pas être formée par imitation, car elle n'a point de paradigmes; donc l'idiome basque est primitif et l'origine des autres langues.

Quatrième.

La langue primitive doit être antédiluvienne : j'ai prouvé dans ma dissertation que l'idiome basque est antédiluvien ; pourquoi ne seroit-il pas la langue créée avec Adam ?

Cinquième.

La langue primitive créée avec la nature, conséquemment identique à cette même nature, devoit se conformer dans ses locutions à ses différentes époques, c'est-à-dire qu'elle devoit tenir, *in futuro contingenti*, trois langages : le langage *enfantin*, le langage *adulte*, et le langage *majeur* ou de respect.

L'idiome basque possède exclusivement ces trois langages, comme je l'ai démontré dans ma dissertation ; pourquoi donc l'idiome basque ne seroit-il pas cette langue créée avec l'homme et inspirée à Adam?

Sixième.

Les signes alphabétiques de la langue primitive d'Adam devoient être dessinés d'après la structure des instruments aratoires formés par la nécessité (puisqu'il n'y avoit d'autre état que l'agriculture), et présenter en même temps un monument éternel de l'idée du monde primordial. (Voyez la solution du premier problème ou théorème inséré dans le Recueil des problèmes ou théorèmes.) Rien en effet n'offre mieux cette idée que la contexture des angles des lettres primitives basques gravées sur les pierres sépulcrales de la plus haute antiquité, et déchiffrées par le savant et judicieux *Erro*. (Voyez son Alphabet.) Pourquoi donc, après des données semblables, l'idiome basque ne seroit-il pas celui d'Adam?

Septième.

Dans le premier alphabet tracé sur le sable par Adam, sans aucun doute le premier et le plus grand philosophe, chaque lettre devoit être significative; bien plus, elle devoit être un type exact de la chose signifiée. (Voyez la solution du douzième problème ou théorème inséré dans le Recueil des problèmes ou théorèmes résolus.) Et aussi, d'après MM. *Erro*, *Astarloa*, et *Zamacola*, rien de plus sublime, rien de plus significatif que l'alphabet basque. Pourquoi donc cet alphabet ne seroit-il pas celui d'*Adam*?

Tout est dans cette question pour l'affirmative, et rien pour la négative; mais si l'on nous faisoit un reproche d'embrasser la première opinion, on nous permettroit sans doute de nous y tenir jusqu'à ce qu'on nous eût prouvé le contraire.

RECUEIL DES PROBLÈMES

OU

THÉORÈMES GRAMMATICAUX

RÉSOLUS.

PREMIER PROBLÈME OU THÉORÈME RÉSOLU.

Ce sont les cinq voyelles basques qui représentent l'idée la plus exacte du monde primordial.

J'espère que l'on conviendra avec moi que l'alphabet primitif sera celui qui représentera le tableau le plus approchant de la création du monde. Or, parmi tous les alphabets anciens, celui qui offre le tableau le plus approchant de la création du monde est l'alphabet basque, qu'on nomme *yesus*.

En effet, les cinq voyelles, ces caractères privilégiés qui sont les ames vivifiantes des consonnes, prises collectivement, représentent naturellement, en basque, le Père éternel décrétant la création du monde, et communiquant son décret aux autres personnes.

Car A, qui signifie en basque *al*, *ala*, le pouvoir, représente la cause primaire, c'est-à-dire le Père éternel disant aux autres personnes divines *eïoü*, faisons l'homme. (Genèse) *Faciamus hominem ad imaginem et similitudinem nostram. Eïoü mondoia*, faisons le monde. *Eïoü lan hau*, faisons ce travail. *Eïoü escu colpu bat*, faisons un dernier effort. Et ce langage basque est tellement naturel et tellement conforme à celui de l'Écriture-Sainte, qu'A tint le même langage lorsqu'il décréta la confusion des langues dans la célèbre tour de Babel ou plutôt *Mothel; zatozte*, dit-il, *yaus guiten; venite descendamus*. Venez descendons. (Genèse, chap. 11.)

Enfin, il y a un rapport tellement analogue et identique entre le grand œuvre de la création du monde et les cinq voyelles basques collectivement prises, que l'ensemble des voyelles signifie l'ensemble du grand œuvre, comme nous venons de le voir : *eïoü*, faisons-le-leurs... *faciamus*.

Bien plus, la signification naturelle de ces mêmes voyelles, distributivement prises, signifie en basque, sans la moindre ambiguité ; par qui, *nortaz*; *à quo*; de quoi ; *ex quo*, *zertaric*; et *quoto tempore*, *zombat demboraz*, en combien de temps le monde fut créé. C'est ce que l'on pourra reconnoître par l'explication suivante.

A, première voyelle.

Ce caractère emblématique, qui est un compas ouvert avec un axe irrégulier, ou plutôt un pas ordinaire d'un homme marchant, signifie en basque *al-ala*, le pouvoir; *eguin-al*, le pouvoir; *ez-eguin-al*, ne le pouvoir pas. Les Grecs ont formé leur *alpha* de ces mots, et, pour s'en convaincre, voyez la Grammaire bilingue.

Dans l'ordre naturel, la *cause* précède *l'effet*; aussi l'auteur de cette langue suivit-il ce plan tracé par la nature créatrice; puisque la première idée qu'il communiqua à ses descendants fut celle de la cause primaire: *aita*, le père; *ama*, la mère; *aitatto* et *aït aïta*, le grand-père; *amaso* et *am-ama*, la grand'mère; *aitatto*, l'aïeul; *amñno*, l'aïeule. Cet ordre primitif basque est tellement attaché à la nature, a une telle sympathie aves elle, que les premiers mots que les enfants balbutient, non seulement dans les pays basques, mais encore dans les quatre parties du monde, quelle qu'en soit la langue, sont basques, comme *at-atta*, père; *am-ama*, mère; *ttitti*, à la mamelle; *pa-pa*, manger; *yaqui*, manger; *aup-aupa*, lever; *phu-phu*, *ca-ca*, malpropreté.

E, seconde voyelle.

L'acte le plus immédiat d'un pouvoir quelconque animé est l'action; et cela est tellement vrai, que la seule existence de l'*effet* présuppose l'existence de la *cause*. Cet ordre est si naturel, qu'Adam appela sa femme *Eba*, de *ea*, *eguina*, *Eva*, parcequ'elle avoit été faite ou créée d'une de ses côtes. Enfin l'auteur de cette langue, quel qu'il soit, entendit que cette figure emblématique, qui est celle d'un *rateau*, instrument aratoire, représente indistinctement toutes les actions de faire... *Eguin*, *eguina*, *eguitea*, fait faire; *eguitean*, faisant; *eguiten dut*, je fais; *eguiten-nuen*, je faisois; *eguin-nuen*, je fis; *eguinen-dut*, je ferai...

I, troisième voyelle.

La cause secondaire déja existante, et même accompagnée d'un être qui lui étoit semblable, qui le surpassoit même par son amabilité, par sa beauté, et dont les charmes séduisants l'enivroient déja (1), Adam, ce philosophe savant et profond, ne pouvant raisonnablement supposer

(1) Si Adam n'eût pas aimé sa femme plus que son Dieu, auroit-il mangé le fruit qu'elle lui présenta?

qu'une cause secondaire existât sans une *cause primaire*, présenta à ses descendants un axe verticalement placé, pour leur indiquer la force, *in-indar*, force, et entendit que cette figure représentât dans son idiome :

1° Tout ce qu'il y a de *descendants sublimes*, comme *Jauna*, le Seigneur ; *Jauna*, le maître par *excellence ; Yaüngoicoa*, le seigneur des hauteurs, par syncope *Jainco* ; Dieu ; le Seigneur des Seigneurs ; et je ne doute pas que les Hébreux n'aient emprunté leur *Jehova* du mot basque *Jaincoa ;*

2°. Tout ce qui descend volontairement : *yaüstia*, descendre ; *yautxi*, descendue ; *yauxiren*, descendrai ; et cela est si vrai, que l'idiome basque représente, sous ce symbole, tout ce qui descend du ciel, comme *ihitza*, la rosée ; *itzotza*, la petite gelée ; *ithachura*, la gouttière ; *ichuri*, ce qui est versé ; *ithuria*, la fontaine ; *itxasua*, la mer.

O, quatrième voyelle.

Ce caractère signifie en basque un *entier*, un tout indéfini, une extension immense, avec la *totalité* de *perfection* d'un pouvoir. C'est une roue qui décline constamment, sans s'épuiser. Ainsi l'auteur de cette langue entendroit-il représenter un pouvoir sans bornes, qui se prête à tous sans se lasser, qui se donne à tous sans se diminuer? *oso*, entier; *oro*, tout; *osatu*, accompli; *ororen*, de tous; *orovenzat*, pour tous; *orotaric*, de tous; *orori*, à tous; *ororequin*, avec tous; *oroc balaquite*, si tous le savoient; *oroc ezdute*, tous ne l'ont pas.

U, cinquième voyelle.

Dans l'ordre naturel, rien de plus exact que la signification de cette figure. Les Grecs, qui l'ont empruntée de l'alphabet basque (voyez la Grammaire bilingue), l'ont altérée, parcequ'ils ne savoient pas l'idiome basque, et l'ont appelée *upsilon*, au lieu de *utx-chilo*, qui signifie en basque un *trou*. En effet, n'est-ce pas la *vacuité* ou le vide qui constitue l'essence d'un *trou* quelconque? Cette figure emblématique signifie en basque deux choses diamétralement opposées, mais très conformes à la nature, et dans les attributs du pouvoir:

1° La réunion de deux axes placés verticalement signifie une autorité double, c'est-à-dire celle de *faire* et celle de *défaire*;

2° Le vide que forment ces deux axes verticalement placés signifie un *vide immense*, c'est-à-dire que tout ayant été créé du vide, du néant, tout se réduit tôt ou tard au même néant: *utx*, vide; *utxetic*, du vide; *utxera*, au vide; *utxteco*,

INSCRIPTION SINGULIÈRE BASQUE,

REPRÉSENTANT LA CRÉATION DU MONDE, SELON LE GÉNIE DE L'ÉCRITURE-SAINTE,

AVEC SES *A QUO*, PAR QUI, *EX QUO*, DE QUOI, ET *QUOTO TEMPORE*, EN COMBIEN DE TEMPS.

INSCRIPTION.	ÉPELLATION.	VALEUR		EXPLICATION.	
		BASQUE.	FRANÇAISE.	BASQUE.	FRANÇAISE.
A.	A-a.	Al, ala.	Force, le pouvoir.	It.	Père.
E, e.	E-a.	Guin, lea.	Fait, le faiseur.	Guinac.	Fait par le Père.
I, y.	I-a.	Aun.	Seigneur.	Aunaz.	Fait par le Seigneur.
O.	O-a.	So, ro.	Tout.	Ro, soqui.	Tout-fait par lui.
U.	U-a.	Tx.	Vide, néant.	Txetic.	Du vide, du néant.

EXPLICATION

DES *A QUO*, PAR QUI, *EX QUO*, DE QUOI, ET *QUOTO TEMPORE*, EN COMBIEN DE TEMPS.

NOMBRE DES JOURS.	CAUSE AGISSANTE.	TEXTE LATIN.	*EFFET.*	TRADUCTION	
				BASQUE.	FRANÇAISE.
Die primo.	Ea-ait (1).	Fiat lux.	Lux facta est.	—rgui bedi.	Que la lumière se fasse; elle se fit.
Die secundo.	Ea-ait.	Fiat firmamentum.	Factum est ita.	—Guin bedi zimendua.	Que le firmament se fasse; il se fit.
Die tertio.	Ea-ait.	Appareat arida.	Facta est ita.	—Aguer bedi lurra.	Que la terre paroisse; ainsi se fit.
Die quarto.	Ea-ait.	Fiant luminaria.	Et facta est ita.	—Guin bitez eguzqui hil erguiac.	Que le soleil et la lune paroissent.
Die quinto.	Ea-ait.	Producant aquæ.	Factum est ita.	Ur, leihorrac erdi biteze.	Que la terre et les eaux produisent.
Die sexto.	Ea-ait.	Faciamus hominem.	Factum est ita.	—Guin dugun guiza.	Faisons l'homme; et il fut créé.

(1) *Ea-ait* veut dire *Pater factor*, Père faiseur.

pour vider; *utxeraino*, jusqu'au vide, c'est-à-dire enfin le néant, du néant, au néant. Ceux qui prétendent donc, malgré l'autorité de l'Écriture sainte, que le monde existe de toute éternité, ne sont pas mieux fondés que ceux qui voudroient, pour des raisons à eux connues, que le monde durât éternellement. Le fait vrai est que le monde a été créé du néant, et qu'il finira tôt ou tard, d'après l'ordre naturel des choses créées.

Enfin, l'auteur de cette langue a voulu que les cinq voyelles, distributivement prises, représentassent par leur nombre :

1° Le nombre des jours qu'il fallut à Dieu pour consommer le grand œuvre de la création du monde.

2° Que par leur signification, déduite de la structure de leurs angles, elles donnassent une idée exacte du monde primitif, et un acte de réminiscence éternelle du premier architecte suprême fabriquant cette machine, dont le nom est en basque *mendoia*, et en français le *monde*.

Mais voici enfin, après six mille ans, une inscription tirée des ténèbres les plus épaisses, qui représente le grand œuvre de la création du genre humain, avec ses *à quo, ex quo*, et *quoto tempore*. Le tableau suivant offre l'explication de cette inscription sublime.

Il est donc vrai de dire que ce sont les cinq

voyelles basques qui représentent l'idée la plus exacte du monde primordial.

IIe PROBLÈME OU THÉORÈME RÉSOLU.

Parmi tant d'alphabets dont la savante Europe est inondée, le seul dont la signification et la valeur fixe et inaltérable soit tirée de la structure des angles des figures emblématiques, c'est l'alphabet basque.

Force représentative et radicale de la consonne appelée vulgairement B.

A l'instar de la nature, qui commence ses *fœtus* par la tête, l'auteur de cette langue commence sa description anatomique par la tête. Ainsi il offre à ses descendants la figure la plus approchante de la *rondeur*, pour leur représenter tout ce qui est *rond* : *bola*, la boule ; *biribil*, rond ; *buruia*, la tête ; *belara*, le front ; *bethurriac*, les sourcils ; *beguiac*, les yeux ; *beharriac*, les oreilles ; *bisaya*, le visage ; *bizcarra*, les épaules ; *bulharrac*, les poumons ; *bihotza*, le cœur ; *biriac*, les entrailles. Telle est la valeur représentative de cette figure, prise de la forme même des objets qu'elle désigne.

Du rapport radical de la consonne C, et de son emploi.

L'idiome basque, qui donne à chaque caractère sa valeur et son emploi, a jugé à propos de donner deux emplois à cette figure ; mais aussi il la dispense de certaines nuances, pour la dédommager de sa double tâche, comme je le ferai sentir dans le syllabaire que je me propose de faire :

1° C'est un signe caractéristique qui forme les pluriels. Ainsi, *guizona*, l'homme ; *guizonac*, les hommes ; *emacumea*, la femme ; *emacumeac*, les femmes.

2° Elle représente l'action de se cacher : *cucutzia*, se cacher ; *cuculoca*, aux cachés (jeu basque) ; *cucuia*, le coucou, mot que les Français ont tiré du basque ; *cucusua*, la puce, dont l'attribut le plus essentiel est de se cacher. Enfin cette figure représente indistinctement toutes les actions de se cacher. En effet, sa forme concave, qui représente une tente, se prête à l'action de se cacher.

Du rapport radical de la consonne double CH.

L'auteur de cette langue a voulu nous désigner, par la réunion de ces deux petites figures, un langage enfantin. En effet, les nourrices basques se servent de ces caractères pour désigner les petits enfants, avec l'impropriété attachée à cet âge : *chiquin-chiquin-charra? chachu-chiquia*, petit; *chiquin*, malpropre; *chiquiago*, plus petit; *chiquiena*, le plus petit; *chiquinago*, plus malpropre...

Du rapport radical de la consonne D.

Cette figure, qui n'est qu'une moitié d'un tout coupé en deux parties égales, signifie en basque une possession quelconque; mais le retranchement d'une partie du diamètre désigne en même temps une insuffisance. Ainsi, *duna*, celui ou celle qui a; mais *doidoï duna*, celui ou celle qui a à peine; *doidoï-ca ari-guira*, à peine faisons-nous; *doidoïa heltzenguira*, à peine arrivons-nous?

Du rapport radical de la consonne F.

Cette figure, tracée d'après le manche de la faux, représente en basque tout ce qui est relatif à la confiance et à l'assurance : *fidatzia*, se fier; *fidantzia*, la confiance; *fingatzia*, assurer, fortifier, consolider. Je crois que l'auteur de cette langue a voulu faire sentir à ses descendants, par la figure du plus terrible instrument, emblème de la mort, le danger de se fier, et avec quelle prudence on doit se livrer à ce sentiment.

Du rapport radical de la consonne G.

Cette figure, irrégulière par sa contexture et par la multiplicité de ses angles, représente dans l'idiome basque :

1° La variété infinie et la bizarrerie du goût et de la volonté, sur-tout d'une jeunesse inconstante et volage : *gostua*, le goût ; *gura*, envie ; *gutizia*, le desir ; *gaztetasuna*, la jeunesse ; *gaztia*, jeune homme ;

2° Elle renferme encore l'adverbe de négation *sans* : *diruric gabe*, sans argent ; *arguiric gabe*, sans lumière ; *adichquideric gabe*, sans amis.

En effet, l'un des attributs les plus immédiats de l'entendement humain n'est-il pas le vouloir?

Du rapport radical de la consonne H.

Les Basques appellent cette figure *hacha*, qui veut dire en français l'*axe* ou *essieu*. Son diamètre, qui représente l'A basque, emblème de force et de pouvoir, signifie en basque tout ce qu'il y a de plus grand, de plus puissant ; tout ce qu'il y a de plus sinistre et de plus fatal : *haundi*, grand ; *haunditasuna*, la grandeur ; *hira*, la haine ; *hisia*, la haine invétérée ; *hudiua*, l'horreur ; *hiltzia*, mourir ; *heriua*, la mort.

En effet rien ne prouve mieux la toute-puissance de cet être suprême, *Yaincoa*, Dieu descendu d'en-haut, que la réunion de ces deux axes placés verticalement; car c'est par sa volonté que tout ce qui naît meurt et retourne dans le néant.

Du rapport radical de la double consonne KH.

La réunion de ces deux figures sinistres, pronostiquant quelque calamité par elles-mêmes, comme nous venons de le voir; signifie en basque la fatale réunion des maux dont nous avons parlé ci-dessus. Aussi les Basques représentent-ils par ces deux figures tout ce qu'il y a de plus amer et de plus cruel en fait de goût et en genre de tourments: *khea*, la fumée; *khederra*, la suie; *kharatxa*; amer; *kharastasuna*, l'amertume; *kharasqueria*, l'amertumeïté; *khurutzea*, la croix; *khurutzecatu*, crucifié, et ainsi des autres.

Du rapport radical de la consonne L.

La seule forme de cette figure, qui est celle d'une pioche, *aïtzurra*, ne feroit-elle pas connoître l'idée de son auteur?

C'est un instrument aratoire qui signifie, sans la moindre ambiguité, le travail en général: *lan*, *lana*, le travail; *languilia*, le travailleur; *lanetic*, du travail; *lanera*, au travail.

Aussi les Basques entendent par ce seul emblème, *lan*, *lana*, le travail, tout ce qui est relatif au travail.

Du rapport radical de la consonne M.

Quel que puisse être l'auteur de cette langue, le fait est qu'il connoissoit la nature dans son essence et dans ses effets, puisqu'il a voulu qu'une femme, mère sans doute, Eve enfin, servît de figure emblématique pour représenter l'*amour*; *am*, *ama*, *mama*, mère; *maite*, aimée; *maïte-maïtea*, bien-aimée; *maïtagarria*, aimable; *maïtagarriena*, la plus aimable.

Du rapport radical de la consonne N.

Cette figure est semblable à la figure précédente, sauf qu'elle a une jambe de moins; et précisément sa valeur représentative vient de ce retranchement, puisqu'elle ne présente qu'une valeur diminutive: *nîminñ*, *ñimiña*, petit, petite; *ñaño*, nain; *ñimiñotzia*, diminuer, etc., etc.

Du rapport radical de la consonne P.

La seule forme de cette figure, qui est celle d'une *hache* avec son manche, *aizcora*, fait comprendre facilement l'idée de l'auteur de cette langue. Son nom dérive, comme la plupart des noms basques, de son emploi, qui est celui de piquer; et je ne doute pas que la langue française n'ait emprunté le verbe *piquer* ou *couper* de notre idiome basque: *picatzia*, couper; *picatzia arbola*, couper l'arbre; *picatzia berrua*, couper la haie; *erhia picatu dut*, je me suis coupé le doigt.

Du rapport radical de la consonne Q.

L'auteur de cette langue a voulu que cette figure, qui est celle d'un *cròc* ou crochet, ou barre de fer recourbée, représentât toutes les actions de chatouiller, d'irriter par le toucher, de secouer.

Aussi les Basques se servent-ils de cette figure pour exprimer ces actions: *quilicatzia*, chatouiller; *quizicatzia*, irriter; *quechatzia*, s'inquiéter, etc.

Du rapport radical de la consonne R.

Cette figure étant à-peu-près semblable au B consonne, l'idiome basque, qui ne connoît guère de pléonasme, ne s'en sert que dans ses verbes doubles. (Voyez la Grammaire bilingue.)

Du rapport radical de la consonne S.

La valeur de cette figure serpentée n'est pas difficile à dévoiler. L'animal qu'elle représente avoit été trop fatal à l'auteur de cette langue pour qu'il ne le signalât pas à ses malheureux descendants. Aussi a-t-il voulu que la forme et la propriété du serpent présentassent aux générations futures la valeur et le rôle de cette lettre : *suia*, le feu qui pique ; *suguia*, le serpent qui pique ; *sasia*, le séjour du serpent qui pique ; *sega*, la faux qui pique ; *zerra*, la scie qui pique ; *samina*, l'aigre qui pique, etc., etc.

Du rapport radical de la consonne T.

La seule structure de cette figure désigne en basque, et son nom, et son emploi, et sa valeur représentative : c'est une double croche, *cacola*; *cracua* en basque, instrument aratoire qui sert à tirer. Aussi, comme l'auteur de cette langue, ses descendants emploient cette figure emblématique pour exprimer toutes les actions de tirer : *tira galtzac*, tirez vos culottes ; *tira besua*, tirez les bras ; *tira corda*, tirez la corde ; *tira escun*, tirez à droite ; *tira ezquer*, tirez à gauche ; *tira beheiti*, tirez en-bas ; *tira goïti*, tirez en-haut ; et il n'y a point de doute que la langue française n'ait emprunté ce verbe de l'idiome basque, comme le verbe *amarrer* le vaisseau, *untziaren amarratzia*.

Du rapport radical de la double consonne TH.

L'union de ces deux figures signifie, selon l'esprit de l'auteur de cette langue, la réunion des choses dures, une grande dureté, une grande ténacité. Aussi les Basques se servent-ils de ces deux figures emblématiques réunies, pour marquer quelque chose de dur: *theca*, opiniâtreté; *thema*, entêtement; *thema bortitza*, entêtement dur, etc., etc.

Du rapport radical de la consonne X.

Cette figure composée de la réunion de deux faucilles, instrument aratoire dont on se sert pour couper les moissons, signifie en basque deux choses:

1° La malpropreté, *xaxutasuna*; malpropre, *xatxu*; *xaxutqueri*, tout ce qui est malpropre.

2° La réunion de ces deux instruments terribles par leur emploi et par leur forme, signifie combien est dangereuse la malpropreté, soit dans l'ordre physique, soit dans l'ordre moral. Aussi les hommes, et particulièrement les femmes basques, abhorrent naturellement la malpropreté, qui avilit sur-tout le beau sexe : ces dernières se distinguent tellement par leur propreté parmi toutes les nations du monde connu, qu'elles ont donné lieu à l'adage : *Aussi propre qu'une Basquaise.*

Du rapport radical de la consonne Z.

Rien ne prouve mieux et d'une manière aussi péremptoire la primordialité et le naturalisme de la langue basque, que la signification et la place qu'occupe ce dernier caractère : *omega azquena.* Sa valeur est puisée littéralement de sa position *omegale* ou *azquena.* Aussi les Basques expriment-ils par ce dernier caractère emblématique : *azquenac*, le dernier ; *zahartazuna*, la vieillesse ; *zaharra*, le vieux ; *guizon zaharra*, homme vieux ; *etche zaharra*, vieille maison ; *zamari zaharra*, vieille rosse ; *acheri zaharra*, vieux renard ; *atxo-zaharra*, vieille femme.

Ne pourroit-il pas résulter de la solution de ces problèmes que l'*unité* de langue fût non seulement possible, mais encore facile à établir dans toute l'Europe ? En effet, on ne pourroit parvenir à l'*unité* de langue dans toute l'Europe, que par l'*identité* et l'*unité* des caractères emblématiques, c'est-à-dire des lettres de l'*alphabet*. Or, à quelque différence près, l'unité des caractères alphabétiques existe dans toute l'Europe ; d'où vient donc qu'avec des éléments homogénes on obtient des langages si différents ; et que se servant des mêmes *figures emblématiques*, les nations européennes ne s'entendent pas entre elles ? cela vient sans doute de la valeur arbitraire, bizarre, erronée, souvent même absurde, que chaque peuple donne à ces *figures emblématiques*. Que l'on tire la valeur représentative de chaque lettre de sa forme, comme le fait la langue asiatique-basque, et alors existera l'*unité* et l'*identité* de valeur représentative, qui amènera nécessairement pour résultat l'unité de langue dans toute l'Europe. Si ce système étoit adopté, il nous conduiroit à des étymologies bien intéressantes pour l'histoire, et nous serviroit de guide pour marcher au milieu des ténébres de l'antiquité ; peut-être même produiroit-il un avantage bien plus grand encore, en servant à établir l'unité de croyance en fait de religion. Mais lors même qu'on ne pourroit pas en attendre de si heureux résultats, il seroit encore un inappréciable bien, en diminuant de beaucoup les dépenses qu'entraîne toujours avec elle l'étude des langues étrangères, et en donnant au commerce un essor d'autant plus grand, que la difficulté de se faire comprendre n'existeroit plus.

L'adoption de ce système me semble d'autant plus facile, qu'il se trouve déja adopté dans toute l'Europe pour les chiffres qu'on appelle arabes, mais qui sont basques. La diversité des langues n'a point altéré leur valeur représentative, qui est tirée de la quantité même de leurs angles; et en voici la preuve:

1° Les Basque appellent *bat* le nombre 1, l'unité simple, parcequ'elle est composée d'une petite ligne verticale, sans aucun angle. La valeur de cette *unité* basque est reconnue dans toute l'Europe;

2° Les Basques appellent cette figure 2, *biga*, deux, parcequ'elle est composée de deux angles: 2. La valeur basque de cette figure est également reçue, sans la moindre altération, dans toute l'Europe;

3° Les Basques ont appelé et appellent encore aujourd'hui *hirur* cette figure 3, parcequ'elle est composée de trois angles, 3;

4° 4, *laur*. Cette figure emblématique représente quatre unités simples, parcequ'elle est composée de quate angles, 4;

5°. Enfin les anciens Cantabres présentoient leur main gauche pour exprimer *bortz*, 5; parcequ'elle contient naturellement *cinq unités simples* qui sont les doigts. En effet nous voyons que la figure du 5, *bortz*, présente exactement le contour de la main ☞.

Et ce fait est d'une vérité tellement palpable,

que pour dire en basque la première *unité collective*, qui est *dix*, on dit *harma*, c'est-à-dire tendez; armez vos deux mains : *escuac*, *harma*, dix; *harmeta*, onze; *harmabi*, douze; *harmahirur*, treize, etc., etc. Si l'on peut conclure de ce qui existe par le langage numérique, l'*unité* de langue seroit donc facile à établir dans toute l'Europe.

IIIe PROBLÈME OU THÉORÈME RÉSOLU.

Dans l'alphabet basque les caractères alphabétiques se déclinent et même se verbisent.

DÉCLINAISON DES LETTRES ALPHABÉTIQUES.

A.	AA.
SINGULIER.	PLURIEL.
A, l'A.	*Aac*, les AA.
Aren, de l'A.	*Aen*, des AA.
Atic, de l'A.	*Aetaric*, des AA.
Aric, de l'A.	
Ari, à l'A.	*Aei*, aux AA.
Ara, à l'A.	*Aetaric*, aux AA.
An, en A.	*Aetan*, en AA.
Az, par l'A.	*Aetaz*, par AA.
	Aectaz, par AA.
Arecquin, avec l'A.	*Aecquin*, avec AA.
	Aarecquin, avec les AA.
Arentzat, pour l'A.	*Aentzat*, pour AA.
Azat, pour A.	
Araino, jusqu'à A.	*Aectaraino*, jusqu'aux AA.

B.	BB.
SINGULIER.	PLURIEL.
B, le B.	*Beac* ou *bec*, les BB.
Beren, de B.	*Beetaric*, des BB.
Betic, de B.	*Beeri*, des BB.
Beric, de B.	
Beri, à B.	*Beetarat*, aux BB.
Bera, à B.	
Bean, en B.	*Beetan*, en BB.
Beaz, par B.	*Beetaz*, par les BB.
Bearecquin, avec B.	*Beecquin*, avec les BB.
Bearentzat, pour B.	*Beentzat*, pour les BB.
Berat, pour B.	*Beezat*, pour les BB.
Beraino, jusqu'à B.	*Beectaraino*, jusqu'aux BB.

Z C.	ZZ CC.
SINGULIER.	PLURIEL.
Z C, le C.	*Zeac*, les CC.
Z Cearen, de C.	*Zeen*, des CC.
Z Cetic, de C.	*Zeeataric*, des CC.
Z Ceric, de C.	
Z Ceri, à C.	*Zeeri*, aux CC.
Z Cera, à C.	*Zeetarat*, aux CC.
Z Cean, en C.	*Zeetan*, en C.
Z Ceaz, par C.	*Zeetaz*, par les CC.
Z Cearecquin, avec C.	*Zeecquin*, avec les CC.
Z Cearentzat, pour C.	*Zeentzat*, pour les CC.
Z Ceazat, pour C.	*Zeezat*, pour les CC.
Z Cearaino, jusqu'à C.	*Zeetaraino*, jusqu'aux CC.

D.	DD.
SINGULIER.	PLURIEL.
D, le D.	*Deac* ou *deec*, les DD.
Dearen, de D.	*Deen*, des DD.

SINGULIER.	PLURIEL.
Detic, de D.	*Deetaric*, des DD.
Deric, de D.	*Deetatic*, des DD.
Deri, à D.	*Deei*, aux DD.
Dera, à D.	*Deetarat*, aux DD.
Dean, en D.	*Deetan*, en DD.
Deaz, par D.	*Deetaz*, par les DD.
Dearecquin, avec D.	*Deecquin*, avec les DD.
Dearenzat, pour D.	*Deentzat*, pour les DD.
Dezat, pour D.	
Deraino, jusqu'à D.	*Detaraino*, jusqu'aux DD.

E.	EE.
SINGULIER.	PLURIEL.
E, l'E.	*Eac* ou *eec*, les EE.
Earen, de l'E.	*Een*, des EE.
Etic, de l'E.	*Eetatic*, des EE.
Eric, de l'E.	*Eetaric*, des EE.
Eari, à l'E.	*Eei*, aux EE.
Era, à l'E.	*Eetarat*, aux EE.
Ean, en l'E.	*Eetan*, en EE.
Eaz, par l'E.	*Eetaz*, par les EE.
Earecquin, avec l'E.	*Eecquin*, avec les EE.
Earenzat, pour l'E.	*Eentzat*, pour les EE.
Ezat, pour l'E.	*Eetzat*, pour les E.
Eraino, jusqu'à l'E.	*Eetaraino*, jusqu'aux EE.

Remarque.

Afin de raccourcir cette opération problématique pour les langues anciennes et modernes, mais familière à l'idiome basque, je vais décliner les autres lettres alphabétiques selon les principes de la langue basque qui ne met en pratique que quatre *cas*, parceque les êtres pensants ne peuvent avoir entre eux que quatre espéces de relations, comme on le verra plus loin.

F.	FF.
SINGULIER.	PLURIEL.
N. *Efa*, l'F.	*Efac* ou *efec*, les FF.
G. *Efaren*, de l'F.	*Effen*, des FF.
D. *Efari*, à l'F.	*Efei*, aux FF.
Ab. *Efarecquin*, avec l'F.	*Efecquin*, avec les FF.

G.	GG.
SINGULIER.	PLURIEL.
N. *Gea*, le G.	*Geac* ou *geec*, les GG.
G. *Gearen*, du G.	*Geen*, des GG.
D. *Geari*, au G.	*Geei*, aux GG.
Ab. *Gearecquin*, avec le G.	*Geecquin*, avec les GG.

L.	LL.
SINGULIER.	PLURIEL.
N. *Ela*, l'L.	*Elac*, les LL.
G. *Elaren*, de l'L.	*Eleen*, des LL.
D. *Elari*, à l'L.	*Elei*, aux LL.
Ab. *Elarecquin*, de *ou* avec l'L.	*Elecquin*, aux *ou* avec les LL.

M.	MM.
SINGULIER.	PLURIEL.
N. *Ema*, l'M.	*Emac*, les MM.
G. *Emaren*, de l'M.	*Emeen*, des MM.
D. *Emari*, à l'M.	*Emei*, aux MM.
Ab. *Emarecquin*, à *ou* avec l'M.	*Emecquin*, aux *ou* avec les MM.

R.	RR.
SINGULIER.	PLURIEL.
N. *Erra*, l'R.	*Errac*, les RR.
G. *Erraren*, de l'R.	*Erreen*, des RR.

Ainsi de tous les autres caractères alphabétiques.

Il est donc vrai que les caractères alphabétiques basques se déclinent et même se verbisent, et voilà mon problème ou théorème résolu.

IVᵉ PROBLÈME OU THÉORÈME RÉSOLU.

Dans l'idiome asiatique-basque chaque nom et chaque substantif a jusqu'à douze cas différents, et six degrés de nominatifs; et les adjectifs jusqu'à vingt cas différents.

SINGULIER.	PLURIEL.
On, bon, bonne.	*On*, bons, bonnes.
Ona, bon, bonne.	*Onac*, bons, bonnes.
Onac, bon, bonne.	*Onec*, bons, bonnes.
Onaren, du bon.	*Onen*, des bons, des bonnes.
Oneco, du bon.	*Onetaco*, des bons, des bonnes.
Onetic, du bon, de la bonne.	*Onenganic*, des bons, des bonnes.
Onic, du bon, de la bonne.	*Onetaric*, des bons, des bonnes.
Onaganic, du bon.	*Onic*, des bons, des bonnes.
Onari, au bon, à la bonne.	*Onei*, aux bons, aux bonnes.

SINGULIER.	PLURIEL.
Onagana, au bon, à la bonne.	*Onenganat*, aux bons, aux bonnes.
Onera, au bon, à la bonne.	*Onetarat*, aux bons, aux bonnes.
Onabaithan, en bon, en bonne.	*Onenbaithan*, en bons, en bonnes.
Onean, en bon, en bonne.	*Onetan*, en bons, en bonnes.
Onaz, par le bon, par la bonne.	*Onetaz*,* par les bons, par les bonnes.
	Onez, par les bons, par les bonnes.
Onarecquin, avec le bon, avec la bonne.	*Onecquin*, avec les bons, avec les bonnes.
Onarentzat, pour le bon, pour la bonne.	*Onenzat*, pour les bons, pour les bonnes.
Onzat, pour le bon, pour la bonne.	*Onzat*, pour les bons, pour les bonnes.
Onaganaino, jusqu'au bon, jusqu'à la bonne.	*Onenganaino*, jusqu'aux bons, jusqu'aux bonnes.
Oneraino, jusqu'au bon, jusqu'à la bonne.	*Onetaraino*, jusqu'aux bons, jusqu'aux bonnes.

Les adjectifs basques ont donc jusqu'à vingt cas.

Prouvons maintenant, non par des raisonnements ingénieux et sophistiques, mais par des faits palpables, que les noms basques ont jusqu'à six degrés de nominatifs; et j'espère que mon problème sera résolu avec honneur.

Remarque.

Pour simplifier autant que possible la solution

de ce problème qui présente quelque difficulté en apparence, je vais me restreindre aux quatre cas que l'idiome basque met en pratique dans ses relations ordinaires.

PREMIER DEGRÉ DE NOMINATIF.

Singulier.

NOMINATIF. *Ait*, père.
GÉNITIF. *Aitaren*, du père.
DATIF. *Aitari*, au père.
ABLATIF. *Aitarecquin*, du *ou* avec le père.

SECOND DEGRÉ DE NOMINATIF.

Singulier.

N. *Aitaren*, celui du père
G. *Aitarenaren*, de celui du père.
D. *Aitarenari*, à celui du père.
A. *Aitarenarecquin*, de celui *ou* avec celui du père.

Pluriel.

N. *Aitarenac*, ceux du père.
G. *Aitareneen*, de ceux du père.
D. *Aitarenei*, à ceux du père.
A. *Aitarenecquin*, de ceux *ou* avec ceux du père.

TROISIÈME DEGRÉ DE NOMINATIF.

Singulier.

N. *Aitarenarena*, celui de celui du père.
G. *Aitarenarenaren*, de celui de celui du père.
D. *Aitarenarenari*, à celui de celui du père.
A. *Aitarenarenarequin*, avec celui celui du père.

Sans passer outre, tâchons de faire comprendre par quelques exemples ces degrés problématiques. Le premier ne souffre pas la moindre difficulté.

Exemple du second degré.

Aitarena. Zure amaren etchea, edo ene aitarena; la maison de votre mère, ou celle de mon père.

Ene aneiaren ardia, edo zure arrebarena; la brebis de mon frère, ou celle de votre sœur.

Zure aitaren muthilaganic, edo amarena ganic; du valet de votre père, ou de celui de votre mère.

Zure ilobaren apeendizari, edo ene coinatarenari; à l'apprenti de votre neveu, ou à celui de mon beau-frère.

Zure etchecuequin, edo arrebarenequin; avec ceux de chez vous, ou avec ceux de votre sœur.

Exemple du troisième degré.

Zure aitaren multhilaren zamaria, edo ene aitarenarena; le cheval du valet de votre père, ou celui de celui de mon père.

Zure aitaren muthilaren bahiari, edo ene aitarenarenaii; à la vache du valet de votre père, ou à celle de celle de mon père.

Zure aitaren etchetiarraren behorrarequin, edo zure izabarenarequin; avec la jument du fermier de votre père, ou avec celui de votre tante.

Remarque.

Comme l'idiome basque permet de répéter les noms en ce troisième degré, et de s'en servir dans la pratique du second degré en spécifiant *la propriété*, les Basques suivent cette première méthode; ainsi, au lieu de dire: *Zure aitaren muthilaren zamaria, ode ene aitarenarena*, ils disent, *zure aitaren multhilaren zamaria, edo ene aitaren mathilarena*; le cheval du valet de votre père, ou celui du valet de mon père. *Zure aitaren muthilaren zamariari, edo ene aitaren muthilaremari*; au cheval du valet de votre père, ou à celui du valet de mon père.

QUATRIÈME DEGRÉ DE NOMINATIF.

N. *Aitarenarenganicacoarena*, celui de celui de celui du père.

G. *Aitarenarenganiçacoarenaren*, de celui de celui de celui du père.

D. *Aitarenarenganicacoarenari*, à celui à celui à celui du père.

A. *Aitarenarenganicacoarenaroquin*, avec celui celui celui du père.

CINQUIÈME DEGRÉ DE NOMINATIF.

N. *Aitarenarenganiçacoarenarena*, celui de celui de celui de celui du père.

G. *Aitarenarenganicacoarenarenaren*, de celui de celui de celui de celui du père.

D. *Aitarenarenganiçacoarenarenari*, à celui de celui de celui de celui du père.

A. *Aitarenarenganicacoarenarenarequin*, avec celui de celui de celui de celui du père.

SIXIÈME DEGRÉ DE NOMINATIF.

N. *Aitarenarenarenganiçacoarenarena*, celui de celui de celui de celui de celui du père.

G. *Aitarenarenarenganicacoarenarenaren*, de celui de celui de celui de celui de celui du père.

D. *Aitarenarenarenganicacoarenarenari*, à celui de celui de celui de celui de celui du père.

A. *Aitarenarenarenganicacoarenarenarenarequin*, avec celui de celui de celui de celui de celui du père.

Remarque.

Les Basques ne font guère usage de ces trois derniers degrés de nominatif; je les porte ici pour résoudre mon problème, et pour faire voir aux gens lettrés qu'il leur reste encore beaucoup à apprendre en genre de langues.

Il est donc clair que, dans l'idiome basque, chaque nom ou substantif a jusqu'à *onze* cas différents, et six degrés de nominatifs; et que les adjectifs ont jusqu'à vingt cas différents.

Ve PROBLÈME OU THÉORÈME RÉSOLU.

LES PRONOMS DÉCLINAISONNAUX VERBISÉS OU DEVENUS VERBES ORDINAIRES.

Dans l'idiome basque les pronoms personnels mêmes se verbisent; en voici la preuve :

Pronom de la première personne verbisé mot à mot.

Ni, moi.
Nic, moi.
Ene, mon.
Niganic, de moi.
Niri, à moi.
Nigana, à moi.
Nibaithan, en moi.
Nitaz, par moi.
Enequin, avec moi.
Enezat, pour moi.
Eneanaino ou *eneraino*, jusqu'à moi.

VERBE.

Enetzea, m'approprier, *mienniser*.
Enetzen dut, je m'approprie.

SINGULIER.

Enetu, devenu le mien.

PLURIEL.

Enetuac, devenus les miens.

Pronom de la seconde personne.

Hi, toi.
Hic, toi.
Higanic, de toi.
Hiri, à toi.
Higana, à toi.
Hibaithan, en toi.
Hitaz, par toi.
Hirequin, avec toi.
Hiretzat, pour toi.
Higanaino, jusqu'à toi.

VERBE.

Hiretzea, t'approprier, *tienniser*.

SINGULIER.

Hiretu, devenu le tien.

PLURIEL.

Hiretuac, devenus les tiens.

Pronom de la troisième personne.

Hura, il *ou* elle.
Hare, il *ou* elle.
Haren, de lui *ou* d'elle.
Harenganic, de lui.
Hari, à lui.
Harengana, à lui.
Harenbaithan, en lui *ou* en elle.
Hartaz, par lui.
Harequin, avec lui.
Harentzat, pour lui.
Harenganaino, jusqu'à lui.

VERBE.

Harentzea, devenir à lui, *aluiser*.

SINGULIER.

Harendu, devenu à lui *ou* à elle.

PLURIEL.

Harenduac, devenus les siens.

Autre troisième pronom que les Français appellent réfléchi.

(Voyez la Grammaire pour le reste.)

VIᵉ PROBLÈME OU THÉORÈME RÉSOLU.

Dans la langue asiatique-basque les adjectifs deviennent verbes; *et vice versâ*, tous les verbes ordinaires deviennent adjectifs.

RADICAL.	CARACTÉRISTIQUES verbisant les adjectifs tzea.	ÉLISION adjectisant les verbes.	TRADUCTION française.
		A.	
Adichquide.	tzea.	Adichquidea.	Ami.
Adar.	tzea.	Adarra.	Branche.
Affer.	tzea.	Aferra.	Paresseux.
Ahalgue.	tzea.	Ahalguea.	Honte.
Amiragarri.	tzea.	Admiragarria.	Admirable.
Amodio.	tzea.	Amodiosa.	Amoureux.
		B.	
Bakhar.	tzea.	Bakhar.	Unique.
Barur.	tzea.	Barur.	Jeûne.
Baratze.	tzea.	Baratze.	Jardin.
Bai.	tzéa.	Bai.	Oui.
		Z C.	
Zahar.	tzea.	Zahar.	Vieux.
Cantu.	tzea.	Cantu.	Cantique.
Cario.	tzea.	Cario.	Cher *ou* chère.
Zedarri.	tzea.	Zedarri.	Limite.
Zerra.	tzea.	Zerra.	Clôture.
Zerra.	tzea.	Zerra.	La scie.

Ainsi du reste. Voyez le Dictionnaire bilingue.

Il est donc vrai que dans la langue asiatique-basque les adjectifs deviennent verbes, *et vice versâ*, tous les verbes ordinaires deviennent adjectifs.

VIIe PROBLÈME OU THÉORÈME RÉSOLU.

UN SEUL VERBE ACTIF FRANÇAIS CONJUGUÉ VINGT-SIX FOIS EN BASQUE, SANS AUGMENTER SON UNITÉ INDIVISIBLE.

THÉORÈME GRAMMATICAL INCONNU JUSQU'A NOS JOURS.

Dans l'idiome basque chaque verbe actif français se conjugue jusqu'à vingt-six fois, sans augmenter ni varier l'unité indivisible du verbe que l'on conjugue.

VERBE ACTIF.

Remarque.

Ce verbe sera conjugué vingt-six fois selon les principes et les règles de la langue française.

PREMIÈRE CONJUGAISON RADICALE.

Basque, *yatia.*	Français, *manger.*
INDICATIF.	
PRÉSENT.	
YATEN dut,	Je mange.
duc,	Tu manges.
du,	Il *ou* elle mange.
dugu,	Nous mangeons.
duzue,	Vous mangez.
dute,	Ils *ou* elles mangent.

IMPARFAIT.

Yaten nuen,	Je mangeois.
huen,	Tu mangeois.
zuen,	Il *ou* elle mangeoit.
guinuen,	nous mangions.
zinduten,	Vous mangiez.
zuten,	Ils *ou* elles mangeoient.

PRÉTÉRIT DÉFINI.

Yan nuen,	Je mangeai,
huen,	Tu mangeas.
zuen,	Il *ou* elle mangea.
guinuen,	Nous mangeâmes,
zinuten,	Vous mangeâtes.
zuten,	Ils *ou* elles mangèrent.

PRÉTÉRIT INDÉFINI.

Yan dut,	J'ai mangé.
duc,	Tu as mangé.
du,	Il *ou* elle a mangé,
dugu,	Nous avons mangé.
duzue,	Vous avez mangé,
dute,	Ils *ou* elles ont mangé.

PLUSQUE-PARFAIT.

Yan izan nuen,	J'avois mangé.
huen,	Tu avois mangé.
zuen,	Il *ou* elle avoit mangé.
guinuen,	Nous avions mangé.
zinuten,	Vous aviez mangé.
zuten,	Ils *ou* elles avoient mangé.

FUTUR.

Yanen dut,	Je mangerai.
duc,	Tu mangeras.
du,	Il *ou* elle mangera.
dugu,	Nous mangerons.
duzue,	Vous mangerez.
dute,	Ils *ou* elles mangeront.

FUTUR PASSÉ.

Yan duquet,	J'aurai mangé.

duquec,	Tu auras mangé.
duque,	Il *ou* elle aura mangé.
duquegu,	Nous aurons mangé.
duquezeu,	Vous aurez mangé.
duquete,	Ils *ou* elles auront mangé.

CONDITIONNEL PRÉSENT.

YAN nezaque,	Je mangerois,
hezaque,	Tu mangerois.
lezaque,	Il *ou* elle mangeroit.
guinezaque,	Nous mangerions.
zinezaquete,	Vous mangeriez.
lezaquete,	Ils *ou* elles mangeroient.

CONDITIONNEL PASSÉ.

YAN nuqueyen,	J'aurois mangé.
huqueyen,	Tu aurois mangé.
zuqueyen,	Il *ou* elle auroit mangé.
guinduqueyen,	Nous aurions mangé.
zinuqueten,	Vous auriez mangé.
zuqueten,	Ils *ou* elles auroient mangé.

IMPÉRATIF.

YAN zac,	Mange.
heza,	qu'il *ou* qu'elle mange.
dezagun,	Mangeons.
zazue,	Mangez.
bezate,	Qu'ils *ou* qu'elles mangent.

SUBJONCTIF.

PRÉSENT.

YAN dezadan,	Que je mange.
dezayan,	Que tu manges.
dezan,	Qu'il *ou* qu'elle mange.
dezagun,	Que nous mangions.
dezazuen,	Que vous mangiez.
dezaten,	Qu'ils *ou* qu'elles mangent.

IMPARFAIT.

YAN nezan,	Que je mangeasse.
hezan,	Que tu mangeasses.

lezan,	Qu'il *ou* qu'elle mangeât.
guinezan,	Que nous mangeassions?
zinezaten,	Que vous mangeassiez.
lezatan,	Qu'ils ou qu'elles mangeassent.

PRÉTÉRIT.

YAN izan dezadan,	Que j'aye mangé
dezayan,	Que tu ayes mangé.
dezan,	Qu'il *ou* qu'elle ait mangé.
dezugun,	Que nous ayons mangé.
dezazuen,	Que vous ayez mangé.
dezaten,	Qu'ils ou qu'elles aient mangé.

PLUSQUE-PARFAIT.

YANA izaneh nuqueien,	Que j'eusse mangé
huqueyen,	Que tu eusses mangé.
zuqueyen,	Qu'il *ou* qu'elle eût mangé.
guinduqueyen,	Que nous eussions mangé.
zinqueten,	Que vous eussiez mangé.
zuqueten,	Qu'ils *ou* qu'elles eussent mangé.

INFINITIF.

PRÉSENT.

YATEA, yan,	Manger.

PRÉTÉRIT.

YANA, yan izan,	Avoir mangé.

PARTICIPE PRÉSENT.

YATEAN, yaten,	Mangeant.

PARTICIPE PASSÉ.

YAN, izana,	Mangé, mangée, ayant mangé.

FUTUR,

YANEN yan beharra,	Devant manger.

Ainsi se conjuguent tous les verbes dont le régime est au singulier.

SECONDE CONJUGAISON

DU MÊME VERBE APPARTENANT A LA PREMIÈRE CONJUGAISON FRANÇAISE, PARCEQU'IL A L'INFINITIF TERMINÉ EN *er*.

Remarque.

Le caractéristique constituant le pluriel dans le mécanisme verbal basque est un DI; ainsi au lieu de *yaten dut*, je mange, il faut dire *yaten* DI*tut*, je les mange.

INDICATIF.

PRÉSENT.

YATEN ditut,	Je les mange.
dituc,	Tu les manges.
ditu,	Il les mange.
ditugu,	Nous les mangeons.
dituzue,	Vous les mangez,
dituzte	Ils les mangent.

IMPARFAIT.

YATEN nituen,	Je les mangeois.
hituen,	Tu les mangeois.
zituen,	Il les mangeoit.
guinituen,	Nous les mangions.
zinituzten,	Vous les mangiez.
zituzten,	Ils les mangeoient.

PRÉTÉRIT DÉFINI.

YAN nituen,	Je les mangeai.
hituen,	Tu les mangeas.
zituen,	Il les mangea.
guinituen,	Nous les mangeâmes.
zinituzten,	Vous les mangeâtes.
zituzten,	Ils les mangèrent.

PRÉTÉRIT INDÉFINI.

Yan ditut,	Je les ai mangés.
dituc,	Tu les as mangés.
ditu,	Il les a mangés.
ditugu,	Nous les avons mangés.
ditutzue,	Vous les avez mangés.
dituzte,	Ils les ont mangés.

PLUSQUE-PARFAIT.

Yan izan dituen,	Je les avois mangés.
hituen,	Tu les avois mangés.
zituen,	Il les avoit mangés.
guinituen,	Nous les avions mangés.
zinituzten,	Vous les aviez mangés.
zituzten,	Ils les avoient mangés.

FUTUR.

Yanen ditut,	Je les mangerai.
dituc,	Tu les mangeras.
ditu,	Il les mangera.
ditugu,	Nous les mangerons.
ditutzue,	Vous les mangerez.
dituzte,	Ils les mangeront.

FUTUR PASSÉ.

Yan izanen ditut ou dituzquet,	Je les aurai mangés.
dituc,	Tu les auras mangés.
ditu,	Il les aura mangés.
ditugu,	Nous les aurons mangés.
ditutzue,	Vous les aurez mangés.
dituzte,	Ils les auront mangés.

CONDITIONNEL PRÉSENT.

Yan nitzazque,	Je les mangerois.
hitzazque,	Tu les mangerois.
lizazque,	Il les mangeroit.
guinizazque,	Nous les mangerions.
zinaitzazquete,	Vous les mangeriez.
lizazquete,	Ils les mangeroient.

CONDITIONNEL PASSÉ.

Yan nuzqueyen,	Je les aurois mangés.

huzquecyen,	Tu les aurois mangés.
zuzqueyen,	Il les auroit mangés.
guinuzqueyen,	Nous les aurions mangés.
zinituzqueten,	Vous les auriez mangés.
zituzqueten,	Ils les auroient mangés.

IMPÉRATIF.

YAN itzac,	Mange-les tu.
bitza,	Qu'il les mange.
ditzagun,	Mangeons-les.
itzazue,	Mangez-les.
bitzate,	Qu'ils les mangent.

SUBJONCTIF.

PRÉSENT.

YAN ditzadan,	Que je les mange.
ditzayan,	Que tu les manges.
ditzan,	Qu'il les mange.
ditzagun,	Que nous les mangions.
ditzatzuten,	Que vous les mangiez.
ditzaten,	Qu'ils les mangent.

IMPARFAIT.

YAN nitzan,	Que je les mangeasse.
hitzan,	Que tu les mangeasses.
litzan,	Qu'il les mangeât.
guinitzan,	Que nous les mangeassions.
zinitzaten,	Que vous les mangeassiez.
litzaten,	Qu'ils les mangeassent.

SECOND CONDITIONNEL.

YAN baditzazquet,	Si je puis les manger.
badizazquec,	Si tu peux les manger.
badizazque,	S'il peut les manger.
badizatzquegu,	Si nous pouvons les manger.
baditzazquetzue,	Si vous pouvez les manger.
bidizazquete,	S'ils peuvent les manger.

PLUSQUE-PARFAIT.

YAN izan-ahal banitu,	Si j'eusse pu les manger.
bahitu,	Si tu eusses pu les manger.

balitu,	S'il eût pu les manger.
baguinitu,	Si nous eussions pu les manger.
hazinituzte,	Si vous eussiez pu les manger.
balituzte,	S'ils eussent pu les manger.

TROISIÈME CONJUGAISON

DU MÊME VERBE, RELATIVE DE LA TROISIÈME PERSONNE A LA SECONDE. LANGAGE D'ÉGALITÉ, *hi*.

Régime pluriel.

INDICATIF.

PRÉSENT.

YATEN daizquidac,	Tu me les manges.
daizquit,	Il me les mange.
daizquidatzue,	Vous me les mangez.
daizquidate,	Ils me les mangent.

IMPARFAIT.

YATEN haizquidan,	Tu me les mangeois.
zaizquidan,	Il me les mangeoit.
zinizquidaten,	Vous me les mangiez.
zitzaizquidaten,	Ils me les mangeoient.

PRÉTÉRIT DÉFINI.

YAN daizquidac,	Tu me les as mangés.
daizquidat,	Il me les a mangés.
daizquidaitatzue,	Vous me les avez mangés.
daizquidate,	Ils me les ont mangés.

PRÉTÉRIT INDÉFINI.

YAN haizquidan,	Tu me les mangeas.
zaizquidan,	Il me les mangea.
zinaizquidaten,	Vous me les mangeâtes.
zitzaitzquidaten,	Ils me les mangèrent.

PLUSQUE-PARFAIT.

YAN izan, haizquidan,	Tu me les avois mangés.
zaizquidan,	Il me les avoit mangés.
zinaizquidaten,	Vous me les aviez mangés.
zaizquidaten,	Ils me les avoient mangés.

FUTUR.

YANEN daizquidac,	Tu me les mangeras.
daizquit,	Il me les mangera.
daiztatzue,	Vous me les mangerez.
daiztate,	Ils me les mangeront.

FUTUR PASSÉ.

YAN izanen daizquidac,	Tu me les auras mangés.
daizquit,	Il me les aura mangés.
daiztatzue,	Vous me les aurez mangés.
daiztate,	Ils me les auront mangés.

CONDITIONNEL PRÉSENT.

YAN hitzazquec,	Tu me les mangerois.
lizazquet,	Il me les mangeroit.
zinituzquete,	Vous me les mangeriez.
lizaquetet,	Ils me les mangeroient.

CONDITIONNEL PASSÉ.

YAN izanen haitan,	Tu me les aurois mangés.
zaitan,	Il me les auroit mangés.
zinaizcaten,	Vous me les auriez mangés.
zaitaten,	Ils me les auroient mangés.

IMPÉRATIF.

YAN zaizquidac,	Mange me les tu.
bezquit,	Qu'il me les mange.
itzadazuet,	Mangez me les vous.
bitzaate,	Qu'ils me les mangent.

SUBJONCTIF.

PRÉSENT.

YAN ditzaizquidayan,	Que tu me les manges.
ditzaizquidan,	Qu'il me les mange.
dietzaizquidatzuten,	Que vous me les mangiez.
dietzaizquidaten,	Qu'ils me les mangent.

IMPARFAIT.

YAN hizaizquidan,	Que tu me les mangeasses.
zitzaizquidan,	Qu'il me les mangeât.
ziuitzaizquidaten,	Que vous me les mangeassiez.
zitzaizquidaten,	Qu'ils me les mangeassent.

SECOND CONDITIONNEL.

YAN ahal badazquiac,	Si tu peux me les manger.
badaizquit,	S'il peut me les manger.
badaizquidatzue,	Si vous pouvez me les manger.
badazquiate,	S'ils peuvent me les manger.

PLUSQUE-PARFAIT.

YAN izan ahal bahitu,	Si tu eusses pu me les manger.
balitu,	S'il eût pu me les manger.
biziniituzte,	Si vous eussiez pu me les manger.
balituzte,	S'ils eussent pu me les manger.

QUATRIÈME CONJUGAISON,

RELATIVE DE LA PREMIÈRE PERSONNE A LA SECONDE.

Régime singulier.

INDICATIF.

PRÉSENT.

YATEN dayat,	Je te le mange.
dauc,	Il te le mange.
dayagu,	Nous te le mangeons.
dayate,	Ils te le mangent.

IMPARFAIT.

YATEN nayan,	Je te le mangeois.
zayan,	Il te le mangeoit.
guincan,	Nous te le mangions.
zayatean,	Ils te le mangeoient.

PRÉTÉRIT DÉFINI.

YAN nayan,	Je te le mangeai.
zayan,	Il te le mangea.
guinean,	Nous te le mangeâmes.
zayetean,	Ils te le mangèrent.

PRÉTÉRIT INDÉFINI.

YAN dayat,	Je te l'ai mangé.
dauc,	Il te l'a mangé.
daraiagu,	Nous te l'avons mangé.
daiate,	Ils te l'ont mangé.

PLUSQUE-PARFAIT.

YAN izan nayan,	Je te l'avois mangé.
zayan,	Il te l'avoit mangé.
guinayagun,	Nous te l'avions mangé.
zayetean,	Ils te l'avoient mangé.

FUTUR.

YANEN dayat,	Je te le mangerai.
dauc,	Il te le mangera.
deraiagu,	Nous te le mangerons.
derayate,	Ils te le mangeront.

FUTUR PASSÉ.

YAN izanen dayat,	Je te l'aurai mangé.
dauc,	Il te l'aura mangé.
deraiagu,	Nous te l'aurons mangé.
daiete,	Ils te l'auront mangé.

CONDITIONNEL PRÉSENT.

YANEN niquec,	Je te le mangerois.
liquec,	Il te le mangeroit.
guiniquec,	Nous te le mangerions.
liquiotec,	Ils te le mangeroient.

CONDITIONNEL PASSÉ.

YAN izanen dayat,	Je te l'aurois mangé.
dauc,	Il te l'auroit mangé.
dayagu,	Nous te l'aurions mangé.
dayate,	Ils te l'auroient mangé.

IMPÉRATIF.

YAN dezaiala,	Qu'il te le mange.
dezaiagula,	Que nous te le mangions.
dezateala,	Qu'ils te le mangent.

SUBJONCTIF.

PRÉSENT.

YAN diezayatan,	Que je te le mange.
diezayan,	Qu'il te le mange.
diezaiagun,	Que nous te le mangions.
diezatean,	Qu'ils te le mangent.

IMPARFAIT.

Yan nlezayan,	Que je te le mangeasse.
liezaian,	Qu'il te le mangeât.
guiniezaian,	Que nous te le mangeassions.
liezateau,	Qu'ils te le mangeassent.

SECOND CONDITIONNEL.

Yan badezaqueat,	Si je puis te le manger.
badezaquec,	S'il peut te le manger.
badezaquegue,	Si nous pouvons te le manger.
badezaquetec,	S'ils peuvent te le manger.

PLUSQUE-PARFAIT.

Yan izan ahal banauc,	Si j'eusse pu te le manger.
balauc,	S'il eût pu te le manger.
baguinauc,	Si nous eussions pu te le manger.
balautec,	S'ils eussent pu te le manger.

CINQUIÈME CONJUGAISON,

RELATIVE DE LA PREMIÈRE PERSONNE A LA SECONDE.

Régime pluriel.

INDICATIF.

PRÉSENT.

Yaten daizquiat,	Je te les mange.
dizquic,	Il te les mange.
dizquiagu,	Nous te les mangeons.
dizquietec,	Ils te les mangent.

IMPARFAIT.

Yaten nizquian,	Je te les mangeois,
zizquian,	Il te les mangeoit.
guinizquiagun,	Nous te les mangions.
zizquitean,	Ils te les mangeoient,

PRÉTÉRIT DÉFINI.

Yan naizquian,	Je te les mangeai.
zaizquian,	Il te les mangea.
guinitzaizquiagun,	Nous te les mangeâmes.
zaizquitean,	Ils te les mangèrent.

PRÉTÉRIT INDÉFINI.

YAN daizquiat,	Je te les ai mangés.
daizquic,	Il te les a mangés.
daizquiagu,	Nous te les avons mangés.
daizquietec,	Ils te les ont mangés.

PLUSQUE-PARFAIT.

YAN izan naizquian,	Je te les avois mangés.
zaizquian,	Il te les avoit mangés.
guinitzaizquiagun,	Nous te les avions mangés.
zaizquitean,	Ils te les avoient mangés.

FUTUR.

YANEN daizquiat,	Je te les mangerai.
daizquic,	Il te les mangera.
dizquiagu,	Nous te les mangerons.
daizquiatec,	Ils te les mangeront.

FUTUR PASSÉ.

YAN izanen naizquian,	Je te les aurai mangés.
zaizquian,	Il te les aura mangés.
guinaizquiagun,	Nous te les aurons mangés.
zaizquitean,	Ils te les auront mangés.

CONDITIONNEL PRÉSENT.

YANEN nizquiquec,	Je te les mangerois.
lizquiquec,	Il te les mangeroit.
guinizquiquec,	Nous te les mangerions.
liquetec,	Ils te les mangeroient.

CONDITIONNEL PASSÉ.

YAN izanen daizquiat.	Je te les aurois mangés.
daizquic,	Il te les auroit mangés.
daizquiagu,	Nous te les aurions mangés.
daizquietec,	Ils te les auroient mangés.

IMPÉRATIF.

YAN ditzaizquiala,	Qu'il te les mange.
ditzaizquiagula,	Que nous te les mangions.
ditzaizquitela,	Qu'ils te les mangent.

SUBJONCTIF.

PRÉSENT.

YAN ditzaizquiadan,	Que je te les mange.
ditzaizquian,	Qu'il te les mange.
ditzaizquiagun,	Que nous te les mangions.
ditzaizquitean,	Qu'ils te les mangent.

IMPARFAIT.

YAN nitzaizquian,	Que je te les mangeasse.
zitzaizquion,	Qu'il te les mangeât.
guinitzaizquian,	Que nous te les mangeassions.
zitzaizquiaten,	Qu'ils te les mangeassent.

SECOND CONDITIONNEL.

YAN badezaqueat,	Si je puis te les manger.
badezaquec,	S'il peut te les manger.
badezaqueagu,	Si nous pouvons te les manger.
badezaquetec,	S'ils peuvent te les manger.

PLUSQUE-PARFAIT.

YAN izan ahal banauc,	Si j'eusse pu te les manger.
balauc,	S'il eût pu te les manger.
baguinauc,	Si nous eussions pu te les manger.
balaïatec,	S'ils eussent pu te les manger.

AUTRE PLUSQUE-PARFAIT.

YAN ahal banaizquic,	Si j'eusse pu te les manger.
balaizquic,	S'il eût pu te les manger.
baquinaizquiguc,	Si nous eussions pu te les manger.
balitzaizquiatec,	S'ils eussent pu te les manger.

Remarque.

Quant à la conjugaison de l'inflexion *diminutive* CHU, voyez le tableau de quatre langages dans l'unité du même verbe, inséré dans la Dissertation.

SIXIÈME CONJUGAISON

DU MÊME VERBE, RELATIVE DE LA SECONDE PERSONNE A LA SECONDE.

Remarque.

Cette conjugaison appartient aux pronoms *hi*, *hac*, toi, à toi, *femme*.

Genre féminin. Régime singulier.

INDICATIF.

PRÉSENT.

YATEN daunat,	Je te le mange.
daun,	Il te le mange.
daunagu,	Nous te le mangeons.
daunate,	Ils te le mangent.

IMPARFAIT.

YATEN naunan,	Je te le mangeois.
zaunan,	Il te le mangeoit.
guinaunan,	Nous te le mangions.
zautenan,	Ils te les mangeoient.

PRÉTÉRIT DÉFINI.

YAN naunan,	Je te le mangeai.
zaunnan,	Il te le mangea.
guinaunan,	Nous te le mangeâmes.
zautenan,	Ils te le mangèrent.

PRÉTÉRIT INDÉFINI.

YAN dunat,	Je te l'ai mangé.
daun,	Il te l'a mangé.
daunagu,	Nous te l'avons mangé.
daunate,	Ils te l'ont mangé.

PLUSQUE-PARFAIT.

YAN izan naunan,	Je te l'avois mangé.
zaunan,	Il te l'avoit mangé.

guinaunan,	Nous te l'avions mangé.
zautenan,	Ils te l'avoient mangé.

FUTUR.

YANEN daunat,	Je te le mangerai.
daun,	Il te le mangera.
daunagu,	Nous te le mangerons.
daunane,	Ils te le mangeront.

FUTUR PASSÉ.

YAN izanen daunat,	Je te l'aurai mangé.
daun,	Il te l'aura mangé.
daunagu,	Nous te l'aurons mangé.
daune,	Ils te l'auront mangé.

CONDITIONNEL PRÉSENT.

YANEN niquenan,	Je te le mangerois.
ziquenan,	Il te le mangeroit.
guinezaquenan,	Nous te le mangerions.
zezaquetenan,	Ils te le mangeroient.

CONDITIONNEL PASSÉ.

YAN izanen naunan,	Je te l'aurois mangé.
zaunan,	Il te l'auroit mangé.
gainaunan,	Nous te l'aurions mangé.
zautenan,	Ils te l'auroient mangé.

IMPÉRATIF.

YAN dezanala,	Qu'il te le mange,
dezenagula,	Que nous te le mangions.
dezatenala,	Qu'ils te le mangent.

SUBJONCTIF.

PRÉSENT.

YAN diezanadan,	Que je te le mange.
diezanâan,	Qu'il te le mange.
diezanagun,	Que nous te le mangions.
diezatenâan,	Qu'ils te le mangent.

IMPARFAIT.

YAN niezâanan,	Que je te le mangeasse.
liezâanan,	Qu'il te le mangeât.

guiniezàanan, Que nous te le mangeassions.
liezàatenan, Qu'ils te le mangeassent.

SECOND CONDITIONNEL.

YATEN ahal badaunat, Si je puis te le manger.
badaun, s'il peut te le manger.
badaunagu, Si nous pouvons te le manger.
badaunate, S'ils peuvent te le manger.

PLUSQUE-PARFAIT.

YAN ahal izan baunaun, Si j'eusse pu te le manger.
balaun, S'il eût pu te le manger.
baguinaun, Si nous eussions pu te le manger.
balaune; S'ils eussent pu te le manger.

SEPTIÈME CONJUGAISON,

RELATIVE DE LA SECONDE PERSONNE A LA SECONDE.

Genre féminin. Régime pluriel.

INDICATIF.

PRÉSENT.

YATEN daizquinat, Je te les mange.
daizquin, Il te les mange.
daizquinagu, Nous te les mangeons.
daizquinate, Ils te les mangent.

IMPARFAIT.

YATEN naizquinan, Je te les mangeois.
zaizquinan, Il te les mangeoit.
guinazquinagun, Nous te les mangions.
zitzaizquitenan, Ils te les mangeoient.

PRÉTÉRIT DÉFINI.

YAN naizquinan; Je te les mangeai.
zaizquinan, Il te les mangea.
guinaizquinagun, Nous te les mangeâmes.
zitzaizquitenan, Ils te les mangèrent.

PRÉTÉRIT INDÉFINI.

YAN daizquinat, Je te les ai mangés.

daizquin,	Il te les a mangés.
daizquinagu,	Nous te les avons mangés.
daizquinate,	Ils te les ont mangés.

PLUSQUE-PARFAIT.

YAN izan naizquinan,	Je te les avois mangés.
zaizquinan,	Il te les avoit mangés.
guinaizquinagun,	Nous te les avions mangés.
zitzaizquitenan,	Ils te les avoient mangés.

FUTUR.

YANEN daizquinat,	Je te les mangerai.
daizquin,	Il te les mangera.
daizquinagu,	Nous te les mangerons.
daizquinate,	Ils te les mangeront.

FUTUR PASSÉ.

YAN izanen daizquinat,	Je te les aurai mangés.
daizquinn,	Il te les aura mangés.
daizunagu,	Nous te les aurons mangés.
daizquinate,	Ils te les auront mangés.

CONDITIONNEL PRÉSENT.

YAN nizquiquen,	Je te les mangerois.
lizquiquen,	Il te les mangeroit.
guinizquiquen,	Nous te les mangerions.
lizquitequen,	Ils te les mangeroient.

CONDITIONNEL PASSÉ.

YAN izanen naizquinan,	Je te les aurois mangés.
zaizquinan,	Il te les auroit mangés.
guinaizquinagun,	Nous te les aurions mangés.
zitzaizquitenan,	Ils te les auroient mangés.

IMPÉRATIF.

YAN ditaizquinala,	Qu'il te les mange.
ditzaizquinagula,	Que nous te les mangions.
ditzaizquitenala,	Qu'ils te les mangent.

SUBJONCTIF.

PRÉSENT.

YAN ditzaizquinadan,	Que je te les mange.

ditzaizquinan,	Qu'il te les mange.
ditzaizquinagun,	Que nous te les mangions.
ditzaizquinaten;	Qu'ils te les mangent.

IMPARFAIT.

YAN nietzaizquinan,	Que je te les mangeasse.
lietzaizquinan,	Qu'il te les mangeât.
guinitzaizquinagun;	Que nous te les mangeassions.
lietzaizquitenan;	Qu'ils te les mangeassent.

SECOND CONDITIONNEL.

YATEN ahal badazquinat,	Si je puis te les manger.
badaizquin,	S'il peut te les manger.
badazquinagu,	Si nous pouvons te les manger.
badaizquinete,	S'ils peuvent te les manger.

PLUSQUE-PARFAIT.

YAN ahal izan banaizquin,	Si j'eusse pu te les manger.
balaizquin,	S'il eût pu te les manger.
Badazquinagun,	Si nous eussions pu te les manger.
balaizquinaten,	S'ils eussent pu te les manger.

HUITIÈME CONJUGAISON

DU MÊME VERBE, RELATIVE DE LA TROISIÈME PERSONNE A LA SECONDE.

Remarque.

Cette conjugaison est du pronom *zu*, vous, terme respectueux.

Régime singulier.

INDICATIF.

PRÉSENT.

YATEN dautzut,	Je vous le mange.
dautzu,	Il vous le mange.
datzugu,	Nous vous le mangeons.
dautzute;	Ils vous le mangent.

IMPARFAIT.

YATEN dautzun,	Je vous le mangeois.
zautzun,	Il vous le mangeoit.
guinautzun,	Nous vous le mangions.
zautzuten,	Ils vous le mangeoient.

PRÉTÉRIT DÉFINI.

YAN nautzun,	Je vous le mangeai.
zautzun,	Il vous le mangea.
guinautzun,	Nous vous le mangeâmes.
zautzuten,	Ils vous le mangèrent.

PRÉTÉRIT INDÉFINI.

YAN dautzut,	Je vous l'ai mangé.
dautzu,	Il vous l'a mangé.
dautzugu,	Nous vous l'avons mangé.
dantzute,	Ils vous l'ont mangé.

PLUSQUE-PARFAIT.

YAN izan nauntzun,	Je vous l'avois mangé.
zauntzun,	Ils vous l'avoit mangé.
guinauntzun,	Nous vous l'avions mangé.
zauntzuten,	Ils vous l'avoient mangé.

FUTUR.

YANEN dautzut,	Je vous le mangerai.
dautzu,	Il vous le mangera.
dautzugu,	Nous vous le mangerons.
dautzute,	Ils vous le mangeront.

FUTUR PASSÉ.

YAN izanen nauntzun,	Je vous l'aurai mangé.
zauntzun,	Il vous l'aura mangé.
guinauntzun,	Nous vous l'aurons mangé.
zauntzuten,	Ils vous l'auront mangé.

CONDITIONNEL PRÉSENT.

YAN nezaquezu,	Je vous le mangerois.
lezaquezu,	Il vous le mageroit.
guinezaquezu,	Nous vous le mangerions.
lezaquezute,	Ils vous le mangeroient.

CONDITIONNEL PASSÉ.

YAN nezaquezun,	Je vous l'aurois mangé.
lezaquezun,	Il vous l'auroit mangé.
guinie zaquezun,	Nous vous l'aurions mangé.
lezaquezuten,	Ils vous l'auroient mangé.

IMPÉRATIF.

YAN diezazula,	Qu'il vous le mange.
diezguzula,	Que nous vous le mangions.
diezazutela,	Qu'ils vous le mangent.

SUBJONCTIF.

PRÉSENT.

YAN diezazudan,	Que je vous le mange.
diezazun,	Qu'il vous le mange.
diezazugun,	Que nous vous le mangions.
diezazuten,	Qu'ils vous le mangent.

IMPARFAIT.

YAN niezazun,	Que je vous le mangeasse.
liezazun,	Qu'il vous le mangeât.
guiniezazun,	Que nous vous le mangeassions.
liezazuten,	Qu'ils vous le mangeassent.

CONDITIONNEL PRÉSENT.

YAN badezaquezut,	Si je puis vous le manger.
badezaquezu,	S'il peut vous le manger.
badizaquezuegu,	Si nous pouvons vous les manger.
badezaquezute.	S'ils peuvent vous le manger.

PLUSQUE-PARFAIT.

YAN izan ahal banautzu,	Si j'eusse pu vous le manger.
balautzu,	S'il eût pu vous le manger.
baguinautzugu,	Si nous eussions pu vous le manger
balautzute,	S'ils eussent pu vous le manger.

NEUVIÈME CONJUGAISON,

RELATIVE DE LA TROISIÈME PERSONNE A LA SECONDE.

Régime pluriel.

INDICATIF.

PRÉSENT.

YATEN daizquitzut,	Je vous les mange.
daizquitzü,	Il vous les mange.
daizquitzugu,	Nous vous les mangeons.
daizquitzute,	Ils vous les mangent.

IMPARFAIT.

YATEN daizquitzün,	Je vous les mangeois.
zaizquitzun,	Il vous les mangeoit.
guinaizquitzun,	Nous vous les mangions.
zaizquitzuten,	Ils vous les mangeoient.

PRÉTÉRIT DÉFINI.

YAN daizquitzun,	Je vous les mangeai.
zaizquitzun,	Il vous les mangea.
guinaizquitzun,	Nous vous les mangeâmes.
zitzaizquitzuten,	Ils vous les mangèrent.

PRÉTÉRIT INDÉFINI.

YAN daizquitzut,	Je vous les ai mangés.
daizquitzu,	Il vous les a mangés.
daizquitzugu,	Nous vous les avons mangés.
daizquitzute,	Ils vous les ont mangés.

PLUSQUE-PARFAIT.

YAN izan daizquitzut,	Je vous les avois mangés.
daizquitzu,	Il vous les avoit mangés.
daizquitzugu,	Nous vous les avions mangés.
daizquitzute,	Ils vous les avoient mangés.

FUTUR.

YANEN daizquitzut,	Je vous les mangerai.
daizquitzu,	Il vous les mangera.
daizquitzugu,	Nous vous les mangerons.
daizquitzute,	Ils vous les mangeront.

FUTUR PASSÉ.

YAN izaben daizquitzut,	Je vous les aurai mangés.
daizquitzu,	Il vous les aura mangés.
daizquitzugu,	Nous vous les aurons mangés.
daizquitzute,	Ils vous les auront mangés.

CONDITIONNEL PRÉSENT.

YAN naizquitzuque,	Je vous les mangerois.
lizquitzuque,	Il vous les mangeroit.
guinizquitzuque,	Nous vous les mangerions.
lizquitzuquete,	Ils vous les mangeroient.

CONDITIONNEL PASSÉ.

YAN izan nizquitzun,	Je vous les aurois mangés.
litzquitzun,	Il vous les auroit mangés.
guinitzquitzun,	Nous vous les aurions mangés.
lizquitzuten,	Ils vous les auroient mangés.

IMPÉRATIF.

YAN zizquiotzu,	Mangez-les lui.
bezquio,	Qu'il les lui mange.
diozcogun,	Mangeons-les, à lui.
ziotzue,	Mangez-les.
biozcate,	Qu'ils les lui mangent.

SUBJONCTIF.

PRÉSENT.

YAN dietzaiztzudan,	Que je vous les mange.
dietzaizquitzun,	Qu'il vous les mange.
dietzaizquitzugun,	Que nous vous les mangions.
dietzaizquitzuten,	Qu'ils vous les mangent.

IMPARFAIT.

YAN nietzazquitzun,	Que je vous les mangeasse.
lietzaizquitzun,	Qu'il vous les mangeât.
guinietzaizquitzun,	Que nous vous les mangeassions.
lietzaizquitzuten,	Qu'ils vous les mangeassent.

SECOND CONDITIONNEL.

YATEN ahal badaizquitzut,	Si je puis vous les manger.
badaizquitzu,	S'il peut vous les manger.

badaizquitzugu,	Si nous pouvons vous les manger.
badaizquitzuté,	S'ils peuvent vous les manger.

PLUSQUE-PARFAIT.

YAN ahal izan banaizquitzu,	Si jeusse pu vous les manger.
balaizquitzu,	S'il eût pu vous les manger.
baguinaizquitzugu.	Si nous eussions pu vous les manger.
balaizquitzúte;	S'ils eussent pu vous les manger.

DIXIÈME CONJUGAISON,

RELATIVE A LA TROISIÈME PERSONNE.

Remarque.

Cette conjugaison est commune aux deux genres.

Régime singulier.

INDICATIF.

PRÉSENT.

YATEN diot,	Je le lui mange, à lui ou à elle.
dioc,	Tu le lui manges.
dio,	Il *ou* elle le lui mange.
diogu,	Nous le lui mangeons.
diozue,	Vous le lui mangez.
diote,	Ils *ou* elles le lui mangent.

IMPARFAIT.

YATEN nion,	Je le lui mangeois, à lui *ou* à elle.
hion,	Tu le lui mangeois.
zion,	Il *ou* elle le lui mangeoit.
guinion,	Nous le lui mangions.
zinioten,	Vous le lui mangiez.
zioten,	Ils *ou* elles le lui mangeoient.

PRÉTÉRIT DÉFINI.

YAN nacon,	Je le lui mangeai, à lui *ou* à elle.
hacon,	Tu le lui mangeas.
zaucun,	Il *ou* elle le lui mangea.
guinacon,	Nous le lui mangeâmes.

zinacoten,	Vous les lui mangeâtes.
zacoten,	Ils ou elles le lui mangèrent.

PRÉTÉRIT INDÉFINI.

YAN dacot,	Je le lui ai mangé, à lui ou à elle.
dacoc,	Tu le lui as mangé.
daco,	Il ou elle le lui a mangé.
dacogu,	Nous le lui avons mangé.
dacozue,	Vous le lui avez mangé.
dacote,	Ils ou elles le lui ont mangé.

PLUSQUE-PARFAIT.

YAN izan nion,	Je le lui avois mangé, à lui ou à elle.
hion,	Tu le lui avois mangé.
zion,	Il ou elle le lui avoit mangé.
guinion,	Nous le lui avions mangé.
zinioten,	Vous le lui aviez mangé.
zioten,	Ils ou elles le lui avoient mangé.

FUTUR.

YANEN diot,	Je le lui mangerai.
dioc,	Tu le lui mangeras.
dio,	Il ou elle le lui mangera.
diogu,	Nous le lui mangerons.
diozue,	Vous le lui mangerez.
diote,	Ils ou elles le lui mangeront.

FUTUR PASSÉ.

YAN izanen nion,	Je le lui aurai mangé, à lui ou à elle.
hion,	Tu le lui auras mangé.
zion,	Il ou elle le lui aura mangé.
guinion,	Nous le lui aurons mangé.
zinioten,	Vous le lui aurez mangé.
zioten,	Ils ou elles le lui auront mangé.

CONDITIONNEL PRÉSENT.

YAN nozoquen ou nioquen,	Je le lui mangerois.
hiezoquen,	Tu le lui mangerois.
ziotzoquen,	Il ou elle le lui mangeroit.
guinezoquen,	Nous le lui mangerions
zinezoqueten,	Vous le lui mangeriez.
zizoqueten,	Ils le lui mangeroient.

CONDITIONNEL PASSÉ.

YAN izanen nioquen,	Je le lui aurois mangé.
hioquen,	Tu le lui aurois mangé.
lioquen,	Il *ou* elle le lui auroit mangé.
guiniozoquen,	Nous le lui aurions mangé.
ziniozoqueten,	Vous le lui auriez mangé.
liozoqueten,	Ils *ou* elles le lui auroient mangé

IMPÉRATIF.

YAN bezote,	Qu'on le lui mange.
diozogun,	Que nous le lui mangions.
ozozue,	Que vous le lui mangiez.
diozotela,	Qu'ils le lui mangent.

SUBJONCTIF.

PRÉSENT.

YAN diotzadan,	Que je le lui mange.
diotzoyan,	Que tu le lui manges.
diotzan,	Qu'il le lui mange.
diotzogun,	Que nous le lui mangions.
diozozueten,	Que vous le lui mangiez.
diozaten,	Qu'ils le lui mangent.

IMPARFAIT.

YAN niozan,	Que je le lui mangeasse.
hiozan,	Que tu le lui mangeasses.
liozan,	Qu'il le lui mangeât.
guiniozan,	Que nous le lui mangeassions.
ziniozaten,	Que vous le lui mangeassiez.
liozaten,	Qu'ils le lui mangeassent.

FUTUR CONDITIONNEL.

YAN badiozat,	Si je puis le lui manger.
badiozac,	Si tu peux le lui manger.
badioza,	S'il peut le lui manger.
badiozagu,	Si nous pouvons le lui manger.
badiozazue,	Si vous pouvez le lui manger.
badiozate,	S'ils peuvent le lui manger.

PLUSQUE-PARFAIT.

YAN izan baniotza,	Que je le lui eusse mangé.

bahiotza,	Que tu le lui eusses mangé.
haliotza,	Qu'il le lui eût mangé.
baguiniotza,	Que nous le lui eussions mangé.
baziniotzate,	Que vous le lui eussiez mangé.
haliozate,	Qu'ils le lui eussent mangé.

ONZIÈME CONJUGAISON,

RELATIVE A LA TROISIÈME PERSONNE.

Régime pluriel.

INDICATIF.

PRÉSENT.

YATEN diozcat,	Je les lui mange, à lui *ou* à elle.
diozcac,	Tu les lui manges.
diozca,	Il *ou* elle les lui mange.
diozcagu,	Nous les lui mangeons.
diozcatzue,	Vous les lui mangez.
diozcate,	Ils *ou* elles les lui mangent.

IMPARFAIT.

YATEN niozcan,	Je les lui mangeois.
hiozcan,	Tu les lui mangeois.
ziozcan,	Il *ou* elle les lui mangeoit.
guiniozcan,	Nous les lui mangions.
ziniozcaten,	Vous les lui mangiez.
ziozcaten,	Ils *ou* elles les lui mangeoient.

PRÉTÉRIT DÉFINI.

YAN niozcan,	Je les lui mangeai.
hiozcan,	Tu les lui mangeas.
ziozcan,	Il *ou* elle les lui mangea.
guiniozcan,	Nous les lui mangeâmes.
ziniozcaten,	Vous les lui mangeâtes.
ziozcaten,	Ils *ou* elles les lui mangèrent.

PRÉTÉRIT INDÉFINI.

YAN daizquiot,	Je les lui ai mangés.
daizquioc,	Tu les lui as mangés.
daizquio,	Il les lui a mangés.

daizquiogu,	Nous les lui avons mangés.
daizquiotzue,	Vous les lui avez mangés.
daizquiote,	Ils les lui ont mangé.

PLUSQUE-PARFAIT.

YAN izan niozcan,	Je les lui avois mangés.
hiozcan,	Tu les lui avois mangés.
ziozcan,	Il les lui avoit mangés.
guiniozcan,	Nous les lui avions mangés.
ziniozcaten,	Vous les lui aviez mangés.
ziozcaten,	Ils les lui avoient mangés.

FUTUR.

YANEN daizcot,	Je les lui mangerai.
daizcoc,	Tu les lui mangeras.
daizco,	Il *ou* elle les lui mangera.
daizquiogu,	Nous les lui mangerons.
daizquotzue,	Vous les lui mangerez.
daizquiote,	Ils *ou* elles les lui mangeront.

FUTUR PASSÉ.

YAN izanen niozcan,	Je les lui aurai mangés.
hiozcan,	Tu les lui auras mangés.
ziozcan,	Il *ou* elle les lui aura mangés.
guiniozcan,	Nous les lui aurons mangés.
ziuizcaten,	Vous les lui aurez mangés.
ziozcaten,	Ils *ou* elles les lui auront mangés.

CONDITIONNEL PRÉSENT.

YAN nitzozqueen,	Je les lui mangerois.
hitzozqueen,	Tu les lui mangerois.
zitzozquen,	Il *ou* elle les lui mangeroit.
guinitzozquen,	Nous les lui mangerions.
zinitzozqueten,	Vous les lui mangeriez.
zitzozqueten,	Ils *ou* elles les lui mangeroient.

CONDITIONNEL PASSÉ.

YAN izanen niotzcan,	Je les lui aurois mangés.
hiotzcan,	Tu les lui aurois mangés.
ziozcan,	Il *ou* elle les lui auroit mangés.
guiniozcan,	Nous les lui aurions mangés.

ziniozcaten,	Vous les lui auriez mangés.
ziozcaten,	Ils *ou* elles les lui auroient mangés.

IMPÉRATIF.

YAN zaiozcac,	Mange-les tu à lui *ou* à elle.
bitzaizca,	Qu'il les lui mange.
diozcagun,	Mangeons-les lui.
zaizcotzue,	Qu'ils les lui mangent.

SUBJONCTIF.

PRÉSENT.

YAN diotzaizcodan,	Que je les lui mange.
diotzaizcoyan,	Que tu les lui manges.
diotzaizcan,	Qu'il les lui mange.
diotzaizcogun,	Que nous les lui mangions.
diotzaizcotzuten,	Que vous les lui mangiez.
diotzaizcoten,	Qu'ils les lui mangent.

IMPARFAIT.

YAN niotzaizcan,	Que je les lui mangeasse.
hiotzaizcan,	Que tu les lui mangeasses.
liotzaizcan,	Qu'il les lui mangeât.
guiniotzaizcan,	Que nous les lui mangeassions.
ziniotzaizcoten,	Que vous les lui mangeassiez.
liotzaizcoten,	Qu'ils les lui mangeassent.

CONDITIONNEL PASSÉ.

YAN badiotzozquet,	Si je puis les lui manger.
badiozozquec,	Si tu peux les lui manger.
badiozozque,	S'il peut les lui manger.
badiozozquegu,	Si nous pouvons les lui manger.
badiozcotzue,	Si vous pouvez les lui manger.
badiozcote,	S'ils peuvent les lui manger.

PLUSQUE-PARFAIT.

YAN ahal izan banaizco,	Si j'eusse pu les lui manger.
bahaizco,	Si tu eusses pu les lui manger.
balaico,	S'il eût pu les lui manger.
baguinaizco,	Si nous eussions pu les lui manger.
bazinaizcote,	Si vous eussiez pu les lui manger.
balaizcote,	S'ils eussent pu les lui manger.

DOUZIÈME CONJUGAISON,

RELATIVE A LA PREMIÈRE PERSONNE DU PLURIEL, *nous*; *gu* EN BASQUE.

Régime singulier.

INDICATIF.

PRÉSENT.

YATEN deraücuc,	Tu nous le manges.
deraücu,	Il nous le mange.
deraücuzue,	Vous nous le mangez.
deraücute,	Ils nous le mangent.

IMPARFAIT.

YATEN haücun,	Tu nous le mangeois.
zaücun,	Il nous le mangeoit.
zinaücuten,	Vous nous le mangiez.
zaücuten,	Ils nous le mangeoient.

PRÉTÉRIT DÉFINI.

YAN haücun,	Tu nous le mangeas.
zaücun,	Il nous le mangea.
zinaücuten,	Vous nous le mangeâtes.
zeraücuten,	Ils nous le mangèrent.

PRÉTÉRIT INDÉFINI.

YAN deraücuc,	Tu nous l'as mangé.
deraücu,	Il nous l'a mangé.
deraücuzue,	Vous nous l'avez mangé.
deraücute,	Ils nous l'ont mangé.

PLUSQUE-PARFAIT.

YAN izan haücun,	Tu nous l'avois mangé.
daücu,	Il nous l'avoit mangé.
deraücuzue,	Vous nous l'aviez mangé.
deraücute,	Ils nous l'avoient mangé.

FUTUR.

YANEN daücuc,	Tu nous le mangeras.
daücu,	Il nous le mangera.

daücuzue,	Vous nous le mangerez.
daucute,	Ils nous le mangeront.

FUTUR PASSÉ.

YAN izanen haücun,	Tu nous l'auras mangé.
daücu,	Il nous l'aura mangé.
deraücuzue,	Vous nous l'aurez mangé.
deraücute;	Ils nous l'auront mangé.

CONDITIONNEL PRÉSENT.

YANEN ziniguque,	Tu nous le mangerois.
liguque;	Il nous le mangeroit.
ziniguquete,	Vous nous le mangeriez.
liguquete,	Ils nous le mangeroient.

CONDITIONNEL PASSÉ.

YAN izanen haücun,	Tu nous l'aurois mangé.
zaucun,	Il nous l'auroit mangé.
zinaücuten,	Vous nous l'auriez mangé.
zaücuten,	Ils nous l'auroient mangé.

IMPÉRATIF.

YAN zague,	Mange-le nous (toi).
dezagula,	Qu'il nous le mange.
zaguzue,	Mangez-le nous (vous).
dezagutela,	Qu'ils nous le mangent (eux).

SUBJONCTIF.

PRÉSENT.

YAN diezaguyan,	Que tu nous le manges.
diezagun,	Qu'il nous le mange.
diezaguzuen,	Que vous nous le mangiez.
diezaguten;	Qu'ils nous le mangent.

IMPARFAIT.

YAN ziniezagun,	Que tu nous le mangeasses.
liezagun;	Qu'il nous le mangeât.
ziniezaguten,	Que vous nous le mangeassiez.
liezaguten,	Qu'ils nous le mangeassent.

CONDITIONNEL FUTUR.

YAN badiezague,	Si tu peux nous le manger......

badiezagu,	S'il peut nous le manger.
badiezaguzue,	Si vous pouvez nous le manger.
badiezagute,	S'ils peuvent nous le manger.

PLUSQUE-PARFAIT.

YAN ahal izan baguinaizcuc,	Si tu eusses pu, nous le manger.
baguinaizcu,	S'il eût pu nous le manger.
bazinaizcute,	Si vous eussiez pu nous le manger.
balaizcute,	S'ils eussent pu nous le manger.

TREIZIÈME CONJUGAISON

DU MÊME VERBE, RELATIVE À LA MÊME PERSONNE.

Régime pluriel.

INDICATIF.

PRÉSENT.

YATEN darozquiguc,	Tu nous les manges.
darozquigu,	Il nous les mange.
darozquigutzue,	Vous nous les mangez.
darozquigute,	Ils nous les mangent.

IMPARFAIT.

YATEN haizquigun,	Tu nous les mangeois.
zaizquigun,	Il nous les mangeoit.
zinaizcuten,	Vous nous les mangiez.
zitzaicuten,	Ils nous les mangeoient.

PRÉTÉRIT DÉFINI.

YAN haizcun,	Tu nous les mangeas.
zaizcun,	Il nous les mangea.
zinaizcuten,	Vous nous les mangeâtes.
zaizcuten,	Ils nous les mangèrent.

PRÉTÉRIT INDÉFINI.

YAN daizquiguc,	Tu nous les as mangés.
daizquigu,	Il nous les a mangés.
daizquigutzue,	Vous nous les avez mangés.
darozquigute,	Ils nous les ont mangés.

PLUSQUE-PARFAIT.

YAN izan haizcun,	Tu nous les avois mangés.

zaizcun,	Il nous les avoit mangés.
daizcutzue,	Vous nous les aviez mangés.
daizcute,	Ils nous les avoient mangés.

FUTUR.

YANEN daizcue,	Tu nous les mangeras.
daizcu,	Il nous les mangera.
daizcutzue,	Vous nous les mangerez.
daizcute,	Ils nous les mangeront.

FUTUR PASSÉ.

YAN izanen daizcuc,	Tu nous les auras mangés.
daizcu,	Il nous les aura mangés.
daizcutzue,	Vous nous les aurez mangés.
daizcute,	Ils nous les auront mangés.

CONDITIONNEL PRÉSENT.

YANEN haizcun,	Tu nous les mangerois.
zaizcun,	Il nous les mangeroit.
zinaizcuten,	Vous nous les mangeriez.
zaizcuten,	Ils nous les mangeroient.

CONDITIONNEL PASSÉ.

YAN izanen haizcun,	Tu nous les aurois mangés.
zaizcun,	Il nous les auroit mangés.
zinaizcuten,	Vous nous les auriez mangés.
zitzaizquiuten,	Ils nous les auroient mangés.

IMPÉRATIF.

YAN dezagucala,	Que tu nous les manges.
dezagula,	Qu'il nous les mange.
dezaguzuela,	Que vous nous les mangiez.
dezagutela,	Qu'ils nous les mangent.

SUBJONCTIF.

PRÉSENT.

YAN daizquitzagutzun,	Que tu nous les manges.
daizquitzagun,	Qu'il nous les mange.
daizquitzagutzuen,	Que vous nous les mangiez.
daizquitzaguten,	Qu'ils nous les mangent.

IMPARFAIT.

YAN zinietzaizquigun,	Que tu nous les mangeasses.
lietzaizquigun,	Qu'il nous les mangeât.
zinietzaizquiguten,	Que vous nous les mangeassiez.
lietzaizquiguten,	Qu'ils nous les mangeassent.

SECOND CONDITIONNEL.

YAN ahal badiezaguc,	Si tu peux nous les manger.
badiezagu,	S'il peut nous les manger.
badiezaguzue,	Si vous pouvez nous les manger.
badiezagute,	S'ils peuvent nous les manger.

PLUSQUE-PARFAIT.

YAN ahal izan baguinaizcuc,	Si tu eusses pu nous les manger.
baguinaizcu,	S'il eût pu nous les manger.
bazinaizcute,	Si vous eussiez pu nous les manger.
balaizcute,	S'ils eussent pu nous les manger.

QUATORZIÈME CONJUGAISON

DU MÊME VERBE, RELATIVE A LA SECONDE PERSONNE DU PLURIEL, *vous; zuec* EN BASQUE.

Régime singulier.

INDICATIF.

PRÉSENT.

YATEN darotzuet,	Je vous le mange, à vous.
darotzu,	Il vous le mange.
darotzuegu,	Nous vous le mangeons.
darotzute,	Ils vous le mangent.

IMPARFAIT.

YATEN nautzuen,	Je vous le mangeois.
zautzuen,	Il vous le mangeoit.
guinautzuen,	Nous vous le mangions.
zautzueten,	Ils vous le mangeoient.

PRÉTÉRIT DÉFINI.

YAN nautzuen,	Je vous le mangeai.
zautzuen,	Il vous le mangea.

guinautzuen,	Nous vous le mangeâmes.
zautzueten,	Ils vous le mangèrent.

PRÉTÉRIT INDÉFINI.

YAN dautzuet,	Je vous l'ai mangé.
dautzue,	Il vous l'a mangé.
dautziegu,	Nous vous l'avons mangé.
dautziete,	Ils vous l'ont mangé.

PLUSQUE-PARFAIT.

YAN izan nautzuen,	Je vous l'avois mangé.
zautzuen,	Il vous l'avoit mangé.
guinautzuen,	Nous vous l'avions mangé.
zautzueten,	Ils vous l'avoient mangé.

FUTUR.

YANEN dautzuet,	Je vous le mangerai.
dautzue,	Il vous le mangera.
dautziegu,	Nous vous le mangerons.
dautziete,	Ils vous le mangeront.

FUTUR PASSÉ.

YAN izanen dautzuet,	Je vous l'aurai mangé.
dautzue,	Il vous l'aura mangé.
dautziegu,	Nous vous l'aurons mangé.
dautziete,	Ils vous l'auront mangé.

CONDITIONNEL PRÉSENT.

YAN nitzaquetzue,	Je vous le mangerois.
litzaquetzue,	Il vous le mangeroit.
guinitzaquetzue,	Nous vous le mangerions.
litzaquetzute,	Ils vous le mangeroient.

CONDITIONNEL PASSÉ.

YAN izanen naizquitzuen,	Je vous l'aurois mangé.
zaizquitzuen,	Il vous l'auroit mangé.
guinaizquitzuen,	Nous vous l'aurions mangé.
zaizquitzuten,	Ils vous l'auroient mangé.

IMPÉRATIF.

YAN dizazuela,	Qu'il vous le mange.
dezatzuegula,	Que nous vous le mangions.
dezazuetula,	Qu'ils vous le mangent.

SUBJONCTIF.

PRÉSENT.

YAN diezazuedan,	Que je vous le mange.
diezazun,	Qu'il vous le mange.
diezazugun,	Que nous vous le mangions.
diezazuten,	Qu'ils vous le mangent.

IMPARFAIT.

YAN niezazuten,	Que je vous le mangeasse.
liezazun,	Qu'il vous le mangeât.
guiniezazuien,	Que nous vous le mangeassions.
liezazuten,	Qu'ils vous le mangeassent.

CONDITIONNEL FUTUR.

YAN badiezazuet,	Si je puis vous le manger.
badiezazue,	S'il peut vous le manger.
badiezazugu,	Si nous pouvons vous le manger
badiezazute,	S'ils peuvent vous le manger.

PLUSQUE-PARFAIT.

YAN ahal izan banautzue,	Si j'eusse pu vous le manger.
balaitzue,	S'il eût pu vous le manger.
baguinautzue,	Si nous eussions pu vous le manger.
balautzuete,	S'ils eussent pu vous le manger.

QUINZIÈME CONJUGAISON,

RELATIVE A LA MÊME PERSONNE,

Régime pluriel.

INDICATIF.

PRÉSENT.

YATEN dauzquitzuet,	Je vous les mange.
dauzquitzue,	Il vous les mange.
dauzquitziegu,	Nous vous les mangeons.
dauzquitziete,	Ils vous les mangent.

IMPARFAIT.

YATEN nauzquitzuen,	Je vous les mangeois.
zauzquitzuen,	Il vous les mangeoit.

guinizquitzuen, Nous vous les mangions.
zitzaizquitzieten, Ils vous les mangeoient.

PRÉTÉRIT DÉFINI.

YAN nizquitzuen, Je vous les mangeai.
zizquitzuen, Il vous les mangea.
guinizquitzuen, Nous vous les mangeâmes.
zitzaizquitzuten, Ils vous les mangèrent.

PRÉTÉRIT INDÉFINI.

YAN dauzquitzut, Je vous les ai mangés.
dauzquitzu, Il vous les a mangés.
dauzquitzuegu, Nous vous les avons mangés.
dauzquitzute, Ils vous les ont mangés.

PLUSQUE-PARFAIT.

YAN izan naizquintzun, Je vous les avois mangés.
zizquitzun, Il vous les avoit mangés.
guinizquitzun, Nous vous les avions mangés.
zizquitzueten, Ils vous les avoient mangés.

FUTUR.

YANEN dauzquitzuet, Je vous les mangerai.
dauzquitzue, Il vous les mangera.
dauzquitzuegu, Nous vous les mangerons.
dauzquitzuete, Ils vous les mangeront.

FUTUR PASSÉ.

YAN izanen daizquitzut, Je vous les aurai mangés.
daizquitzue, Il vous les aura mangés.
daizquitzuegu, Nous vous les aurons mangés.
daizquitzuete, Ils vous les auront mangés.

CONDITIONNEL PRÉSENT.

YAN nitzazquetzun, Je vous les mangerois.
zitzazquetzun, Il vous les mageroit.
guinitzazquetzun, Nous vous les mangerions.
zitzazquetzuten, Ils vous les mangeroient.

CONDITIONNEL PASSÉ.

YAN izan nuzquetzun, Je vous les aurois mangés.
zuzquetzun, Il vous les auroit mangés.

guinizquetzun,	Nous vous les aurions mangés.
zitzuzquetzuten,	Ils vous les auroient mangés.

IMPÉRATIF.

YAN ditzaizquitzuela,	Qu'il vous les mange.
darozquigutela,	Que nous vous les mangions.
ditzazuetela,	Qu'ils vous les mangent.

SUBJONCTIF.

PRÉSENT.

YAN ditzaizquitzutedan,	Que je vous les mange.
ditzaizquetzuen,	Qu'il vous les mange.
ditzaizquetzutegun,	Que nous vous les mangions.
ditzaizquitzuten,	Qu'ils vous les mangent.

IMPARFAIT.

YAN nitzaizquitzuten,	Que je vous les mangeasse.
litzaizquitzuten,	Qu'il vous les mangeât.
guinitzaizquizutegun,	Que nous vous les mangeassions.
litzaizquitzuten,	Qu'ils vous les mangeassent.

CONDITIONNEL FUTUR.

YAN badietzazuet,	Si je puis vous les manger.
badietzaqué,	S'il peut vous les manger.
badietzazugu,	Si nous pouvons vous les manger.
badietzazuté,	S'ils peuvent vous les manger.

PLUSQUE-PARFAIT.

YAN ahal izan banaizquitzue,	Si j'eusse pu vous les manger.
balaizquitzue,	S'il eût pu vous les manger.
baguinaizquitzugu,	Si nous eussions pu vous les manger.
balaizquitzute,	S'ils eussent pu vous les manger.

SEIZIÈME CONJUGAISON

DU PLURIEL, RELATIVE A LA TROISIÈME PERSONNE.

Régime singulier.

INDICATIF.

PRÉSENT.

YATEN diotet (oguia),	Je leur mange (le pain).

dioc,	Tu leur manges.
dio,	Il leur mange.
diotegu,	Nous leur mangeons.
diozute,	Vous leur mangez.
diote,	Ils leur mangent.

IMPARFAIT.

YATEN nioten (oguia),	Je leur mangeois (le pain).
hioten,	Tu leur mangeois.
zioten,	Il leur mangeoit.
guinioten,	Nous leur mangions.
zinioten,	Vous leur mangiez.
zioten,	Ils leur mangeoient.

PRÉTÉRIT DÉFINI.

YAN nion (oguia),	Je leur mangeai (le pain).
hion,	Tu leur mangeas.
zion,	Il leur mangea.
guinioten,	Nous leur mangeâmes.
zinioten,	Vous leur mangeâtes.
zioten,	Ils leur mangèrent.

PRÉTÉRIT INDÉFINI.

YAN diotet (oguia),	Je leur ai mangé (le pain).
diotec,	Tu leur as mangé.
diote,	Il leur a mangé.
diotegu,	Nous leur avons mangé.
diozute,	Vous leur avez mangé.
diote,	Ils leur ont mangé.

PLUSQUE-PARFAIT.

YAN izan nioten (oguia),	Je leur avois mangé (le pain).
hioten,	Tu leur avois mangé.
zioten,	Il leur avoit mangé.
guinioten,	Nous leur avions mangé.
zinioten,	Vous leur aviez mangé.
zioten,	Ils leur avoient mangé.

FUTUR.

YANEN diotet (oguia),	Je leur mangerai (le pain).
diotec,	Tu leur mangeras.
diote,	Il leur mangera.

diotegu,	Nous leur mangerons.
diozue,	Vous leur mangerez.
diotete,	Ils leur mangeront.

FUTUR PASSÉ.

YAN izanen nayen (harresa),	Je leur aurai mangé (le pain bis).
hayen,	Tu leur auras mangé.
zayen,	Il leur aura mangé.
guinayen,	Nous leur aurons mangé.
zinioten,	Vous leur aurez mangé.
zioten,	Ils leur auront mangé.

CONDITIONNEL PRÉSENT.

YAN niezoquen (oguia),	Je leur mangerois (le pain).
hiezoquen,	Tu leur mangerois.
zioqueen,	Il leur mangeroit.
guiniozoqueen,	Nous leur mangerions.
ziniozoqueten,	Vous leur mangeriez.
ziozoqueten,	Ils leur mangeroient.

CONDITIONNEL PASSÉ.

YAN izanen niozoqueten (oguia),	Je leur aurois mangé (le pain).
hiezoqueten,	Tu leur aurois mangé.
ziezoqueten,	Il leur auroit mangé.
guiniezoqueten,	Nous leur aurions mangé.
ziniozoqueten,	Vous leur auriez mangé.
ziozoqueten,	Ils leur auroient mangé.

IMPÉRATIF.

YAN zac (oguia),	Mange-leur, toi à eux (le pain).
beza,	Qu'il leur mange à eux.
zozue,	Mangez-leur à eux.
bezote,	Qu'ils le leur mangent à eux.

SUBJONCTIF.

PRÉSENT.

YAN diozatedan (oguia),	Que je leur mange (le pain).
diozatean,	Que tu leur manges.
diozaten,	Qu'il leur mange.
diozategun,	Que nous leur mangions.
diozazueten,	Que vous leur mangiez.
diozaten,	Qu'ils leur mangent.

IMPARFAIT.

YAN liozaten (oguia),	Que je leur mangeasse (le pain).
liozaten,	Que tu leur mangeasses.
liozaten,	Qu'il leur mangeât.
guiniozategun,	Que nous leur mangeassions.
ziniozaten,	Que vous leur mangeassiez.
liozaten,	Qu'ils leur mangeassent.

SECOND CONDITIONNEL.

YAN badiozatet (oguia),	Si je puis leur manger (le pain).
badiozatec,	Si tu peux leur manger.
badiozate,	S'il peut leur manger.
badiozategu,	Si nous pouvons leur manger.
badiozazute,	Si vous pouvez leur manger.
badiozate,	S'ils peuvent leur manger.

PLUSQUE-PARFAIT.

YAN izan abal baniote (oguia),	Si je leur eusse mangé (le pain).
bahiote,	Si tu leur eusses mangé.
balio,	S'il leur eût mangé.
baguiniotegu,	Si nous leur eussions mangé.
baziniote,	Si vous leur eussiez mangé.
baliote,	S'ils leur eussent mangé.

DIX-SEPTIÈME CONJUGAISON

DU MÊME VERBE.

Régime pluriel.

INDICATIF.

PRÉSENT.

YATEN darozquiotet,	Je les leur mange à eux ou à elles.
darozquiotec,	Tu les leur manges.
darozquiote,	Il les leur mange.
darozquiotegu,	Nous les leur mangeons.
darozquiotzute,	Vous les leur mangez.
darozquiote,	Ils les leur mangent.

IMPARFAIT.

YATEN narozquioten,	Je les leur mangeois.

harozquioten,	Tu les leur mangeois.
ziozçaten,	Il les leur mangeoit.
guiniozcaten,	Nous les leur mangions.
ziniozcaten,	Vous les leur mangiez.
zarozquioten,	Ils les leur mangeoient.

PRÉTÉRIT DÉFINI.

YAN naizquioten,	Je les leur mangeai.
haizquioten,	Tu les leur mangeas.
zalzeóten,	Il les leur mangea.
guinaizquioten,	Nous les leur mangeâmes.
zinaizeoten,	Vous les leur mangeâtes.
zaizquioten,	Ils les leur mangèrent.

PRÉTÉRIT INDÉFINI.

YAN deraizquiotet,	Je les leur ai mangés.
deraizquiotec,	Tu les leur as mangés.
deraizquiote,	Il les leur a mangés.
deraizquiotegu,	Nous les leur avons mangés.
deraizquiotzue,	Vous les leur avez mangés.
deraizquiote,	Ils les leur ont mangés.

PLUSQUE-PARFAIT.

YAN izan niozcaten,	Je les leur avois mangés.
hiozçaten,	Tu les leur avois mangés.
ziozcaten,	Il les leur avoit mangés.
guiniozcagun,	Nous les leur avions mangés.
ziniozcaten,	Vous les leur aviez mangés.
zitzaizquioten,	Ils les leur avoient mangés.

FUTUR.

YANEN darozquiotet,	Je les leur mangerai.
darozquiotec,	Tu les leur mangeras.
darozquiote,	Il les leur mangera.
darozquiotegu,	Nous les leur mangerons.
dazozquiotzue,	Vous les leur mangerez.
darozquiote,	Ils les leur mangeront.

FUTUR PASSÉ

YAN izanen niozcaten,	Je les leur aurai mangés.
hiozcaten,	Tu les leur auras mangés.
ziozcaten,	Il les leur aura mangés.

guiniozcategun,	Nous les leur aurons mangés.
ziniozcateu,	Vous les leur aurez mangés.
ziozcaten;	Ils les leur auront mangés.

CONDITIONNEL PRÉSENT.

YANEN niozcateque,	Je les leur mangerois.
ziniozcateque,	Tu les leur mangerois.
liozcateque,	Il les leur mangeroit.
guiniozcategu,	Nous les leur mangerions.
ziniozcateque,	Vous les leur mangeriez.
liozcateque,	Ils les leur mangeroient.

CONDITIONNEL PASSÉ.

YAN izanen niozcate,	Je les leur aurois mangés.
hiozcate,	Tu les leur aurois mangés.
liozcate,	Il les leur auroit mangés.
guiniozcategu,	Nous les leur aurions mangés.
ziniozcate,	Vous les leur auriez mangés.
liozcateque,	Ils les leur auroient mangés.

IMPÉRATIF.

YAN zaiozcac,	Mange-les leur tu à eux.
bietzaizcate,	Qu'il les leur mange.
zaizcotzue,	Mangez-les leur vous autres.
bitzaizcote,	Qu'ils les leur mangent à eux.

SUBJONCTIF.

PRÉSENT.

YAN dietzaizcotedan,	Que je les leur mange.
dietzaizotean,	Que tu les leur manges.
dietzaizcoten,	Qu'il les leur mange.
dietzaizcotegun,	Que nous les leur mangions.
dietzaizcotzuten,	Que vous les leur mangiez.
dietzaizcoten,	Qu'ils les leur mangent.

IMPARFAIT.

YAN niotzaizcoten,	Que je les leur mangeasse.
hiotzaizcoten,	Que tu les leur mangeasses.
liotzaizcoten,	Qu'il les leur mangeât.
guiniotzaizcotegun,	Que nous les leur mangeassions.
ziniotzaizcoten,	Que vous les leur mangeassiez.
liotzaizcoten,	Qu'ils les leur mangeassent.

SECOND CONDITIONNEL.

YAN badietzaizcatet,	Si je puis les leur manger.
badietzaizcotec,	Si tu peux les leur manger.
badietzaizcote,	S'il peut les leur manger.
badietzaizcotegu,	Si nous pouvons les leur manger.
badietzaizcozute,	Si vous pouvez les leur manger.
badietzaizcote,	S'ils peuvent les leur manger.

PLUSQUE-PARFAIT.

YAN izan ahal baniozcate,	Si je les leur eusse mangés.
bahiozcate,	Si tu les leur eusses mangés.
baliozca,	S'il les leur eût mangés.
baguiniozcategu,	Si nous les leur eussions mangés.
baziniozcate,	Si vous les leur eussiez mangés.
baliozcate,	S'ils les leur eussent mangés.

VINGT ET UNIÈME CONJUGAISON,

RELATIVE AU PREMIER PRONOM *je* OU *moi*, *ni* EN BASQUE.

Première remarque.

Nous avons conjugué déjà les deux conjugaisons directes et les dix-huit transitives, collatérales ou relatives, qui forment en tout vingt conjugaisons opérées sur le même verbe *manger*, YATEA, qui est un verbe actif. Les six conjugaisons qui vont suivre, sur le même verbe, seront pareillement *transitives*, collatérales, et relatives au premier pronom *je* ou *moi*, NI, en étant à l'accusatif, soit par exemple : Tu me manges à moi-même, *hic yaten naüc;* moi je te mange à toi-même, *nic yaten heüt*.

Seconde remarque.

Ces conjugaisons s'appellent personnelles,

parceque les *sujets* et le *régime direct* sont des personnes.

Troisième remarque.

Il y a autant de conjugaisons qu'il y a de pronoms ; et comme il n'y a que six pronoms : au singulier, *moi*, *tu*, *vous*, *chu* (terme de respect en basque), NI, HI, CHU, ZU ; et deux au pluriel, *nous*, *vous*, GU, ZUEC, il ne peut y avoir que six conjugaisons. La première personne du singulier, *ni*, au pluriel, *nous*, GU, n'ont pas de conjugaison propre ni de régime pluriel.

INDICATIF.

PRÉSENT.

YATEN naüc,	Tu me manges (moi-même).
nau,	Il me mange.
nauzue,	Vous me mangez.
naüte,	Ils me mangent.

IMPARFAIT.

YATEN ninduian,	Tu me mangeois.
ninduen,	Il me mangeoit.
ninduzuten,	Vous me mangiez.
ninduten,	Ils me mangeoient.

PRÉTÉRIT DÉFINI.

YAN ninduian,	Tu me mangeas.
ninduen,	Il me mangea.
ninduzuten,	Vous me mangeâtes.
ninduten,	Ils me mangèrent.

PRÉTÉRIT INDÉFINI.

YAN naüc,	Tu m'as mangé.
nau,	Il m'a mangé.
nauzue,	Vous m'avez mangé.
naüte,	Ils m'ont mangé.

PLUSQUE-PARFAIT.

YAN izan nauc,	Tu m'avois mangé.
nau,	Il m'avoit mangé.
nauzue,	Vous m'aviez mangé.
naute,	Ils m'avoient mangé.

FUTUR.

YANEN nauc,	Tu me mangeras.
nau,	Il me mangera.
nauzue,	Vous me mangerez.
naute,	Ils me mangeront.

FUTUR PASSÉ.

YAN izanen nauc,	Tu m'auras mangé.
nau,	Il m'aura mangé.
nauzue,	Vous m'aurez mangé.
naute,	Ils m'auront mangé.

CONDITIONNEL PRÉSENT.

YAN ninduquec,	Tu me mangerois.
ninduque,	Il me mangeroit.
ninduquezue,	Vous me mangeriez.
ninduquete,	Ils me mangeroient.

CONDITIONNEL PASSÉ.

YAN izanen ninduquec,	Tu m'aurois mangé.
ninduque,	Il m'auroit mangé.
ninduquezue,	Vous m'auriez mangé.
ninduquete,	Ils m'auroient mangé.

IMPÉRATIF.

YAN nezac,	Mange-me tu.
nezala,	Qu'il me mange.
nezazue,	Vous autres, mangez-moi.
nezatela,	Qu'ils me mangent.

SUBJONCTIF.

PRÉSENT.

YAN nezaian,	Que tu me manges.
nezaan,	Qu'il me mange.
nezazuen,	Que vous me mangiez.
nezaten,	Qu'ils me mangent.

IMPARFAIT.

YAN nintzalan,	Que tu me mangeasses.
nintzan,	Qu'il me mangeât.
nintzazuten,	Que vous me mangeassiez.
nintzaten,	Qu'ils me mangeassent.

SECOND CONDITIONNEL.

YAN banintzac,	Si tu me mangeais.
banintza,	S'il me mangeait.
banintzazue,	Si vous me mangiez.
banintzate,	S'ils me mangeoient.

PLUSQUE-PARFAIT.

YANEN ninduqueian,	Si tu m'eusses mangé.
ninduquen,	S'il m'eût mangé.
ninduzuien,	Si vous m'eussiez mangé.
ninduten,	S'ils eussent pu te le manger.

VINGT-DEUXIÈME CONJUGAISON,

RELATIVE AUX PRONOMS *hi*, TERME D'ÉGALITÉ.

INDICATIF.

PRÉSENT.

YATEN haut,	Je te mange à toi-même.
hau,	Il te mange.
hugu,	Nous te mangeons.
haute,	Ils te mangent.

IMPARFAIT.

YATEN hinduan,	Je te mangeois, à toi-même.
hinduen,	Il te mangeoit.
hindugun,	Nous te mangions.
hinduten,	Ils te mangeoient.

PRÉTÉRIT DÉFINI.

YAN hinduan,	Je te mangeai.
hinduen,	Il te mangea.
hindugun,	Nous te mangeâmes.
hinduten,	Ils te mangèrent.

PRÉTÉRIT INDÉFINI.

YAN haut,	Je t'ai mangé, à toi.
hau,	Il t'a mangé.
haugu,	Nous t'avons mangé.
haute,	Ils t'ont mangé.

PLUSQUE-PARFAIT.

YANEN hinduan,	Je t'avois mangé.
hindien,	Il t'avoit mangé.
hindugun,	Nous t'avions mangé.
hinduten,	Ils t'avoient mangé.

FUTUR.

YANEN hit,	Je te mangerai, à toi-même.
hi,	Il te mangera.
hugu,	Nous te mangerons.
hite,	Ils te mangeront.

FUTUR PASSÉ.

YANEN hintuan,	Je t'aurai mangé.
hinduen,	Il t'aura mangé.
hindugun,	Nous t'aurons mangé.
hinduten,	Ils t'auront mangé.

CONDITIONNEL PRÉSENT.

YANEN hinduquet,	Je te mangerois.
hinduque,	Il te mangeroit.
hinduquegu,	Nous te mangerions.
hinduquete,	Ils te mangeroient.

CONDITIONNEL PASSÉ.

YAN hinduquean,	Je t'aurois mangé.
hindiqueen,	Il t'auroit mangé.
hinduquegun,	Nous t'aurions mangé.
hinduqueten,	Ils t'auroient mangé.

IMPÉRATIF.

YAN hezala,	Qu'il te mange.
hezagula,	Que nous te mangions.
hezatela,	Qu'ils te mangent.

SUBJONCTIF.

PRÉSENT.

YAN hezadan,	Que je te mange.
hezau,	Qu'il te mange.
hezagun,	Que nous te mangions.
hezaten,	Qu'ils te mangent.

IMPARFAIT.

YAN hinzadan,	Que je te mangeasse.
hinzaan,	Qu'il te mangeât.
hinzagun,	Que nous te mangeassions.
hinzaten,	Qu'ils te mangeassent.

SECOND CONDITIONNEL.

YAN bahezaquet,	Si je puis te manger.
bahezaque,	S'il peut te manger.
bahezaquegu,	Si nous pouvons te manger.
bahezaquete,	S'ils peuvent te manger.

PLUSQUE-PARFAIT.

YAN ahal izan bahindut,	Si j'eusse pu te manger.
bahindu,	S'il eût pu te manger.
bahindugu,	Si nous eussions pu te manger.
bahindute,	S'ils eussent pu te manger.

VINGT-TROISIÈME CONJUGAISON,

RELATIVE AU PRONOM *vous*, EN BASQUE *zu*, TERME RESPECTUEUX.

Remarque.

On ne s'étonnera pas de voir cette version de *je vous mange à toi*, qui paroîtra *ridicule* aux yeux des grammairiens français : je suis forcé de me servir de cette tournure basquaise, m'étant impossible de faire sentir, par ailleurs, toute l'énergie de cette inflexion basquaise.

INDICATIF.

PRÉSENT.

YATEN zaitut,	Je vous mange, à toi-même.
zaitu,	Il vous mange.
zaitugu,	Nous vous mangeons, vous-mêmes.
zaituzte,	Ils vous mangent.

IMPARFAIT.

YATEN zinitudan,	Je vous mangeois, à toi.
zinituen,	Il vous mangeoit.
zinitugun,	Nous vous mangions, vous-mêmes.
zinituzten,	Ils vous mangeoient.

PRÉTÉRIT DÉFINI.

YAN zinitudan,	Je vous mangeai, à toi.
zinituen,	Il vous mangea.
zinitugun,	Nous vous mangeâmes, à vous-mêmes.
zinituzten,	Ils vous mangèrent.

PRÉTÉRIT INDÉFINI.

YAN zitut,	Je vous ai mangé, à toi.
zitu,	Il vous a mangé.
zitugu,	Nous vous avons mangé, à vous-mêmes.
zituzte,	Ils vous ont mangé.

PLUSQUE-PARFAIT.

YAN izan zinituan,	Je vous avois mangé, à toi.
zinituen,	Il vous avoit mangé.
zinitugun,	Nous vous avions mangé, à vous-mêmes.
zinituzten,	Ils vous avoient mangé.

FUTUR.

YANEN zitut,	Je vous mangerai, à toi.
zitu,	Il vous mangera.
zitugu,	Nous vous mangerons, à vous-mêmes.
zituzte,	Ils vous mangeront.

FUTUR PASSÉ.

YANEN zinitüdan,	Je vous aurai mangé, à toi.
zinituen,	Il vous aura mangé.
zinitugun,	Nous vous aurons mangé, à vous-mêmes.
zinituzten,	Ils vous auront mangé.

CONDITIONNEL PRÉSENT.

YAN zinituzquet,	Je vous mangerois, à toi.
zinituzque,	Il vous mangeroit.
zinituzquegu,	Nous vous mangerions, à vous-mêmes.
zinituzquete,	Ils vous mangeroient.

CONDITIONNEL PASSÉ.

YAN zinituquean,	Je vous aurai mangé, à toi.
zinituzquen,	Il vous auroit mangé.
zinituzquegun,	Nous vous aurions mangé, à vous-mêmes.
zinituzqueten,	Ils vous auroient mangé.

IMPÉRATIF.

YAN zitzala,	Qu'il vous mange, vous-même.
zitzagula,	Que nous vous mangions.
zitzateztela,	Qu'ils vous mangent.

SUBJONCTIF.

PRÉSENT.

YAN zaitzadan,	Que je vous mange, à toi.
zaitzan,	Qu'il vous mange.
zaitzagun,	Que nous vous mangions.
zaitzaten,	Qu'ils vous mangent.

SECOND CONDITIONNEL.

YAN bazitzazquet,	Si je puis vous manger, vous-même.
bazitzazque,	S'il peut vous manger.
bazitzazquegu,	Si nous pouvons vous manger.
bazitzazquete,	S'ils peuvent vous manger.

PLUSQUE-PARFAIT.

Baldin YAN bazinitut,	Si je vous eusse mangé, vous même.

bazinitu,	S'il vous eût mangé.
bazinitugu,	Si nous vous eussions mangé.
baziniluzte,	S'ils vous eussent mangé.

VINGT-QUATRIÈME CONJUGAISON

COLLATÉRALE, ET RELATIVE À LA PREMIÈRE PERSONNE DU PLURIEL *nous*, *gu* EN BASQUE.

INDICATIF.

PRÉSENT.

YATEN guituc,	Tu nous manges, nous-mêmes.
guitu,	Il nous mange.
guituzue,	Vous nous mangez.
guituzte,	Ils nous mangent.

IMPARFAIT.

YATEN guinituian,	Tu nous mangeois, nous-mêmes.
guinitian,	Il nous mangeoit.
ziniuztegun,	Vous nous mangiez.
guinituzten,	Ils nous mangeoient.

PRÉTÉRIT DÉFINI.

YAN guinituian,	Tu nous mangeas.
guinitian,	Il nous mangea.
guinituzuien,	Vous nous mangeâtes.
guinituzten,	Ils nous mangèrent.

PRÉTÉRIT INDÉFINI.

YAN guituc,	Tu nous as mangé.
guitu,	Il nous a mangé.
guitutzue,	Vous nous avez mangé.
guituzte,	Ils nous ont mangé.

PLUSQUE-PARFAIT.

YAN izan guinituian,	Tu nous avois mangé.
guinituen,	Il nous avoit mangé.
guinituzuen,	Vous nous aviez mangé.
guinituzten,	Ils nous avoient mangé.

FUTUR.

YANEN guituc,	Tu nous mangeras,

guitu,	Il nous mangera.
guituzue,	Vous nous mangerez.
guituzte,	Ils nous mangeront.

FUTUR PASSÉ.

YAN izanen guinituian,	Tu nous auras mangé.
guinitien,	Il nous aura mangé.
guinituzuen,	Vous nous aurez mangé.
guinituzten,	Ils nous auront mangé.

CONDITIONNEL PRÉSENT.

YAN guinituzquec,	Tu nous mangerois.
guinituzque,	Il nous mangeroit.
guinituzquetzue,	Vous nous mangeriez.
guinituzquete,	Ils nous mangeroient.

CONDITIONNEL PASSÉ.

YAN izanen guinituian,	Tu nous aurois mangé.
guinitien,	Il nous auroit mangé.
guinituzuen,	Vous nous auriez mangé.
guinituzten,	Ils nous auroient mangé.

IMPÉRATIF.

YAN gaitzac,	Mange-nous, toi.
gaitzala,	Qu'il nous mange, celui-là.
gaitzatzue,	Mangez-nous, vous autres.
gaitzatela,	Qu'eux nous mangent.

SUBJONCTIF.

PRÉSENT.

YAN gaitzayan,	Que tu nous manges.
gaitzan,	Qu'il nous mange.
gaizatzuten,	Que vous nous mangiez.
gaitzaten,	Qu'ils nous mangent.

IMPARFAIT.

YAN guinitzayan,	Que tu nous mangeasses.
guinitzaan,	Qu'il nous mangeât.
guinitzatzuten,	Que vous nous mangeassiez.
guinitzaten,	Qu'ils nous mangeassent.

SECOND CONDITIONNEL.

YAN baigaitzac,	Si tu pouvois nous manger.
baigaitza,	S'il pouvoit nous manger.
bagaitzatzue,	Si vous pouviez nous manger.
bagaitzate,	S'ils pouvoient nous manger.

PLUSQUE-PARFAIT.

BALDIN yan izan baguinituc,	Si tu nous eusses mangé.
baguinitu,	S'il nous eût mangé.
baguinituzue,	Si vous nous eussiez mangé.
baguinituzte,	S'ils nous eussent mangé.

VINGT-CINQUIÈME CONJUGAISON

COLLATÉRALE, RELATIVE A LA SECONDE PERSONNE DU PLURIEL, *vous*, *zuec* EN BASQUE.

INDICATIF.

PRÉSENT.

YATEN zaituztet,	Je vous mange, vous-mêmes.
zaituzte,	Il vous mange.
zaituztegu,	Nous vous mangeons.
zaituztete,	Ils vous mangent.

IMPARFAIT.

YATEN zinituztedan,	Je vous mangeois.
zinituen,	Il vous mangeoit.
zinituztegun,	Nous vous mangions.
zinituzten,	Ils vous mangeoient.

PRÉTÉRIT DÉFINI.

YAN zinituztedan,	Je vous mangeai.
zinituen,	Il vous mangea.
zinituztegun,	Nous vous mangeâmes.
zinituzteten,	Ils vous mangèrent.

PRÉTÉRIT INDÉFINI.

YAN zituztet,	Je vous ai mangés.
zitu,	Il vous a mangés.
zituztegu,	Nous vous avons mangés.
zituztete,	Ils vous ont mangés.

PLUSQUE-PARFAIT.

YAN izan zaituztet,	Je vous avois mangés.
zaitu,	Il vous avoit mangés.
zaituztegu,	Nous vous avions mangés.
zaituztete,	Ils vous avoient mangés.

FUTUR.

YANEN zituztet,	Je vous mangerai.
zitu,	Il vous mangera.
zituztegu,	Nous vous mangerons.
zituztete,	Ils vous mangeront.

FUTUR PASSÉ.

YANEN zinituztedan,	Je vous aurai mangés.
zinituzten,	Il vous aura mangés.
zinituztegun,	Nous vous aurons mangés.
zinituzteten,	Ils vous auront mangés.

CONDITIONNEL PRÉSENT.

YANEN zinituzquet,	Je vous mangerois.
zinituzque,	Il vous mangeroit.
zinituzquegu,	Nous vous mangerions.
zinituzquete,	Ils vous mangeroient.

CONDITIONNEL PASSÉ.

YANEN zinituzquedan,	Je vous aurois mangés.
zinituzqueen,	Il vous auroit mangés.
zinituzquegun,	Nous vous aurions mangés.
zinituzqueten,	Ils vous auroient mangés.

IMPÉRATIF.

YAN zitzala,	Qu'il vous mange.
zitzagula,	Que nous vous mangions.
zitzateztela,	Qu'ils vous mangent.

SUBJONCTIF.

PRÉSENT.

YAN zaitzatedan,	Que je vous mange.
zaitzan,	Qu'il vous mange.
zaitzategun,	Que nous vous mangions.
zaitzatezten,	Qu'ils vous mangent.

IMPARFAIT.

YAN zaintzatedan,	Que je vous mangeasse.
lainzaten,	Qu'il vous mangeât.
zaintzategun,	Que nous vous mangeassions.
laintzatezten,	Qu'ils vous mangeassent.

CONDITIONNEL FUTUR.

YAN bazaitzaztet,	Si je puis vous manger.
bazaitzate,	S'il peut vous manger.
bazaitzaztegu,	Si nous pouvons vous manger.
bazaitzatezte,	S'ils peuvent vous manger.

PLUSQUE-PARFAIT.

YAN izan ahal bazinituet,	Si je vous eusse mangés.
bazinitu,	S'il vous eût mangés.
bazinitugu,	Si nous vous eussions mangés.
bazinituzte,	S'ils vous eussent mangés.

Il est donc vrai que chaque verbe actif basque se conjugue jusqu'à vingt-six fois, c'est-à-dire vingt-quatre fois en genre masculin, et deux fois en genre féminin, sans augmenter ni changer l'unité indivisible du verbe que l'on conjugue.

Voilà le problème ou théorème résolu.

VIIIe PROBLÈME OU THÉORÈME RÉSOLU.

Quoique l'idiome basque ne connoisse aucun genre dans l'ordre déclinaisonnal, néanmoins il a des conjugaisons féminines dans son mécanisme verbal. Voyez la Grammaire.

IXe PROBLÈME OU THÉORÈME RÉSOLU.

L'idiome basque tient quatre langages diffé-

DE LA CONJUGAISON BASQUE SINGULIÈRE ET UNIQUE,

REPRÉSENTANT QUATRE LANGAGES DIFFÉRENTS DANS L'UNITÉ INDIVISIBLE ET DU VERBE ET DE LA CONJUGAISON EN LIGNE COLLATÉRALE, EN RÉGIME SINGULIER ET PLURIEL, SANS AUGMENTER NI LES *NOMBRES*, NI LES TEMPS, NI LES MODES, NI ENFIN LES VOIX.

RÉGIME SINGULIER.

MODES ET TEMPS DU VERBE.	CONJUGAISON DU VERBE DONNER.	LANGAGE ENFANTIN.	LANGAGE D'ÉGALITÉ.	LANGAGE DE RESPECT.	LANGAGE FÉMININ.
INDICATIF. PRÉSENT.	Je vous le donne. Il vous le donne. Nous vous le donnons. Ils vous le donnent.	Emaiten dauchut. Emaiten dauchu. Emaiten dauchugu. Emaiten dautchute.	Emaiten dayat. Emaiten dauc. Emaiten daragu. Emaiten daiate.	Emaiten dautzut. Emaiten dautzu. Emaiten dautzugu. Emaiten dautzute.	Emaiten daunat. Emaiten daun. Emaiten daunagu. Emaiten daune.
IMPARFAIT.	Je vous le donnois. Il vous le donnoit. Nous vous le donnions. Ils vous le donnoient.	Emaiten nautchun. Emaiten chautchun. Emaiten guinautchun. Emaiten chautchuten.	Emaiten naian. Emaiten zaian. Emaiten guinaian. Emaiten zaiteau.	Emaiten nautzun. Emaiten zautzun. Emaiten guinautzun. Emaiten zautzuten.	Emaiten naunan. Emaiten zaunan. Emaiten guinaunan. Emaiten zautenan.
PRÉTÉRIT DÉFINI.	Je vous le donnai. Il vous le donna. Nous vous le donnâmes. Ils vous le donnèrent.	Eman nautchun. Eman chautchun. Eman guinautchun. Eman chautchuten.	Eman naian. Eman zaian. Eman guinaian. Eman zaieteau.	Eman nautzun. Eman zautzun. Eman guinautzun. Eman zautzuten.	Eman naunan. Eman zaunan. Eman guinaunan. Eman zautenan.
PRÉTÉRIT INDÉFINI.	Je vous l'ai donné. Il vous l'a donné. Nous vous l'avons donné. Ils vous l'ont donné.	Eman dautchut. Eman dauicho. Eman dautchugu. Eman dautchute.	Eman daiat. Eman dauc. Eman daragu. Eman daiate.	Eman dautzut. Eman dautzu. Eman dautzugu. Eman dautzute.	Eman daunat. Eman daun. Eman daunagu. Eman daune.
PLUSQUE-PARFAIT.	Je vous l'avois donné. Il vous l'avoit donné. Nous vous l'avions donné. Ils vous l'avoient donné.	Eman izan nautchun. Eman izan chautchun. Eman izan guinautchun. Eman izan chautchuten.	Eman izan naian. Eman izan zaian. Eman izan guinaian. Eman izan zaieteau.	Eman izan nautzun. Eman izan zautzun. Eman izan guinautzun. Eman izan zautzuten.	Eman izan naunan. Eman izan zaunan. Eman izan guinaunan. Eman izan zautenan.
FUTUR.	Je vous le donnerai. Il vous le donnera. Nous vous le donnerons. Ils vous le donneront.	Emanen dautchut. Emanen dauchu. Emanen dauchugu. Emanen dautchute.	Emanen daiat. Emanen dauc. Emanen daragu. Emanen daiate.	Emanen dautzut. Emanen dautzu. Emanen dautzugu. Emanen dautzute.	Emanen daunat. Emanen daun. Emanen daunagu. Emanen daune.
FUTUR PASSÉ.	Je vous l'aurai donné. Il vous l'aura donné. Nous vous l'aurons donné. Ils vous l'auront donné.	Eman izanen dautchut. Eman izanen dauchu. Eman izanen dautchugu. Eman izanen dautchute.	Eman izanen daiat. Eman izanen dauc. Eman izanen daragu. Eman izanen daiate.	Eman izanen dautzut. Eman izanen dautzu. Eman izanen dautzugu. Eman izanen dautzute.	Eman izanen daunat. Eman izanen daun. Eman izanen daunagu. Eman izanen daune.
CONDITIONNEL PRÉSENT.	Je vous le donnerois. Il vous le donneroit. Nous vous le donnerions. Ils vous le donneroient.	Eman nechaquechu. Eman lezaquechu. Eman guinechaquechu. Eman lezaquechuque.	Eman nezaquec. Eman lezaquec. Eman guinezaquec. Eman lezaquetec.	Eman nezaquezu. Eman lezaquetzu. Eman guinezaquezu. (Eman lezaquezuquete.)	Eman nezaquen. Eman lezaquen. Eman guinezaquen. Eman lezaquene.
CONDITIONNEL PASSÉ.	Je vous l'aurois donné. Il vous l'auroit donné. Nous vous l'aurions donné. Ils vous l'auroient donné.	Eman nuquechun. Eman chauquechun. Eman guinuquechun. Eman chechaquezuten.	Eman nezaquean. Eman zezaqueyan. Eman guinezaquean. Eman zezaqueteau.	Eman nezaquezun. Eman ziquezun. Eman guinezaquezun. Eman zezaquezuten.	Eman nezaqueenan. Eman ziquenan. Eman guinezaquenan. Eman zezaquetenan.

SUITE DU TABLEAU. (RÉGIME SINGULIER.)

MODES ET TEMPS DU VERBE.	CONJUGAISON DU VERBE DONNER.	LANGAGE ENFANTIN.	LANGAGE D'ÉGALITÉ.	LANGAGE DE RESPECT.	LANGAGE FÉMININ.
IMPÉRATIF.	Donne-le. Qu'il le donne. Donnons-le. Qu'ils le donnent.	Eman echachu. Eman bechi. Eman dechagun. Eman bechate.	Eman ezac. Eman bez *ou* dezala.	Eman ezazu. Eman beza.	Eman ezan. Eman dezala.
SUBJONCTIF. PRÉSENT.	Que je vous le donne. Qu'il vous le donne. Que nous vous le donnions. Qu'ils vous le donnent.	Eman diechachudan. Eman diechachun. Eman diechachugun. Eman diechachuten.	Eman diezaadan. Eman diezayan. Eman guiniezayagun. Eman diezatean.	Eman diezazudan. Eman diezazun. Eman guiniezazugun. Eman diezazuten.	Eman diezadanan. Eman diezanan. Eman guiniezanhagun. Eman diezatenaan.
IMPARFAIT.	Que je vous le donnasse. Qu'il vous le donnât. Que nous vous le donnassions. Qu'ils vous le donnassent.	Eman nechachun. Eman lechachun. Eman guinechachun. Eman lechachuten.	Eman nezaian. Eman lezaian. Eman guinezaian. Eman lezateian.	Eman nezazun. Eman lezazun. Eman guinezazun. Eman lezazuten.	Eman lezanaan. Eman zezanan. Eman guinezanaan. Eman lezatenaan.
PLUSQUE-PARFAIT.	Que je vous l'eusse donné. Qu'il vous l'eût donné. Que nous vous l'eussions donné. Qu'ils vous l'eussent donné.	Emanen nautchun. Emanen chautchun. Emanen guinautchun. Emanen zauchuten.	Emanen naian. Emanen zaian. Emanen guinaian. Emanen zaitean.	Emanen nautzun. Emanen zautzun. Emanen guinautzun. Emanen zautzuten.	Emanen naunan. Emanen zaunan. Emanen guinaunan. Emanen zautenan.

LES INFINITIFS PRÉSENTS DES LANGUES MODERNES.

INFINITIF. PRÉSENT.	Donner.	Ematea.
PRÉTÉRIT.	Avoir donné.	Eman izana.
PARTICIPE PRÉSENT.	Donnant.	Ematean.
PARTICIPE PASSÉ.	Donné.	Emana.
FUTUR.	Devant donner.	Eman beharra.

DES DIVERS INFINITIFS EXCLUSIVEMENT PROPRES A L'IDIOME BASQUE.

SINGULIER.

Donné *ou* ce qui a été donné.	Emana.
Ce qui a été donné.	Emanac.
De ce qui a été donné.	Emanaren.
De ce qui a été donné.	Emanetic.
A ce qui a été donné.	Emanari.
A ce qui a été donné.	Emanera.
En ce qui a été donné.	Emanean.
Par *ou* de ce qui a été donné.	Emanaz.
Avec ce qui a été donné.	Emanarequin.
Pour ce qui a été donné.	Emanarenzat.
Jusqu'à ce qui a été donné.	Emaneraino.

PLURIEL.

Donnés *ou* ceux qui ont été donnés.	Emanac.
Ceux qui ont été donnés.	Emanec.
De ceux qui ont été donnés.	Emanen.
De ceux qui ont été donnés.	Emanetaric.
De ceux qui ont été donnés.	Emanetic.
A ceux qui ont été donnés.	Emanei.
A ceux qui ont été donnés.	Emanetarat.
En ceux qui ont été donnés.	Emanetan.
Par ceux qui ont été donnés.	Emanetaz.
Avec ceux qui ont été donnés.	Emanequin.
Pour ceux qui ont été donnés.	Emanenzat.
Jusqu'à ceux qui ont été donnés.	Emanetaraino.

SECONDE PARTIE DU TABLEAU

RÉGIME PLURIEL

MODES ET TEMPS DU VERBE	CONJUGAISON DU VERBE DONNER	LANGAGE ENFANTIN	LANGAGE D'ÉGALITÉ	LANGAGE DE RESPECT	LANGAGE FÉMININ
INDICATIF PRÉSENT	Je vous les donne. Il vous les donne. Nous vous les donnons. Ils vous les donnent.	Emaiten daizquichut. Emaiten daizquichu. Emaiten daizquichugu. Emaiten daizquichute.	Emaiten daizquiat. Emaiten daizquic. Emaiten daizquiagu. Emaiten daizquiate.	Emaiten daizquitzut. Emaiten daizquitzu. Emaiten daizquitzugu. Emaiten daizquizute.	Emaiten daizquinat. Emaiten daizquin. Emaiten daizquinagu. Emaiten daizquinate.
IMPARFAIT	Je vous les donnois. Il vous les donnoit. Nous vous les donnions. Ils vous les donnoient.	Emaiten naizquitchun. Emaiten zaizquitchun. Emaiten guinaizquitchun. Emaiten zaizquitchuten.	Emaiten naizquian. Emaiten zaizquian. Emaiten guinaizquian. Emaiten zaizquitean.	Emaiten naizquitzun. Emaiten zaizquitzun. Emaiten guinaizquitzun. Emaiten zaizquitzuten.	Emaiten naizquinan. Emaiten zaizquinan. Emaiten guinaizquinan. Emaiten zaizquitenan.
PRÉTÉRIT DÉFINI	Je vous les donnai. Il vous les donna. Nous vous les donnâmes. Ils vous les donnèrent.	Eman naizquitzun. Eman zaizquitchun. Eman guinaizquitchun. Eman chauzquitchuten.	Eman naizquian. Eman zaizquian. Eman guinaizquian. Eman zauzquitean.	Eman naizquitzun. Eman zaizquitzun. Eman guinaizquitzun. Eman zauzquitzuten.	Eman naizquinan. Eman zaizquinan. Eman guinaizquinan. Eman zauzquitenan.
PRÉTÉRIT INDÉFINI	Je vous les ai donnés. Il vous les a donnés. Nous vous les avons donnés. Ils vous les ont donnés.	Eman daizquichut. Eman daizquichu. Eman daizquichugu. Eman daizquichute.	Eman daizquiat. Eman daizquic. Eman daizquiagu. Eman daizquiate.	Eman daizquitzut. Eman daizquitzu. Eman daizquitzugu. Eman daizquizute.	Eman daizquinat. Eman daizquin. Eman daizquinagu. Eman daizquinate.
PLUSQUE-PARFAIT	Je vous les avois donnés. Il vous les avoit donnés. Nous vous les avions donnés. Ils vous les avoient donnés.	Eman izan naizquitchun. Eman izan zaizquitchun. Eman izan guinaizquitchun. Eman izan chauzquitchuten.	Eman izan naizquian. Eman izan zaizquian. Eman izan guinaizquian. Eman izan zauzquitean.	Eman izan naizquitzun. Eman izan zaizquitzun. Eman izan guinaizquitzun. Eman izan zauzquitzuten.	Eman izan naizquinan. Eman izan zaizquinan. Eman izan guinaizquinan. Eman izan zauzquitenan.
FUTUR	Je vous les donnerai. Il vous les donnera. Nous vous les donnerons. Ils vous les donneront.	Emanen dauzquitchut. Emanen dauzquitchu. Emanen dauzquitchugu. Emanen dauzquitchute.	Emanen dauzquiat. Emanen dauzquic. Emanen dauzquiagu. Emanen dauzquiate.	Emanen dauzquitzut. Emanen dauzquitzu. Emanen dauzquitzugu. Emanen dauzquizute.	Emanen dauzquinat. Emanen dauzquin. Emanen dauzquinagu. Emanen dauzquinate.
FUTUR PASSÉ	Je vous les aurai donnés. Il vous les aura donnés. Nous vous les aurons donnés. Ils vous les auront donnés.	Eman izanen dauzquichut. Eman izanen daizquichu. Eman izanen daizquichugu. Eman izanen daizquichute.	Eman izanen daizquiat. Eman izanen daizquic. Eman izanen daizquiagu. Eman izanen daizquiate.	Eman izanen daizquitzut. Eman izanen daizquitzu. Eman izanen daizquitzugu. Eman izanen daizquizute.	Eman izanen dauzquinat. Eman izanen daizquin. Eman izanen daizquinagu. Eman izanen daizquinate.
CONDITIONNEL PRÉSENT	Je vous les donnerois. Il vous les donneroit. Nous vous les donnerions. Ils vous les donneroient.	Eman nitzazquechu. Eman lizazquechu. Eman guinizquechu. Eman lezaquizquichute.	Eman nitzazquec. Eman lizazquec. Eman guinizquec. Eman lezaquizquietec.	Eman nizazquetzu. Eman lizazquetzu. Eman guinezazquetzu. Eman lezaquizquitzute.	Eman nizazquen. Eman lizazquen. Eman guinezazquen. Eman lezaquizquiquen.

SUITE DE LA SECONDE PARTIE. (RÉGIME PLURIEL.)

MODES ET TEMPS DU VERBE.	CONJUGAISON DU VERBE DONNER.	LANGAGE ENFANTIN.	LANGAGE D'ÉGALITÉ.	LANGAGE DE RESPECT.	LANGAGE FÉMININ.
CONDITIONNEL PASSÉ.	Je vous les aurois donnés. Il vous les auroit donnés. Nous vous les aurions donnés. Ils vous les auroient donnés.	Eman nizazquechun. Eman zizquechun. Eman guinizquechun. Eman zizuzquetchuten.	Eman nizazquecian. Eman zizqueian. Eman guinizqueian. Eman zizuzqueteam.	Eman nizazquezun. Eman zizquezun. Eman guinizquetzun. Eman zizuzquetzuten.	Eman nizazquenan. Eman zizquenan. Eman guinizquenan. Eman zizuzquetenan.
IMPÉRATIF.	Donne-les. Qu'il les donne. Donnons-les. Qu'ils les donnent.	Emanch quitchu. Eman bitza. Eman ditzagun. Eman bitzate.	Emanz quitzac. Emanz quic.	Emanz quitzu. Emanz quitzu.	Emanz quin. Emanz quin.
SUBJONCTIF PRÉSENT.	Que je vous les donne. Qu'il vous les donne. Que nous vous les donnions. Qu'ils vous les donnent.	Eman ditzaizquitchudan. Eman ditzaizquitchun. Eman ditzaizquitchugun. Eman ditzaizquitchuten.	Eman ditzaizquiadan. Eman ditzaizquian. Eman ditzaizquiagun. Eman ditzaizquiatan.	Eman ditzaizquitzudan. Eman ditzaizquitzun. Eman ditzaizquitzugun. Eman ditzaizquitzuten.	Eman ditzaizquinadan. Eman ditzaizquinan. Eman ditzaizquinagun. Eman ditzaizquinaten.
IMPARFAIT.	Que je vous les donnasse. Qu'il vous les donnât. Que nous vous les donnassions. Qu'ils vous les donnassent.	Eman nitzaizquitchun. Eman lizaizquitchun. Eman guinizaizquitchun. Eman lizaizquitchuten.	Eman nitzaizquian. Eman lizaizquitean. Eman guinizaizquian. Eman lizaizquieten.	Eman nitzaizquitzun. Eman lizaizquizuten. Eman guinizaizquitzun. Eman lizaizquitzuten.	Eman nitzaizquinan. Eman lizaizquitenaan. Eman guinizaizquinagun. Eman lizaizquitequenan.
PLUSQUE-PARFAIT.	Que je vous les eusse donnés. Qu'il vous les eût donnés. Que nous vous les eussions donnés. Qu'ils vous les eussent donnés.	Emanen nautchun. Emanen chautchun. Emanen guinautchun. Emanen chautchuten.	Emanen naian. Emanen zaian. Emanen guinaian. Emanen zaietean.	Emanen nautzun. Emanen zautzun. Emanen guinautzun. Emanen zautzuten.	Emanen naunan. Emanen zaunan. Emanen guinaunan. Emanen zautenan.

INFINITIF ORDINAIRE

DES LANGUES MODERNES,

D'APRÈS LES GRAMMAIRIENS FRANÇAIS.

INFINITIF			
PRÉSENT.	Les donner.	Emaiteac.	Voyez les infinitifs basques au régime singulier.
PRÉTÉRIT.	Les avoir donnés.	Eman izanac.	
PARTICIPE PRÉSENT.	Les donnant.	Emaiteac.	
PARTICIPE PASSÉ.	Donnés.	Emanac.	
FUTUR.	Devant les donner.	Eman beharac.	

rents dans l'unité indivisible de la même conjugaison ; savoir : un langage *enfantin diminutif*, un langage *adulte* ou *d'égalité*, un langage de *majorité*, c'est-à-dire de *respect*, et enfin un langage *féminin*. Voyez le tableau singulier ci-joint.

Ma solution est sans réplique, à moins de contester ce fait.

Xe PROBLÈME OU THÉORÈME RÉSOLU.

Dans l'idiome basque tous les infinitifs et tous les participes deviennent *nominatifs* ; ils se *déclinent* comme les noms ordinaires, et ont chacun onze cas.

SOLUTION.

INFINITIF PRÉSENT DÉCLINÉ.

SINGULIER.	PLURIEL.
Emaitea, donner.	*Emaiteac*, donner.
Emaiteac, donner.	*Emaitec*, donner.
Emaitearen, de donner.	*Emaiten*, de donner.
Emaitetic, de donner.	*Emaitetaric*, de donner.
Emaiteric, de donner.	
Emaitegui, à donner.	*Emaitei*, aux donner.
Emaiterat, à donner.	*Emaitetarat*, aux donner.
Emaitean, à donner.	
Emaitearequin, avec donner.	
Emaiteco, pour donner.	
Emaitecotzat, pour donner.	
Emaintzaz, par donner.	
Emaiteraino, jusqu'à donner.	

Remarque.

Cette seule régle immuable étant commune à tous les autres infinitifs, je m'arrête ici quant à ces derniers.

DES PARTICIPES PRÉSENTS.

Exemples.

SINGULIER PRÉSENT.	SINGULIER PRÉSENT.
Nic dualaric, moi ayant.	*Nic emaiten dualaric*, moi donnant.
Hic duialaric, toi ayant.	*Hic emaiten duielaric*, toi donnant.
Harc duielaric, lui ayant.	*Harc emaiten duielaric*, lui donnant.
Guc dugularic, nous ayant.	*Guc emaiten dugularic*, nous donnant.
	Nic emaiten nuelaric, moi donnant.
	Nic eman dudalaric, moi ayant donné.

SINGULIER IMPARFAIT.	SINGULIER IMPARFAIT.
Nic nuelaric, moi ayant.	*Nic eman nuelario*, moi ayant donné.
Hic huelaric, toi ayant.	*Nic emanen dudalaric*, moi donnant.
Harc zuelaric, lui ayant.	*Nic eman nezaqüelaric*, moi pouvant donner.
Guc guinuelaric, nous ayant.	

Exemples pratiques.

Il m'a salué ayant le chapeau à la tête ; *augurtu naü chapela buruan duelaric.* Il m'avoit salué ayant le chapeau à la main ; *augurtu izam nin-duen chapela escuan zuelaric.*

Il vient donnant son bien ; *heldu da bere on-thasuna emaiten dituelaric.* Il venoit donnant son bien; *ethortzen zen bere onthasna emaiten zuelaric.*

PARTICIPE PASSÉ DÉCLINÉ.

SINGULIER.	PLURIEL.
Emana, ce qui a été donné.	*Emanac*, donnés, ou ceux qui ont été donnés.
Emanac, ce qui a été donné.	*Emanec*, ceux qui ont été donnés.
Emanaren, de ce qui a été donné.	*Emanen*, de ceux qui ont été donnés.
Emanetic, de ce qui a été donné.	*Emanetaric*, de ceux qui ont été donnés.
	Emanic, de ceux qui ont été donnés.
Emanari, à ce qui a été donné.	*Emanei*, à ceux qui ont été donnés.
Emanera, à ce qui a été donné.	*Emanetarat*, à ceux qui ont été donnés.
Emanean, en ce qui a été donné.	*Emanetan*, en ceux qui ont été donnés.
Emanabaithan, en ce qui a été donné.	
Emanaz, par ce qui a été donné.	*Emanetaz*, par ceux qui ont été donnés.
Emanarentzat, pour ce qui a été donné.	*Emanentzat*, pour ceux qui ont été donnés.
Emanarequin, avec ce qui a été donné.	*Emanequin*, avec ceux qui ont été donnés.
Emaneraino, jusqu'à ce qui a été donné.	*Emanetaraino*, jusqu'à ceux qui ont été donnés.

Il en est de même pour les autres participes passés.

PARTICIPE FUTUR DÉCLINÉ.

SINGULIER.	PLURIEL.
Emaitecoa, ce qui doit être donné.	*Emaitecoac*, ceux qui doivent être donnés.
Emaitecoac, ce qui doit être donné.	*Emaitecoec*, ceux qui doivent être donnés.

SINGULIER.	PLURIEL.
Emaitecoaren, de ce qui doit être donné.	*Emaitoen*, de ceux qui doivent être donnés.
Emaitecotic, de ce qui doit être donné.	*Emaitecoateric*, de ceux qui doivent être donnés.
Emaitecoric, de ce qui doit être donné.	Ainsi du reste.
Emaitecoari, à ce qui doit être donné.	
Emaitecorat, à ce qui doit être donné.	
Emaitecoan, en ce qui doit être donné.	
Emaitecoaz, par ce qui doit être donné.	
Emaitecoarequin, avec ce qui doit être donné.	
Emaitecoarentzat, pour ce qui doit être donné.	
Emaitecoaraino, jusqu'à ce qui doit être donné.	

Il est donc incontestablement vrai que les infinitifs et les participes basques deviennent nominatifs, et se déclinent comme les noms ordinaires dans la langue basque. Voilà mon problème résolu.

XIe PROBLÈME OU THÉORÈME RÉSOLU.

La langue basque seule a plus d'*éléments*, en genre de langue, que toutes les autres langues *vivantes* et *dominantes* de l'Europe collectivement prises.

Qu'on me traite de *téméraire*, peu m'importe, pourvu que l'on convienne que j'ai raison. Ce n'est point par des raisonnements que j'espère arriver à mon but; j'en connois l'insuffisance et je sens mon incapacité; mais s'il est vrai que *deux* fois *deux* font *quatre*, et si l'on peut ou si l'on doit compter sur l'exactitude d'un calcul mathématique, ma solution sera *exacte*. Les faits vont démontrer la vérité de ce que j'avance.

NOTIONS PRÉLIMINAIRES.

Fait premier.

Toute langue imitée ou primitive est composée de mots; les mots sont composés de lettres ou caractères emblématiques convenus pour les autres langues, et non pour la langue basque (voyez la Grammaire bilingue); on ne peut parler ou écrire qu'avec des mots.

Donc, celui qui connoît bien les mots, les parle purement et les écrit correctement. Un mot est par conséquent une partie constituante du discours.

Fait second.

Tous les mots sont composés de syllabes. On appelle syllabes une ou plusieurs lettres réunies ensemble, qui néanmoins se prononcent en une seule *émission* de voix; d'où il doit résulter nécessairement qu'une consonne ne peut jamais faire une syllabe, parceque seule elle ne forme pas une *voix* ni un *son*.

Fait troisième.

Un *mot* a autant de syllabes qu'il renferme de *sons* qui se prononcent séparément. On appelle *unisyllabe* un mot composé d'une seule émission de voix, comme les mots suivants : *le, la les, roi, foi, loi,* etc.; *bissyllabe*, un mot composé de deux sons, comme dans *France, Suisse, Londres, Paris, Bordeaux, Toulon, Nîmes,* etc.; trisyllabe, un mot composé de trois émissions de voix, comme dans *prudence, sagesse, probité, Hasparren, Bayonne*, etc.; enfin on entend par *quadrisyllabe*, un mot composé de quatre émissions de voix, comme dans *religion, septentrion, soumission*, etc., etc.

D'où il résulte, d'après les principes des grammairiens anciens et modernes, qu'une langue n'est autre chose qu'un assemblage de mots. D'après M. l'abbé d'Olivet, aussi profond grammairien que philosophe sensé, il y a dans la langue française des syllabes *sourdes* et *rudes*, et dont la valeur et la qualité ne forment point cette modulation *sonore* et *harmonieuse* qui flatte l'oreille de l'auditeur. Ce sont donc les syllabes qui composent le mécanisme d'une langue plus ou moins belle, comme leur nombre, plus ou moins grand, en forme la richesse.

Fait quatrième et dernier.

Plus une langue aura de *désinences*, plus elle aura de syllabes; et plus elle aura de syllabes, plus elle sera riche.

Or la langue basque a plus de désinences que toutes les langues de l'Europe collectivement prises; comme nous allons le prouver mathématiquement.

Remarque.

J'aurois dû commencer mon *recensement* syllabique par la série *déclinaisonnale* comprenant les alphabets des langues modernes, si elles étoient déclinables comme la langue basque; mais *prius est habere quam dare; et nemo dat quod non habet.*

J'espère qu'on me permettra de prendre pour mon *paradigme* la plus belle, la mieux cultivée, et la plus répandue de toutes les langues d'Europe, le *français.*

DU MÉCANISME VERBAL FRANÇAIS.

D'après M. Prévost, grammairien français, chaque verbe n'auroit que sept *temps* qui seroient

Je donne..........	avec	18 syllabes.
Je donnois..........		20
Je donnai..........		21
Je donnerai..........		24
Je donnerois..........		26
Que je donne..........		26
Que je donnasse......		27
		162 syllabes,

lesquelles additionnées avec les *que* conjonctifs et la partie auxiliaire ne formeroient qu'un total de 166 syllabes.

D'après ce même grammairien, les verbes de la langue française (*voix active*) sont au nombre de près de *quatre mille cinq cents*, lesquels, multipliés par 166 syllabes dont chaque verbe est composé, forment 747,000 syllabes.

D'autres grammairiens prétendent que le mécanisme verbal français est composé de seize *temps* grammaticaux; la différence est peu de chose; mais j'accorde, en ma qualité de bon Français, à cette belle, riche, et savante langue toutes les faveurs que la plupart des grammairiens français lui ont accordées, et j'admets l'existence des seize temps grammaticaux. Dès-lors nous devons ajouter aux 166 syllabes fixées par M. Prévost, un supplément de 216 syllabes qui vont former un total de 382 syllabes; lesquelles

382 syllabes, multipliées par *quatre mille cinq cents* verbes français, vont former un total d'*un million sept cent quatre-vingt-dix mille syllabes.*

Voilà, si je ne me trompe, le total des parties constituant tout le mécanisme verbal français (voix active)...................

Examinons maintenant le nombre des *noms substantifs* et adjectifs français.

Le nombre de *noms* substantifs et adjectifs français s'élève, d'après M. Prévost, à peu près à *quarante mille*, dont *huit cents* se rapprochent les uns des autres par des terminaisons communes.

Il y a sans doute dans ce nombre des mots *sextosyllabes*, *septimo*, *octavo*, et même *nono-*
1 2 3 4 5 6 7 8 9 1
syllabes, comme dans *inconstitutionnellement*, *in-*
2 3 4 5 6 7 8 1 2 3 4 5 6 7 1 2 3 4
commensurabilité; *imprescriptibilité*; *inaugura-*
5 6
tion, etc., etc.

Mais aussi n'y entreroit-il pas beaucoup plus d'*unisyllabes*, *bis*, *tri*, et *quadrisyllabes*?

Nous prendrons donc le terme moyen, et accorderons à chaque mot *cinq syllabes*.

En voici le résultat :

Quarante mille, nombre des noms substantifs et adjectifs français, multipliés par *cinq*, nombre des syllabes accordées à chaque nom, égale 200,000 syllabes.

Ainsi le produit syllabique du mécanisme verbal français est de.......... 1,719,000;

Le produit des noms adjectifs français est de...................... 200,000.

Le total est donc de........... 1,919,000.

DES LANGUES ESPAGNOLE ET ITALIENNE.

Quant aux langues *espagnole* et *italienne* formées toutes deux de la langue latine, comme elles n'ont que trois conjugaisons chacune, qui sont : la première en *ar*, *are*, comme *amar*, *amare*, en français AIMER ; la seconde en *er*, *ere*, comme *temer*, *temere*, en français CRAINDRE; la troisième en *ir*, *ire*, comme *sentir*, *sentire*, SENTIR en français, elles doivent nécessairement avoir moins de syllabes, puisqu'elles ont moins de désinences. Toutefois je les mettrai au pair de la belle et savante langue française, et je leur supposerai un même nombre de syllabes; ainsi nous aurons pour le produit syllabique de la langue espagnole....... 1,919,000 syllabes.

Et pour les diminutifs... 200,000

Total...... 2,119,000 syllabes.

Pour le produit syllabique de la langue italienne................ 1,919,000 syllabes.

Et pour les diminutifs.. 200,000 ......

Total...... 2,119,000 syllabes.

L'*anglais*, qui est une langue formée du français et de l'allemand a beaucoup de verbes irréguliers, par conséquent il a moins de désinences et de syllabes; mais, avec toutes ces défectuosités, je vais lui donner autant de parties élémentaires qu'à la langue française, c'est-à-dire 1,919,000 syllabes.

Les langues des Pays-Bas, tant le *flamand* que le *hollandais*, dérivant de l'*allemand*, ne peuvent guère être considérées que comme des dialectes de cette dernière langue; cependant je vais leur supposer le même nombre de syllabes que dans le français.

Produit syllabique du hollandais, 1,919,000.

Idem du flamand............... 1,919,000.

L'allemand qui n'est, dit-on, que l'ancienne langue teutonique, est plus riche que le français parcequ'il a des désinences diminutives, comme les langues occidentales, et son produit syllabique est de 2,119,000 syllabes.

L'allemand est la langue mère de celle du *Würtemberg*, de la *Saxe*, du *Hanovre*, de la

Prusse, de la *Bavière*, de l'*Autriche*, du *Danemarck*; et enfin de la *Suède*.

Toutes ces langues ne sont dans le fait que des dialectes plus ou moins imparfaits; mais puisqu'ils sont les langues du peuple et du gouvernement de ces divers états, je vais leur supposer aussi un nombre de syllabes égal à celui de la langue française.

Langue du Würtemberg. .	1,919,000	syll.
de la Saxe.	1,919,000	
du Hanovre.	1,919,000	
de la Bavière.	1,919,000	
de la Prusse.	1,919,000	
de l'Autriche.	1,919,000	
du Danemarck . . .	1,919,000	
de la Suède	1,919,000	

Le polonais et le russe dérivent de l'ancienne langue *slavonne*, et l'une et l'autre seroient plus riches que toutes les langues de l'Allemagne, si elles étoient bien cultivées; je pense même qu'elles pourroient avoir autant de parties élémentaires que les autres langues de l'Occident, à l'exception de l'idiome basque: aussi vais-je leur supposer la quantité des langues les plus riches, et porter le produit syllabique de la langue russe à. 2,119,000 syllabes.

Celui du polonais à. 2,119,000

Pour résumer en peu de mots ce que nous venons d'exposer, nous dirons qu'en supposant à chaque langue vivante de l'Europe un nombre de syllabes plus grand même que celui qu'elles ont véritablement, on trouve que la langue française est composée de. . . . . 2,119,000 syllabes.

L'espagnole, de.	2,636,000
L'italienne, de.	2,644,000
L'anglaise, de	2,204,000
La hollandaise, de.	1,735,000
La flamande, de.	1,546,000
L'allemande, de	3,445,000
La würtembergeoise, de	1,719,000
La saxonne, de.	1,719,000
La hanovrienne, de. . . .	1,719,000
La bavaroise, de	1,719,000
La prussienne, de.	1,947,000
L'autrichienne, de. . . .	2,685,000
La danoise, de.	2,284,000
La polonaise, de.	2,484,000
Et la russe, de.	3,343,000
Total.	35,937,000 syllabes.

D'où il résulte, si l'on peut compter sur l'exactitude d'un calcul mathématique, que toutes les langues vivantes et dominantes de l'Europe, collectivement prises, et calculées sur un nombre de syllabes plus fort même que celui qu'elles ont, ne renferment que *trente cinq millions neuf cent trente sept mille* syllabes ou parties élémentaires et intégrantes.

DES DÉSINENCES DE LA LANGUE BASQUE.

Nous avons déja vu le nombre des syllabes que renferment toutes les langues vivantes de l'Europe, collectivement prises, voyons maintenant si la langue basque ne contient pas seule plus de parties élémentaires que toutes ces langues modernes.

NOTIONS PRÉLIMINAIRES.

Fait premier.

Les caractères alphabétiques se déclinent et se verbisent en basque, c'est-à-dire deviennent verbes réguliers et se conjuguent. Voyez le recueil des problèmes ou théorèmes résolus dans la dissertation.

Fait second.

Les noms et les adjectifs se déclinent aussi en basque et deviennent *verbes*; ils se conjuguent d'après les principes ordinaires des conjugaisons.

Fait troisième.

Les *pronoms* déclinaisonnaux et même les

pronoms verbaux se déclinent et se verbisent en basque. Voyez la solution du problème ou théorème y relatif.

Fait quatrième.

que verbe radical se conjugue en basque jusqu'à vingt-six fois, sans augmenter ni varier son unité indivisible, et toujours avec des désinences nouvelles. Voyez la solution du problème ou théorème y relatif.

Fait cinquième.

Les participes basques deviennent nominatifs, et se déclinent comme les noms ordinaires ; ils ont chacun jusqu'à *seize cas* différents, produits par des *désinences* nouvelles. Voyez aussi la solution du problème ou théorème y relatif.

Fait sixième.

La langue basque ne connoît ni verbes réfléchis ni verbes défectueux ; leurs désinences sont toujours complètes.

Fait septième.

Tout ce qui est indéclinable dans les langues modernes, est déclinable en basque ; ainsi les *prépositions*, les *adverbes*, les *interjections* des langues modernes s'y déclinent et même s'y verbisent. Voyez la Grammaire bilingue.

Je pourrois m'arrêter ici; la supériorité de la langue basque seroit suffisamment prouvée: car la déclinabilité et la verbisation des caractères alphabétiques donnent seules un nombre de syllabes assez grand pour que l'on puisse juger les ressources et la richesse de cette langue; mais je veux aller plus loin, et, après l'avoir réduite à un nombre de verbes et de noms substantifs égal à celui des langues modernes, mettre l'idiome basque en parallèle avec les différentes langues de l'Europe.

Nous avons déja démontré qu'il entre dans chaque conjugaison française (*voix active*) 382 pari ou imparisyllabes, y compris la partie auxiliaire. Il entre dans chaque conjugaison *directe radicale* basque (régime singulier) 754 syllabes; lesquelles 754 syllabes, multipliées par 4,500, qui est le nombre des verbes français convenu, égalent 3,393,000 syllabes; lesquelles, multipliées encore par 26 (car chaque verbe radical basque est susceptible d'être conjugé vingt-six fois; voyez d'ailleurs la Grammaire bilingue), égalent 90,818,000 syllabes.

DU NOMBRE DES *NOMS SUBSTANTIFS* ET *ADJECTIFS* FRANÇAIS.

Nous avons déja dit plus haut que d'après M. Lucien Prevost, grammairien français, le nombre des *noms substantifs* et *adjectifs* est à peu près de 40,000.

Tous ces noms et tous ces adjectifs sont autant de verbes en basque ; et si pour satisfaire seulement la curiosité, nous calculions leur produit syllabique, nous trouverions qu'il s'élève à plus de 676,800,000 syllabes qui, réunies au produit du mécanisme verbal, formeroient un total de 759,912,000 pari et imparisyllabes, sans compter le produit déclinaisonnal ; mais il nous importe seulement de faire ressortir de nos calculs que la langue basque est plus féconde en expressions que la langue française. On se rappelle que nous avons compté cinq syllabes par chaque nom françois ; ainsi 40,000, multipliés par 5, égalent 200,000 pari et imparisyllabes ; lesquelles, réunies aux 90,818,000, égalent 91,018,000 syllabes.

D'où il résulte nécessairement que toutes les langues de l'Europe, collectivement prises, ne renfermant que 35,947,000 syllabes, et que la langue basque en possédant seule 91,018,000, elle contient plus du double de parties élémentaires des langues vivantes et dominantes de toute l'Europe : mon problème ou théorème est donc résolu en faveur de la langue basque.

XIIe PROBLÈME OU THÉORÈME RÉSOLU.

Dans l'idiome basque, la nomenclature est puisée ou de la propriété (j'entends ici par *propriété*, la possession d'un héritage à titre de propriétaire), ou de l'attribut, ou de la position topographique de la chose *nominande*.

FAITS PRÉLIMINAIRES.

Fait premier.

Dans quelque langue que ce soit, le *néant* ne peut être exprimé que par un nom négatif; donc, dans toute langue, l'existence de la chose *nominande* doit précéder l'existence de la *nomenclature*.

Fait second.

Toute langue dont la nomenclature ne dérive pas ou de la *propriété*, ou de la *position topographique*, ou de l'attribut des choses, n'est pas primitive.

Fait troisième.

Toute langue ancienne, et c'est un principe qu'indique le bon sens, n'impose aux choses aux personnes, aux animaux, que des noms qui marquent leur nature, leur origine, leurs perfections, leurs propriétés; en un mot des *noms* significatifs et fondés sur quelques qualités ou quelques rapports à la nature de la chose *nommande*. Ainsi, et ce fait est incontestable, tous les noms dont nous nous servons sont significatifs dans la langue d'où ils viennent. Que si l'on voit aujourd'hui dans les langues modernes, tant de noms bizarres dont l'origine et la signification sont inexplicables, c'est que ces langues, quelque perfectionnées qu'elles soient, ne sont pas des langues primitives; et qu'elles se sont altérées en adoptant des mots étrangers: l'hébreu lui-même, que l'on croit être la langue du Père éternel, n'est pas exempt de ce vice.

Fait quatrième.

Dans une langue quelconque (nous le répétons, parceque c'est une vérité incontestable) tous les mots qui ne sont pas significatifs dans la langue à laquelle ils sont attachés, lui sont étrangers, et il est évident qu'elle les a tirés de la langue dans laquelle ils sont significatifs.

Dans l'hébreu, qui a été regardé jusqu'à présent comme une langue primitive, il y a beaucoup de mots qui n'y ont aucune signification, suivant ce que disent saint Grégoire de Nisse (*orat.* 12, *contre Eunon*) et plusieurs auteurs modernes; donc ces mots sont étrangers à la langue hébraïque. Et en effet leurs puissances radicales et leurs étymologies démontrent qu'ils sont basques; d'ailleurs la valeur représentative des caractères emblématiques de ce temps-là est identique avec celle des caractères basques d'aujourd'hui; et c'est ce dont il est facile de se convaincre, malgré le soin que Moïse a pris de leur donner des étymologies hébraïques (voyez la dissertation sur la *primauté*, l'*ancienneté* et l'*universalité* de l'idiome basque). Mais revenons à notre première proposition, et démontrons par des faits qui peuvent être vérifiés sur les lieux, soit en France, soit en Espagne, que la nomenclature basque est tirée ou de la *propriété*, ou de la *position topographique*, ou de l'*attribut* des choses.

1° De la *propriété*. Quel que soit le nom de famille d'un jeune homme qui se marie (à l'exception de sa signature dans les actes notariés, qui ne varie pas), il prend celui de la maison dans laquelle il entre comme propriétaire; ainsi mon neveu, dont le nom de famille étoit *Amezpil*, s'appelle *Bidassouet*, parcequ'il est devenu propriétaire d'une maison appelée *Bidassoueta*.

Le nom de famille du sieur *Lorda* étoit *Garat*,

on le nomme *Lorda*, parcequ'il est possesseur de la maison de *Lorda*.

Le nom de famille du sieur *Saütenia* est *Lorda*; mais on l'appelle *Saüt*, parcequ'il est propriétaire de la maison de *Saütenia*.

Le nom de famille du sieur d'*Ospital* est *Brussain*; on l'appelle *Ospital*, parcequ'il possède la maison qui porte ce nom.

Enfin mon nom de famille est d'*Iharce*; mais dans le pays on m'appelle généralement l'abbé de *Bidassouet*, parceque je suis un cadet ou un puîné de cette maison.

Il est donc incontestablement vrai que l'idiome basque tire sa nomenclature de la *propriété*; par conséquent elle est constamment significative en même temps qu'elle est invariable; aussi nos noms de famille sont-ils d'une antiquité tellement reculée, que très souvent même on ne peut leur assigner de date.

2° La nomenclature basque est puisée de la position *topographique*. On y appelle une maison *Bidartia*, parcequ'elle est située entre deux chemins; *Bideggaina*, parcequ'elle est bâtie sur une route; *Bidekhuruchia*, parcequ'elle est située à l'endroit où deux routes se croisent; *Hegüasia*, parcequ'elle est exposée au sud; *Ipharraguerria*, parcequ'elle est exposée au nord; *Haitzehotchenia*, parceque le vent froid y domine; *Bidegorrieta*, parcequ'elle est située sur une route rougeâtre; *Goico-eyhera*, moulin d'en haut; *Peco-eyhera*, moulin d'en bas, parceque l'un sera en haut et l'autre en bas sur la même direction.

3° La nomenclature basque dérive d'une qualité ou attribut d'une chose.

On y appelle *Mandigortia*, une montagne rougeâtre, parcequ'elle renferme une terre rougeâtre; *Urtxia*, parceque c'est une montagne qui a beaucoup de sources d'eau; *Itxasaguerra*, parcequ'une montagne est exposée à la mer; *Esnauco-mendi* (*azcain*), parceque c'est une montagne dont le patis produit beaucoup de lait; *Arroltze-mendi*, montagne de l'OEuf, parcequ'elle a la forme ovale ou d'un œuf.

Larréguy, syncope de *Larre-hegiry*, bords d'un bois; *Larzabal*, syncope de *Larre-zabal*, bois grand, large.

Laphurdy, syncope de *Larre-yphurdy*, landes des derniéres.

Larretchia, syncope de *Larre-etchia*, maison du désert, isolée.

Si c'est une commune située près d'une montagne, on l'appelle *Mendi-ondo*, c'est-à-dire près d'une montagne.

Si c'est un bon endroit, un terrain gras, on le nomme *Lekhurin*, comme bon locq, en français, terrain gras.

Si c'est une commune située dans un fond, on lui donne le nom d'*Arrasbarne*, comme hasparren en français; et ainsi de tout le reste.

Les Basques forment encore leur nomenclature des différentes *actions*, prises en bonne ou mauvaise part; ainsi, au lieu de dire, voilà Pierre, Martin, ou Jacques L'Arronde, le célèbre acteur, on dit simplement *horra yokhairia*, voilà l'acteur; *horra danzaria*, voilà le danseur célèbre; *horra muthil ederra*, voilà le beau garçon; *horra ahazpandarra*, voilà celui d'*hasparren*; *horra lekhuin-darra*; *horra aihertarra*; *horra urkhuaitarra*; *horra bastiarra*; *horra Baionnarra*; *horra bescoiztarra*, *cambuarra*, *uztaiztarra*, *ezpeletarra*, *macaiarra*, etc., etc.

Concluons donc, sans crainte d'être démentis, que l'idiome basque prend constamment sa *nomenclature*:

1° De la *propriété*;

2° De sa position *topographique*;

3° De la qualité ou de l'*attribut* de la *chose nominande*; ainsi mon problème ou théorème se trouve résolu.

XIII° PROBLÈME OU THÉORÈME RÉSOLU.

Parmi toutes les langues plus ou moins cultivées, par conséquent plus ou moins connues de tout l'univers ; c'est l'idiome basque qui s'approche le plus de la langue que Dieu avoit inspirée à Adam ; soit par sa *perfectibiliorité*, soit par son *inépuisabilité*.

J'ai déja démontré dans ma dissertation sur la *primordialité* et l'*universabiliorité* de la langue basque, que cet idiome renferme tous les attributs qui constituent la primordialité d'une langue quelconque.

A présent il me reste à prouver, pour résoudre ce problème, que l'idiome basque est le seul qui s'approche le plus de la langue que Dieu avoit inspirée à Adam, ou créée avec lui.

L'entreprise est grande et difficile ; ma démonstration ne sera pas sans doute sans réplique ; mais au moins j'aurai essayé d'éclaircir une question qui me paroît résolue tout-à-fait à l'avantage de la langue basque.

On pourra m'accuser peut-être d'avoir trop aimé ma patrie, d'avoir porté trop loin l'amour de ma langue ; je ne puis être le juge d'un tel reproche ; mais j'ose espérer du moins que l'on ne pensera pas que j'aie voulu abuser de l'indulgence du lecteur en lui présentant ces problèmes que j'offre avec simplicité.

Fait premier.

Dieu n'avoit rien fait qui ne fût parfait, comme lui-même le dit : *et cuncta quæ fecerat erant valde bona* (Genèse, chap. I, verset 31). Donc la langue qu'il avoit créée, ou inspirée à Adam, devoit être parfaite. J'ai déja démontré dans la dissertation, la *perfectibilité* de l'idiome basque.

Fait second.

Dieu dit encore : « Que la terre produise des arbres fruitiers qui portent du fruit chacun selon son espéce, et qui renferment leur semence en eux-mêmes, pour se reproduire sur la terre, et cela se fit ainsi. » (Gen., ch. I, v. 11.)

Il falloit donc que chaque espèce contînt en elle-même toutes les parties élémentaires et productives des générations futures.

Fait troisième.

« Le Seigneur Dieu créa l'homme et la femme. » (Genèse, chap. II, v. 7.) Tous les hommes ont été créés de Dieu dans la personne d'*Adam* et d'*Ève;* ces deux personnes commencèrent à parler, à raisonner, et ils imposèrent les noms aux choses aussitôt après leur création : ils avoient donc une langue créée avec eux, ou qui leur avoit été inspirée.

Ils furent formés sages, parlant et raisonnant comme dans un âge parfait, dit la sainte Bible.

Ils avoient donc une langue raisonnée, une langue digne de Dieu leur auteur.

Fait quatrième.

Toutes les générations futures étoient renfermées à cette époque dans ces deux personnes; puisque, d'après la sainte Bible, chaque espéce devoit renfermer en germe toutes les générations futures : *juxta genus suum* (Gen., chap. I, v. 2). Pourquoi donc leur langue ne renfermeroit-elle pas, *juxta genus suum*, tous les éléments de toutes les langues de l'univers, de la même manière qu'*Adam* et *Ève* renfermoient en eux seuls toutes les générations futures?

Fait cinquième.

La langue que le Père éternel a inspirée à Adam devoit être infinie dans ses désinences, comme une production d'un être infini agissant volontairement et selon son pouvoir infini; et ce fait est prouvé par la nomenclature dont parle la sainte Bible, en disant : « Que le Père éternel fit venir devant Adam tous les animaux qu'il avoit créés, afin qu'il leur donnât leurs noms ; ce qu'Adam fit. (Gen., chap. I.) Il n'est aucune langue, parmi les êtres parlants, qui s'approche plus de l'infini que l'idiome basque, dont les désinences sont sans nombre : donc la langue la plus approchante de la langue que Dieu avoit inspirée à Adam, est l'idiome basque. Prouvons ce fait mathématiquement, et mon problème ou théorème sera résolu sans réplique.

J'ai déja démontré, dans la solution de mon onzième problème, que la langue basque a, toute seule, plus de parties élémentaires que toutes les langues vivantes et dominantes de l'Europe collectivement prises ; maintenant je prétends prouver mathématiquement que l'idiome basque contient assez d'éléments pour former toutes les langues de l'univers en quelque nombre qu'elles puissent être.

L'on a cru jusqu'à présent, et les rabbins, la plupart de nos commentateurs, nos pères de l'Église ont enseigné que la langue hébraïque est la langue d'Adam. Elle a, disent-ils, tous les caractères d'une langue très ancienne, et on peut, suivant eux, la considérer comme la mère de presque toutes les langues orientales : du *Chaldéen*, du *Syriaque*, de l'*Arabe*, etc., etc.

Mais ne pourrois-je pas leur demander ici, d'après saint Grégoire de Nisse et plusieurs autres auteurs, si l'hébreu n'auroit pas subi le même sort que les langues des autres peuples captivés et vaincus, si ce primitif hébreu ne se seroit pas perdu? Le fait est,

1° Que je vois dans *Néhémie* (chap. VII) « Et *filii eorum ex media parte loquebantur azoticè et nesciebant loqui* judaicè ;

2° Que les caractères qui étoient en usage parmi les Hébreux jusqu'à la captivité de Babylonne, pendant laquelle ils se sont servis de ceux des Chaldéens, étoient samaritains, ou phéniciens ; ou *plutôt basques ;*

3° Qu'on les appelle hébreux, parceque les Hébreux ou les Juifs les ont adoptés après leur captivité à Babylone ;

4° Que le célébre *Esdras*, ce chief de la nation juive, ayant eu la permission de ramener ce peuple à Jérusalem, fit écrire tous les livres de la loi en caractères, non pas hébreux, mais chaldéens, qui ont pris ensuite le nom d'hébreux. (Fournier le jeune, tom. II, pag. 279.)

Donc l'hébreu actuel, quoique très ancien, n'est pas une langue primitive, puisque le chaldéen est son paradigme.

Donc l'hébreu primitif a subi le même sort que celui des autres peuples captivés : il n'existe plus.

Ce fait est tellement vrai, malgré les prétentions mal fondées des Juifs modernes ; que le célèbre Bossuet dit, dans son *Histoire universelle*, page 110, que les juifs *oublièrent non seulement leur ancienne langue qui étoit l'hébreu*, mais encore le *caldéen* que la captivité leur avoit appris. Ils se firent, dit-il, un grec mêlé d'hébraïsme qu'on appelle le langage *hellénistique* ou *ahalzuten;* les Septante et le Nouveau Testament sont écrits en ce langage.

Mais revenons à ce que nous avons posé : que l'idiome basque s'approche le plus de la langue que Dieu a inspirée à Adam.

J'ai déja dit dans ma dissertation sur la *primauté* et l'*ancienneté* de la langue basque, que le nombre des langues qui s'étoient formées à la confusion de *Babel*, devoit être égal au nombre des familles qui entreprirent l'édifice de cette tour ; c'est-à-dire de soixante-douze (c'est au moins l'opinion la plus probable) ; aujourd'hui que toutes les parties du monde sont habitées, on auroit bien de la peine à en recueillir autant, à moins de faire bien des subdivisions.

Mais encore que plusieurs de ces langues aient été formées par imitation, et que n'étant pas aussi riches que leurs paradigmes, elles devroient avoir moins de parties élémentaires ; je leur en suppose le nombre de 754, et je leur donne à toutes égalité de désinences, égalité de richesses dans leurs puissances radicales.

Voici mon calcul :

En accordant à chaque langue même au-delà de leur dû, c'est-à-dire en leur supposant 4,000,000 de syllabes, ces 4,000,000 multipliés par 72 égalent 288,000,000 de syllabes ou parties élémentaires.

Le produit du mécanisme verbal basque est de 72,384,000 syllabes ; le *produit* des substantifs et des adjectifs verbisés est de 796,224,000 pari et imparisyllabes ; je ne compte ni le *produit* déclinaisonnal, ni le *produit* adverbial.

Il est donc vrai, si toutefois l'on doit compter sur l'exactitude du calcul mathématique, que l'idiome basque pourroit fournir des éléments à toutes les langues de l'univers, supposé même qu'au lieu de 72 il y en eût 160, en donnant à chacune plus de 4,000,000 de parties élémentaires, sans faire entrer en nombre le *produit* syllabique réel des verbes diminutifs, ni celui des noms substantifs et adjectifs diminutifs verbisés qui, *étant égal aux noms ordinaires*, produiroit 1,592,448,000 pari et imparisyllabes.

Que l'on convienne donc enfin qu'il n'y a aucune langue dans tout l'univers qui approche plus de la langue que le Père éternel a inspirée à *Adam*, soit par sa *priorité*, soit par son *universalité*, par son *inépuisabilité*, par son *naturalisme*, par ses *inflexions*, ses *nuances*, ses *désinences*, ses *allusions*, soit par son mécanisme verbal, ou enfin par sa *perfectibiliorité* que l'idiome basque ; et mon treizième et dernier problème ou théorème est résolu.

NOTE.

Le lecteur est souvent disposé à sourire et à rejeter ce qui ne lui paroît pas démontré par des preuves assez compactes; et c'est ainsi qu'en voyant les Basques soutenir l'*antériorité* ou l'*antiquiorité* de leur langue, et son caractère primitif et naturel, on leur objecte que d'autres peuples ont eu la même prétention, et qu'ils n'ont pu les appuyer de preuves suffisantes.

Je demande maintenant aux plus incrédules quel est le fait historique d'une certaine antiquité qui peut être entouré de preuves tout-à-fait irrécusables, et qu'on ne puisse classer tour-à-tour dans le chapitre de simples conjectures ou de solution par analogie.

Mais qu'on me dise aussi, après avoir bien pesé tous les exemples et toutes les citations que j'ai produits et puisés dans des sources de la plus haute-antiquité et dans les livres profanes et sacrés les plus accrédités, si jamais aucune prétention de ce genre a reposé sur des fondements aussi universels et mieux basés que ceux sur lesquels s'appuie celle des Basques.

Voici encore un titre de plus pour eux à ce caractère primitif, à cette *priorité* de leur langue sur la terre connue : je l'emprunte à un ouvrage dont l'apparition est bien récente et de peu de mois, dans le Voyage de *Perron* aux Terres australes : il offre, dans la page 126 du second volume de son ouvrage, une liste de mots qu'il a recueillis dans ses entrevues et entretiens pantomimiques avec les sauvages du Diemen.

Ces mots sont presque tous basques dans toute leur intégrité, et sans la moindre altération dans leur contexture, tels qu'ils existent encore aujourd'hui dans la langue basque.

Voici la liste :

Mots diemenais.	*Mots basques.*	*Traduction littérale.*
Amougoa.	Amuña.	Ruse, cervelle.
Boura.	Bur, burra.	Copieusement.
Bourai.	Bur-ai.	Au copieux, à la tête.
Bourdougnia.	Burduñia.	Couplet, ferraille.
Erré.	Erre.	Flambé, brûlé.
Gana.	Gana.	Desir, envie.
Gouana.	Gu, gana.	Vers nous, à nous.
Gouri.	Gu, guri.	Nous, à nous.
Laguana.	Laguna.	Camarade, compagnon.
Lè.	Le, lelea.	Lait, âne, sot.
Leuni.	Leun-ni.	Moi poli, courtisan.
Loni.	Lo-ni, ni-lo.	Moi dormir, dormant.
Lubada.	Lu-bada, lo-bada.	S'il dort (verbe).
Lupari.	Lupuari.	A la louve.
Méregui.	Mehegui.	Trop mince, trop foible.
Mingouri.	Min-guri.	Sensible à nous.
Neuga.	Negua.	Froid, l'hiver.
Nidego.	Ni-bego.	Moi laisser, ne me toucher.

Mots diemendis.	*Mots basques.*	*Traduction littérale.*
Noeni.	Noenei.	A qui, auxquels.
Noure.	Nure, neure.	Mien, le mien.
Nubere.	Nor-bere.	Chacun pour soi.
Oueri.	Egüerdi, eueri.	Midi, Noel.
Ouré.	Ur, ure.	Eau, l'eau.
Pi.	Pi, pica.	Tranchant, perçant.
Poura.	Pudä, poua.	Couteau tranchant.
Tara.	Tara.	Grand paquet, charge.
Veré.	Bere.	Sien, le sien.

Perron, qui a cherché à deviner la valeur radicale représentative de ces mots vraiment basques dans les gestes ou les actions de ces sauvages, a dû donner à ces mots épars une valeur approximative, arbitraire, et peut-être erronée, parceque, dans une langue primitive, on ne peut jamais changer l'orthographe, sans changer nécessairement la signification, puisée de la contexture des angles des caractères emblématiques dont ces mots, originairement et encore actuellement basques, sont composés; aussi m'aperçois-je, avec peine, que les mots compris dans sa liste, *identiques* par leurs contexture et construction, conséquemment par leur signification avec les mots qui subsistent encore aujourd'hui chez les Basques, n'ont pas le même sens.

Mais cela n'est d'aucune conséquence pour notre objet.

En effet, Perron a recueilli de la bouche de ces sauvages des mots qui se trouvent tout-à-fait basques ; il a cherché à en deviner le sens par leurs gestes ou mouvements..... Aura-t-il assez mal rencontré pour ne pas savoir la contexture et la structure des mots dont les langues primitives sont composées, et qui toutes méconnoissent l'*ou* français, parceque l'*u* naturel, commun presque à toutes les langues européennes, y tient la place et la valeur de l'*ou* français ?

Bien plus, Perron n'a été guidé, d'après ce que lui-même dit dans son ouvrage, pour traduire la vibration ou les sons des sauvages du Diemen, que par les gestes dont ils les accompagnoient. Ne devient-il pas dès-lors possible qu'il se soit trompé en les interprétant ? Il a essayé de transmettre ces sons par le moyen de l'écriture ; il a dû chercher à les imiter en composant des mots suivant le génie et l'orthographe de sa langue ; mais la différence de prononciation n'a-t-elle pas dû nécessairement amener une différence dans la manière d'écrire les mots ? Il en résulte alors une différence aussi dans la signification, car qui ne sait qu'une seule lettre ou caractère détermine souvent dans les langues modernes, et à plus forte raison dans les langues anciennes, le sens que l'on attache aux mots ? Ainsi, restent des sons que nous retrouvons absolument semblables dans l'idiome basque.

Dire que ces sons, identiques sous ce rapport,

ne signifient pas la même chose dans le basque et dans la langue des Diemenais, c'est prononcer sur une question inconnue; car il faudroit savoir, et comment ces sauvages écriroient les sons que M. Perron leur a entendu prononcer, et quel sens ils leur attacheroient réellement.

Encore un coup, cela importe peu à la conséquence la plus naturelle qui concerne les Basques.

Les sauvages eux-mêmes peuvent s'être mépris sur l'application du véritable objet de ces mots, et les faire servir à d'autres images ou effets.

Leurs pères en ont peut-être oublié ou dérangé le véritable sens. D'ailleurs, comment détruire ces principes universellement reçus et jamais contestés?

« Dans une langue quelconque, tous les mots « qui n'y signifient rien lui sont étrangers.

« Ils appartiennent à la langue dans laquelle « ils sont significatifs. . . . . . »

Les mots insérés dans la liste de Perron sont significatifs en basque, pas approximativement et pantomimiquement, mais de fait, et d'après les principes ci-dessus; ils appartiennent à la langue basque, ils sont donc basques. D'ailleurs, ces sons identiques, ces unités des terminaisons, la similitude de ces expressions, où les ont-ils appris? qui les a inventés? qui les a portés dans ces pays lointains? d'où en est venue la tradition et la similitude parfaite?

Ce ne peut être que des Basques, sortis de l'orient de l'Arménie après le déluge, qui ont apporté et enseigné dans ces extrémités du globe ces expressions, ces mots qui appartiennent complétement et exclusivement à leur langue primitive et naturelle.

En dernière analyse, il résulte de cette découverte récente un dilemme bien décisif en faveur de mon système :

Ou ces sauvages ignorants et presque abrutis ont inventé eux-mêmes ces mots basques d'après ce que leur inspiroient les sensations matérielles et physiques, et les images de la nature, ou ils sont arrivés jusqu'à eux, plus ou moins corrompus par les traditions de leurs pères.

Dans le premier cas, il s'ensuivroit que j'ai eu raison de dire et de prouver, par de nombreux exemples d'application, soit topographiques, soit d'effets en actions, que la langue basque est, non seulement la primitive, mais la langue de la nature.

Dans le second, je trouverai une démonstration de ce que j'ai avancé, que les Basques ont été les premiers colons, non seulement de toute l'Europe, mais encore de l'Amérique.

FIN DU PREMIER VOLUME.

ERRATA.

				Au lieu de :	Lisez :
Page	33,	ligne	7,	est prouvé,	il est prouvé.
	35,		11,	livrer,	se livrer.
	45,		3,	s'atrirer,	s'attirer.
	66,		25,	*mingo.*	*migno.*
	101,		23,	*biguz,*	*biguiz.*
	154,		12,	gaies,	gais.
	160,		6,	*zeburu,*	*ziburu.*
	196,		21,	*mendielta,*	*mendietta.*
	197,		4,	*pechacha,*	*behachca.*
	212,		2 de la note,	*hedatnagua,*	*lehenagua.*
	227,		1,	*fœtidicis,*	*fætidicis.*
	290,		2,	*oroventzat,*	*ororentzat.*
	297,		18,	*ñimiña,*	*ñimiñua.*
	305,		9, 1re col.	*beecguin,*	*beecqujn.*
	ibid.		10, *ibid.*	*bearentzat,*	*beentzat.*
	ibid.		7, 2e col.	*beecguin,*	*beecquin.*
	307,		16, 1re col.	*gearecguin,*	*gearecquin.*
	312,		17,	*ode,*	*edò.*
	319,		4, 1re col.	*duquezen,*	*duquezüe.*
	322,		34, *ibid.*	*zinaitzazquete,*	*zinitzazquete.*
	324,		10, *ibid.*	*itratzue,*	*itzazue.*
	334,		16, *ibid.*	*daizquiun,*	*daizquin.*
	ibid.		17, *ibid.*	*daitzunagu,*	*daizquinagu.*

TABLE DES MATIÈRES

CONTENUES

DANS CE PREMIER TOME.

SECONDE ÉPOQUE.

TROISIÈME ÉPOQUE.

QUATRIÈME ÉPOQUE.

CINQUIÈME ÉPOQUE.

SIXIÈME ÉPOQUE.

SEPTIÈME ÉPOQUE.

HUITIÈME ÉPOQUE.

NEUVIÈME ÉPOQUE.

FIN DE LA TABLE.

www.ingramcontent.com/pod-product-compliance
Lightning Source LLC
Chambersburg PA
CBHW070616230426
43670CB00010B/1551

* 9 7 8 2 0 1 3 5 1 0 0 2 8 *